武汉研究院文库
文库主编/杨卫东

裴高才
肖咸焱 著

"铸剑"先驱

蔡以忱

（修订本）

中国社会科学出版社

图书在版编目（CIP）数据

"铸剑"先驱·蔡以忱 / 裴高才，肖咸焱著. —2版（修订本）. —北京：中国社会科学出版社，2021.6
ISBN 978-7-5203-8546-6

Ⅰ.①铸⋯ Ⅱ.①裴⋯②肖⋯ Ⅲ.①蔡以忱(1899-1928)—传记 Ⅳ.①K827=6

中国版本图书馆 CIP 数据核字（2021）第 103674 号

出 版 人	赵剑英
责任编辑	安　芳
特约编辑	张爱华
责任校对	张尧钇
责任印制	李寡寡

出　　版	中国社会科学出版社
社　　址	北京鼓楼西大街甲 158 号
邮　　编	100720
网　　址	http://www.csspw.cn
发 行 部	010-84083685
门 市 部	010-84029450
经　　销	新华书店及其他书店
印　　刷	北京明恒达印务有限公司
装　　订	廊坊市广阳区广增装订厂
版　　次	2021 年 6 月第 2 版
印　　次	2021 年 6 月第 1 次印刷

开　　本	710×1000　1/16
印　　张	21.5
插　　页	2
字　　数	370 千字
定　　价	78.00 元

凡购买中国社会科学出版社图书，如有质量问题请与本社营销中心联系调换
电话：010-84083683
版权所有　侵权必究

《武汉研究院文库》编委会

主　　任：杨卫东
副 主 任：涂文学　李卫东
委　　员：（按姓氏笔画排列）
　　　　　丁建军　邓正兵　孔晓东　付永祥
　　　　　孙　华　陈　韦　陈青云　陈　磊
　　　　　邹德清　董玉梅

《武汉研究院文库》编辑部

主　　任：孙　华
成　　员：（按姓氏笔画排列）
　　　　　王　鹏　王肇磊　邓宣凯　付寿康
　　　　　汤　蕾　张云霞　余利丰　徐艳飞
　　　　　高　路

总　序

杨卫东[*]

两年前，我们提出了创建文库的设想。文库的书名我曾一度为之纠结，原拟名为《武汉研究文库》，虽然言简意赅，却给人非常学究、过于阳春白雪的感觉，而且未能概括建设文库的全部创意。文库中或许有一些文字以记录为主，或许有的文字只是今天或明天的史料而不是研究文章。我们希望更多的学者和武汉学的爱好者来关心武汉，研究和收集武汉昨天和今天的辉煌、光荣、艰辛、奋斗与梦想。经同仁们再三斟酌，定名为《武汉研究院文库》。名副其实者有三：其一，文库出版的书籍之主体是由武汉研究院发布立项的各类课题的研究成果；其二，文库所出版的书籍皆为武汉研究院资助；其三，文库的所有文稿均由两级编委会审定通过。

武汉研究院既是高校服务社会的产物，也是协同创新的产物。研究院以"武汉"名之，体现了其立足武汉，研究武汉，为武汉发展服务的初心与宗旨。它以学术影响力、决策影响力、公众影响力和自身成长力为目标，定位于理论性、国际化的学术中心，开放式、独立型的高端智库，以对策性、应用性为特色的评价咨询平台。

武汉研究院围绕武汉经济、社会、文化、历史、生态文明、城市建设等领域，主要从五大方面开展工作。一是设计发布武汉研究院开放性课题，吸引更多高水平的校内外专家承接课题，组织和动员专家研究武汉。二是举办武汉研究院论坛，以武汉发展为主题，邀请国内外知名专家和政府相关部门来校开展学术讨论与专题讲座。三是刊印《专家观点》，编辑整理专家对武汉经济社会发展的观点、思考和建议，以内参形式送市领导及相关职能部门，为武汉市的决策提供服务。四是与武汉企业联合会、武汉企业家协会携

---

[*] 杨卫东：武汉研究院文库主编，江汉大学教授、前校长。

手合作出版武汉企业发展报告（企业发展蓝皮书），采用多视角的方法分类研究武汉企业，为政府部门和企业提供参考。这些工作，武汉研究院在前两年便已逐步展开，唯有第五项工作还在探索，这就是策划出版《武汉研究院文库》（以下简称《文库》）。《文库》以武汉城市建设与发展为研究对象，包含《武汉经济建设丛书》《武汉社会发展丛书》《武汉城市建设丛书》《武汉生态文明建设丛书》《武汉文化发展丛书》《武汉城市历史丛书》，力图成为一个全面宣传武汉的窗口和集中、系统、全面展示武汉研究优秀成果的学术平台。

为此，我们希望将"开放性、影响力、创新性、规范性"作为《文库》的基本追求。

开放性。首先是对校内外作者的开放，凡研究武汉、推介武汉的海内外优秀著作均予以资助出版；其次是成果形式的开放性，专著、研究报告、论文集、图册、资料汇编等多种形式均可收录；第三是时间上的开放性，《文库》不设截止期，书稿成熟一本出版一本。

影响力。《文库》要求具有较高的学术影响力和社会影响力。学术影响力不仅表现为有较高的研究水平，而且独特的见解能得到学术界认可和传播。社会影响力包括决策影响力和公众影响力，表现为研究成果能在促进社会经济与文化发展、提供政策与决策参考等层面产生广泛影响。

创新性。这是对学术研究最基本、最核心的要求。凡入选的学术研究成果都应在"新"字上做文章，或有新材料，或有新视角，或有新方法，或有新结论。

规范性。《文库》作者须秉承严谨治学、实事求是的学风，恪守学术规范。我们尊重知识产权，坚决抵制各种学术不端行为，自觉维护哲学社会科学工作者的良好形象。

经过两年多的准备，《文库》的第一批书籍终于面世了。这首先应归功于周建民兄的辛勤操劳与协调组织。他从《文库》的整体设计、编委会的组织建设到作者的联络、书稿的审定都付出了大量心血。其次应感谢武汉出版社的领导和编辑，从《文库》还处在设想的萌芽状态时，他们便开始积极地跟踪服务，克服了许多困难，努力打造出版的高质量。当然还应感谢武汉研究院办公室的沈少兰、汤蕾等同志和设计学院魏坤老师，正是他们默默无闻、任劳任怨的工作才保证了《文库》的顺利出版。

《文库》第一批著作的出版既具有开创性也必然存在不完美性，我们衷心希望《文库》能得到更多人士、更多部门和机构的关心、指导和支持,我们将不断地改进《文库》的入选机制和编撰工作。

《文库》的价值重在品质,我们追求严谨科学,精益求精,不唯书、不唯上、只为实、只求是的精神,努力使更多的成果能在时间的长河中经得起风浪的洗涤与冲刷,历久弥新。

《文库》不可能一蹴而就,它需要积淀。不仅需要武汉研究院的持之以恒,而且需要一大批关心武汉、热爱武汉的志士仁人、专家学者的不懈努力。

我对《文库》充满着期待,我对《文库》充满着希望!

2017.11.16

"仗剑扫烟尘，忠贞掩昆仑"

涂文学*

穿越百年的时间隧道，踏着历史的烟云，蔡以忱烈士从湖北黄陂的偏僻乡村走来，从大革命"赤都"象牙塔里脱颖而出……裴高才、肖咸焱合著的《"铸剑"先驱·蔡以忱》（以下简称《蔡以忱》）一书，是第一部倾情描写蔡以忱这位"铸剑"精禽、御赐清官裔孙、程朱理学世家的长篇传记文学作品，也是一部中国传统知识分子投身大革命洪流，勇立潮头，铸剑武汉、亮剑安源，探寻救国之道的真史。

五四运动爆发后，作为湖北省立第一师范学校的学运领袖，蔡以忱会同恽代英、林育南等武汉学运旗手共襄盛举，掀起了武汉五四爱国运动热潮；作为中国国民党"二大"代表及中国共产党"五大"代表，他推动了大革命"赤都"农民运动的蓬勃发展；身为首任中央监察委员会委员，他是创建中共纪检监察制度的理论构建者和率先践行者之一；大革命失败后，他临危受命，南下安源，仗剑行义，成为组织、发动与指挥秋收起义的风云人物。著名教育家蔡元培当年曾亲笔泼墨挥毫题写道："黄陂蔡氏理学名儒辈出，迄今秀出班行之士，亦济济于黉序之中。"②

这是一部文史交融的非虚构文学作品。首先，作者秉持真实性的审美原则，将历史的真实性（时间、地点、事件、历史人物）视为《蔡以忱》的灵魂与立传根基。也许是传主过早牺牲、史料散佚之故，此前的公开出版物竟将传主的出生年月与牺牲地点张冠李戴，这是对烈士的不尊重与伤害。为了告慰烈士的英灵，对历史和社会负责，作者会同烈士后裔一道，通过历时

---

* 涂文学：教授、博士生导师，江汉大学武汉研究院院长、中华口述历史研究会副会长、武汉市社会科学界联合会副主席。

② 蔡元培：《黄陂蔡氏宗谱序》，《蔡氏宗谱·清廉堂》，民国十年（1921）版，第1页。

"铸剑"先驱 蔡以忱（修订本）

数年重走烈士路，在海峡两岸六省市搜寻史料，甚至远赴俄罗斯查阅苏联解密档案，深入民间寻访谱牒与知情人士，终于弄清了史实真相。诸如，前往孝感杨店寻访到烈士当年编纂的《蔡氏宗谱》原件，上面清楚记述了传主的清官家世与生辰，订正了传主的出生年月；又从故纸堆里查到1950年县政府颁发的烈属抚恤粮食供应证，查明传主参加革命工作时间为1921年；还有传主同年为《蔡氏宗谱》所作序言相印证，序云："大同之世，不独亲其亲，长其长，四海之内皆兄弟也。"① 在江西安源纪念馆，则查到了董必武生前口述"介绍蔡以忱入党"的铁证；赴湖南常德寻访中共党史专家，以及查阅《中共澧县地方史（1921—1949）》，矫正了烈士的牺牲地点是湖南澧县而非长沙，牺牲时间是1928年10月25日②而非是年7月。如此等等，不一而足。难怪皮明庥与李婉霞等著名史学家如是说："《蔡以忱传》总体上回归了蔡以忱烈士的历史原生态，这是第一部全面系统叙介蔡以忱行状的信史。"③

其次，作者从人性的角度出发，注意人物形象的塑造，倾情刻画蔡以忱烈士的精神图谱。是作在平视主人公行谊的同时，注意运用艺术手法的多样性和语言表述的通俗性，力图表现传主生命的鲜活性与再现历史的生动性。作者从传主编纂的民国十年（1921）版《蔡氏宗谱》入手，又搜罗清代康熙五年（1666）、同治十年（1871）版《黄陂县志》之"人物志"，还参考其族人世代口耳相传的口述史料，娓娓道来传主铁血铸就正义剑的文化源头——御赐"清官"家世与程朱理学书香门第；通过"投身学潮""中华讲坛"等章节，介绍传主求学、执教与编辑生涯的过往；又经"良师益友"与"迎接北伐"的铺陈，述说传主走出象牙塔，投身学运、农运等大革命熔炉。同时搜寻当年的《武汉评论》《汉口民国日报》等报刊，以传主当年所作的诗文、工作报告、演讲稿与答记者问等原始记录，以及相关人物的旁证史料为依据，借助文学的表现手法，揭示主人公由一位民主主义者，转变为一名共产主义者的心路历程。

在"扶正祛邪"一章里，作者浓墨重彩地描述蔡以忱仗剑行义，设立特别法庭，依法公审公判制造"阳新惨案"元凶，沉重打击了土豪劣绅等反动

---

① 蔡以忱编纂：《蔡氏宗谱·序言》卷一，民国十年（1921）版。
② 《中共澧县地方史（1921—1949）》，中共党史出版社2005年版，第67页。
③ 皮明庥：《沐浴着"铸剑"先驱的光焰——写在裴高才主创〈"铸剑"先驱·蔡以忱〉绣梓之际》，《书屋》2013年第2期。

势力的嚣张气焰；通过援引当事人董必武、罗章龙等革命前辈的回忆录与口述史料的现身说法，表现传主"明知山有虎，偏向虎山行"的勇于担当精神与豪情壮举，彰显其"亮剑安源"的"忠"与"忱"的高贵品格。有其绝笔诗为证："申鸣大义臣，仗剑扫烟尘；横刀眉梢笑，忠贞掩昆仑。"①

进而，作者遵循事物发展的规律，围绕人物的性格特征，着力描写传主与相关人物的局部细节，讴歌烈士"血染湘西"风采。在叙介烈士绝笔家书与绝笔诗原文的来龙去脉的同时，还深入描写传主的内心世界，情文并茂，可感可叹。细细品读，不难悟出，蔡以忱的人生观、生死观、道德观、幸福观与苦乐观，是崇高的、圣洁的。传主的精神内核，就是既继承了传统士大夫的道德风采，又具有现代科学民主精神，更有为民请命，献身真理的豪情壮举。难怪诗家这样赞叹道："烘培正气境界高，云集诗群领风骚！"

与此同时，本书还告诉我们：如同张之洞"种豆得瓜"② 成为"不言革命的大革命家"③ 一样，著名教育家刘凤章、陈时执掌的中华大学、湖北省立第一师范，则是孕育多位革命家的摇篮。在"心学熏陶"一章，作者以多重史料支撑，叙介了恽代英、蔡以忱、吴德峰等在恩师陈时、刘凤章的言传身教下，由一名中国传统知识分子成长为共产主义者的过往。尤其是传主自幼在老家的望鲁学堂、道明学堂接受程朱理学熏陶，进入省城武昌后，又经心学教育家刘凤章的耳提面命与提携，"朴诚勇敢，勤苦耐劳"，既为"一师"的"学霸"，又在"一师"附小与中华大学传道、授业、解惑，教学相长，培养了一批进步学生。他曾引导品学兼优的弟子高理文走上革命道路，并送到莫斯科中山大学受训；而作为烈士"剑魂"的实物——一柄铜剑，也是当年进步弟子张云承相赠。

在中华大学任教期间，蔡以忱还襄助恩师刘凤章编辑"心学"教育刊物《江汉评论》。此间，他耳闻目睹北洋军阀的腐朽统治，国势凋零、社会腐败、民不聊生，这些残酷现实让其警醒：单凭"一心专读圣贤书"，是无法改变国运的。随着新文化运动的洗礼、中国共产党的成立，他终于由心动到行动：继承长兄、辛亥志士蔡极忱的未竟事业，投身到大革命洪流之中。

"上马击狂胡，下马草军书。……劲气钟义士，可与共壮图。"是作者描

---

① 《横刀眉梢笑，忠贞掩昆仑》，《中华读书报》2013年6月12日。
② 张继煦：《张文襄公治鄂记》，湖北通志，民国三十六年（1947）版，第7页。
③ 黎仁凯、钟康模：《张之洞与近代中国》，河北大学出版社1999年版，第199页。

述了主人公在最绚烂的年龄，毅然走出书斋，做最激情燃烧的事业，破旧立新，为民请命。

他，走上街头，开启民智，参与策动江城的五四运动、"女师"学潮，吹响了反对帝、官、封的号角；他，襄助编辑《武汉星期评论》与《武汉评论》等进步报刊，指点江山，激扬文字，字字澎湃，句句雄壮，催人奋进；他，走进工厂夜校，用文人纤手，高擎知识明灯，点燃了产业工人学文化、信马列、求生存、求自由的星星之火；他，走向农村，创建国共两党基层组织，成立农民协会，镇压"阳新惨案"元凶，唤醒农民千百万……中共"一大"代表包惠僧如是说："大革命中，蔡以忱在湖北教育界成为一名最活跃、最有作用的人物。"①

回望"赤都"武汉：国共两党的心脏同在这里跳动，大革命风潮在江南汹涌澎湃。作为国民党湖北省党部资深委员，中共湖北区（省）委宣传部主任（部长）、农民部长，以及武昌地委书记，他以自己的见识、才能与机智，满腔热情地为红色政权的理论构建、组织建设与制度建设呕心沥血，并率先践行。

"黑云压城城欲摧，甲光向日金鳞开。"② 面对反动派疯狂镇压革命的腥风血雨，蔡以忱这位大革命"农运领袖"，临危受命，以浩然正气，仗剑高歌，众志成城，在惊涛骇浪里劈风斩浪。

作为中共中央农民运动委员会委员，他主持制定了《湖北省审判土豪劣绅委员会暂行条例草案》系列农运法规，依法组建农民武装与特别法庭，捍卫农友权益；他临危受命，出任中共安源市委书记，率领工人武装的第二团，成功打响了秋收起义的"第一枪"；他深入白色恐怖的湘西，用生命诠释了什么叫作青春！

有一位作家评介，阅读本书犹如轻轻叩开了一扇国民革命先行者的历史大门，见到了一位久违了的光明俊伟的故人：他带着深情的沉默，沉默中蕴含着激情、忧思与愤懑，壮志未酬心未泯；他带着深邃的目光，关注着人生与机缘，意志与时态，无为与责任，命运与境遇的思考；他甘做革命的"苦行僧"，勇于亮剑，舍生取义，"留取丹心照汗青"；他继往开来，发潜德之幽光，启来者以通途，益智启德励志；他"待人以忱"的英名，永远铭刻于

---

① 包惠僧：《回忆陈潭秋》，华中工学院出版社1981年版，第24—25页。
② 引自李贺《雁门太守行》。

共和国的青史上。

"聪明秀出谓之英,胆力过人谓之雄。"[1] 蔡以忱是向导,他将自己激情燃烧的人生事业同国家民族的前途命运紧密联系在一起,让人们领悟人生的真谛,奋然前行;他是精灵,用碧血丹心铸就了一座匡扶正义的历史丰碑,光照未来!

说到我与高才兄,文心相通,互为知己。我们相交二十余载,他的勤奋笔耕,尤其是探究荆楚乡邦人文,为古今中外乡贤、为辛亥革命志士立传,数十年如一日,成果丰硕,精益求精。他当初的成名作《黎元洪》与《田长霖》,二十年间三次修订,还到海内外交流;《无陂不成镇》《程颢程颐传》《胡秋原》等,也推出了不同的版本,我均参与了研讨,一次比一次精进,并多次荣膺国内国外奖。同时,我们还于辛亥百年联手推出了《辛亥首义百人传》,经中国社会科学出版社绣梓后,在读者中引起了共鸣;时下,我们合作的《武汉城市史丛书·黄陂区卷》,正在编审、修订之中。

关于蔡以忱这位大革命"赤都"风云人物的研究与叙介,学界与文艺界显得严重不足,此前没有一部文著出版。我只是在梳理省立"一师"校史时,查到传主(蔡滨)1919年12月毕业于该校的记载。此次高才兄联手学者肖咸焱开掘稀见史料,并认真考订、倾情创作《蔡以忱》,填补了对蔡以忱先烈研究的文史空白,以实际行动践行习近平总书记的"学史明理、学史增信、学史崇德、学史力行"精神,献礼中国共产党百年华诞!我作为武汉城市史研究者,感到由衷的高兴并致以深深的敬意!同时也希望有更多的同道与文史爱好者加入我们行列,像两位那样,持之以恒地守望人文乡土,不断开掘史料、佳构迭出,为探究武汉文化、荆楚文化呈献更多的研究成果。

2021年5月于江汉大学

---

[1] (魏)刘劭:《人物志·英雄》,贵州人民出版社2009年版。

沐浴英髦的烈烈光焰

皮明庥[*]

"沧海横流，方显英雄本色。"[②]

在波澜壮阔的第一次国共合作的大潮中，被董必武称之为"农运领袖"的蔡以忱，在中国"赤都"武汉，历任中共中央首任监察委员与农民运动委员会委员，国共两党全国代表大会代表与"两湖"主要负责人。是"大革命中湖北教育界最活跃最有作用的人物"（包惠僧语）[③]。

在白色恐怖甚嚣尘上的土地革命战争初期，蔡以忱"明知山有虎，偏向虎山行"，来到我的故乡江西萍乡，出任中共安源市委书记，襄助毛泽东成功打响了秋收起义的"第一枪"。继而，转任湖南省委秘书长，又主持创建了中共湘西特委，为实现工农武装割据奠定了基础。

也许是蔡以忱早在1928年就壮烈牺牲，原始史料几乎散失殆尽的缘故。长期以来，史学界与文艺界对于这样一位重要人物的探究，显得严重不足。在这部《"铸剑"先驱·蔡以忱》之前，尚未出版一部系统研究蔡以忱的专著，甚至时下官方公开的资料，连主人公的身世与行状也疑窦丛生，莫衷一是。

好在跻身华文传记文学圈的裴高才先生，一直致力于探究乡邦名人史，钩沉古今中外名流行状。尤其善于把研究人物行状，与同时代的历史人物、文化、地理、风俗的"原生态"有机结合起来，并运用真实感人的故事，生动活泼的语言，把人物的个性刻画得棱角分明。

作者曾经告诉我，他是沐浴着烈士的光焰，怀着敬畏的心情，重走烈士

---

[*] 皮明庥：著名史学家、研究员，武汉市社会科学院前副院长、武汉市社会科学界联合会副主席。
[②] 引自郭沫若词《满江红·一九六三年元旦书怀》。
[③] 包惠僧：《回忆陈潭秋》，华中工学院出版社1981年版，第24—25页。

路后，创作完成这部传记的。

通览全书不难发现，作者历时数十载，并与同人和烈士后裔一道，脑勤、腿勤、眼勤，广罗史料，寻访知情者，足迹遍及海峡两岸六个省市，甚至远赴异域天空俄罗斯寻访。可谓行万里路，破万卷书，纳百家言。继而，他以海峡两岸与苏联解密档案，以及民间宗谱等原始文献、实物与口述史料为依据，运用其考据功夫，缜密考订，颠覆了传主行状中的原有错误结论，澄清了一些模糊不清的问题。首次独家披露了这位清官后裔、辛亥烈属、"铸剑"先驱、农运领袖的出生之谜、治学之道、革命伴侣，以及他筹备五大、安源锄奸、湘西就义等史实真相。总体上回归了传主的历史原生态。所以我与中共党史专家李婉霞女士一致认为，这是第一部全面系统叙介蔡以忱行状的信史。

与此同时，对于主人公参加革命的过程如实叙介，并未作无限"拔高"。早在1919年，蔡以忱就投身于武汉五四运动。可是，在随后的几年间，原来一起参加新文化运动与五四运动的同门师兄弟，分裂成两大阵营：共产主义派与国家主义派。这位长期接受程朱理学教育的学者，一度陷入迷茫、沉默。

不在沉默中沉沦，就在沉默中奋起。此间，蔡以忱一头扎进图书馆与世界革命史默默对话，并以一个知识分子的良心，对现实社会进行认真考察。尤其是经编辑革命刊物《武汉星期评论》，以及参与新旧教育斗争的实践之后，他开始重新审视自己的选择。继而，他沉默后发出的第一声呐喊，就是在中华大学的讲坛上，开讲世界各国革命史，介绍"十月革命"。还在报刊上指点江山，激扬文字，做一些革命启蒙工作。再经过襄办"读书会"、指导"女师"学潮与参与创办国共两党基层组织的革命实践。直到几年后，方由董必武介绍，正式加入中国共产党。然而，他一旦认定这一崇高目标后，便勇往直前，义无反顾了。

在大革命后期与土地革命战争初期，黑云压城，险象环生，随时都有生命危险。但主人公以天下为己任，以自己的一腔热血"铸剑"与"亮剑"。全书以传主存世的遗物（一柄铜剑）破题（"铁血剑魂"），接着叙介主人公在大革命"赤都"武汉，参与创建中共纪检监察制度，主持组建农民自卫军的义举（"江城铸剑"）。进而，转战"小莫斯科"安源，发动秋收起义（"安源亮剑"）……虽然烈士英年早逝，但其光风长存，"剑魂"仍在新世纪飘舞……如此环环相扣，首尾呼应，画龙点睛地揭示主题，耐人寻味。

文如其人。我与高才先生之机缘，始于纪念辛亥革命90周年的学术研讨会上。那天，他将其创作的首部黎元洪传记小说《首义大都督黎元洪》索序予余。我看后，觉得其写法、观点，令人耳目一新。尤其是通过独家披露的史料，客观公正地评介黎氏，颇有见地。这在当时是需要有非凡的道德勇气的。所以，我愉快地应允了，并提了几点意见。接下来，他以谦卑而严谨的态度，旁征博引，几易其稿。图书出版后，热评如潮，不仅列为文艺创作重点项目与重大历史题材，学术界与文艺界还两度为其举行专题研讨会。自此，我们一直保持频繁互动，莫逆于心。

辛亥百年期间，他又主创了《辛亥首义百人传》，且与我有过愉快的合作。我们还一同作为特邀嘉宾，在南京电视台的五集专题片中，系统解读了黎元洪的传奇一生。至今记忆犹新。

高才先生是一位文才横溢，才思敏捷，出手不凡的作家。他的作品富有地方色彩，对武汉史研究贡献良多，也丰富了当代文坛与中国近代史。可以毫不夸大地说，他是武汉文史研究与文学创作的一位卓越的学者与作家。数年间，继他创作的首部专著《田长霖传奇》，一举摘取第九届世界华人艺术大会传记类唯一金奖之后，其文化类专著《无陂不成镇》又在台北首发与研讨，《理学双凤程颢程颐》还荣膺中国炎黄文化研究会优秀作品奖。

据悉，他此次推出的这部革命烈士专著，经多次征询专家学者意见，几经打磨，方才定稿绣梓。且其行文风格兼顾青年读者群的接受程度，可信、可读。不失为一部兼具史学、文学与社会学多重价值的长效文本。

一个无愧于历史的人，历史终不会忘记他。如今，我们通过此传追寻蔡以忱烈士的足迹，让人们沐浴一个伟大灵魂的烈烈光焰，心灵穿行于大革命历史的波澜之中。通过认知那个伟大而混乱的时代，思考人生与机缘，意志与时态，无为与责任，命运与境遇。从而，领悟人生真谛，坚信曙光终将划破黑暗，新生必然战胜腐朽。并从我做起，从现在做起，致力于扬清风、树正气，甘当构建和谐社会的促进派。我想，这也是作者创作本传的初衷吧。

壬辰季秋月于汉上田园小区

跨越时空的心灵奇旅

裴高才

一

笔者首次见到"蔡以忱"先烈的名字是20世纪90年代初，开始撰述《胡秋原全传》之时。是时，胡先生提供的图书资料显示：在第一次国共合作时，他曾与蔡以忱、钱亦石等编辑国民党湖北省党部机关报《武汉评论》。随后，老同学蔡亚生告知，蔡公即是他的祖父，他与堂弟蔡小兵希望我能为其祖公作传，笔者欣然应允。此乃开始创作《蔡以忱》的缘由。

窃以为，真实的人生远比空灵的文字更精彩、更复杂，也更有纵深感。所以，要想将《蔡以忱》写得有血有肉，重在细节描写，运用生动有趣的故事揭示传主的心路历程。同时，这些故事必须有实物或文献档案支撑，尽可能接近历史真相，让读者当信史来读。缘于此，笔者一方面跋山涉水，深入烈士当年生活、学习、工作与战斗过的地方调查、采访，从知情者那里挖掘、抢救"活材料"；广闻博览，在官方馆所与民间"打捞"有价值的"死材料"；另一方面倾听百家之言，吸纳各方面的高见与新成果。

由于烈士早在1928年就血洒湘西，而同时代的相关人物均已作古，现成的史料十分有限。起初，笔者查阅了一批相关史料汇编、文集、论著、回忆录、纪念感怀文字、私人日记、报刊等，但有价值的史料不过千字文。连烈士存世的两张照片也难以确认。不过，笔者坚信，心诚则灵，不愁找不到直接或间接的史料。

同时发现，各地关于传主的出生年月、入党时间、牺牲地点等其说不一。为此，笔者一方面乐当有心人，利用外访与参加笔会等机会，在海峡两岸搜寻史料；另一方面会同黎黄陂研究会同人与烈士嫡孙重走烈士路，在相关图书馆、博物馆、党史馆（办）、纪念馆、方志办，以及民间广为搜罗，拜访知情人士，终于发现了一些新线索与稀见史料。

二

蔡氏是望族，早在明万历年间陂邑就创修了蔡氏宗谱，只是历经各种战乱，族谱大都散失。不过，笔者在续修《裴氏家乘》的过程中体认到，只要耐心查访，定能找到收藏宗谱的有心人。为此，笔者以寻访蔡氏宗谱为突破口，考订传主行状。

果然，笔者在拜访教育家蔡培华与艺术家蔡迪安时，他们均曾见过民国版《蔡氏宗谱》，而且有蔡元培与蔡以忱等文士之序言。可惜，他们的家传宗谱均被焚毁。由于各种原因，造成老谱一直未现身，使本应三十年续修的蔡氏宗谱时过八十年仍未续修。时至1999年，已是耄耋之年的蔡培华觉得时不我待了，便迅速与族人商定：广泛动员族人四处寻访老谱，启动续修《蔡氏宗谱》程序。蔡老早年的弟子蔡大武得知后，立即来函告知：他发现了民国版宗谱的下落。笔者如获至宝，遂与蔡亚生、蔡俊生等迅速赶往湖北孝感市杨店镇，先睹为快。

杨店蔡氏族人是早年从黄陂蔡官田迁去的，听说老家来人，他们设宴热情款待我们。蔡大武介绍，20世纪60年代，本家王氏夫人将宗谱装入一个陶器坛内，埋入地下秘藏。直到1974年，夫人的四个儿子蔡崇贞、崇富、崇友、崇胜（柏青）改建房屋，遂趁夜静更深之时，秘密将宗谱从地下取出砌入墙中。就这样，全套民国十年（1921）版黄陂《蔡氏宗谱》22册，得以完整保存下来。里面记录了自明代万历四十八年（1621）创修，清康熙、乾隆、同治年间三次续修的各种版本原始资料。改革开放后，蔡柏青才从墙壁中取出，珍藏在楼上的一个木箱中。得知我们寻访谱牒，柏青立即上楼取出用红绸包裹的宗谱，继而按照祖传族规，在举行虔诚的敬香仪式之后，正式打开包裹让我们查阅，使尘封八十年的蔡氏家乘重见天日。

笔者打开《蔡氏宗谱》卷首，"清廉堂"三个篆书大字闪入眼帘。原序上面清楚记载，创修序言即是黄陂蔡氏九世祖，著名理学家、甘露书院主讲蔡石麓（字善图）撰写。民国十年（1921）版为第四次续修，其《原序》与《源流考》载，黄陂蔡氏是明洪武二年（1369），由江西饶州府乐平县筷子巷瓦屑墩迁来黄陂蔡家榨之大屋畈定居。五世后功名鼎盛，其中八世祖蔡完（字人备，号春湖）于明嘉靖甲午年（1534）中举，丙辰（1556）进士

及第,先历任浙江兰溪知县与陕西道监察御史,复钦点出任大同宣抚巡按。因巡按御史职责是代天子出巡,故称"巡方御史",俗称"八府巡按"。由于蔡完在任期间,执法如山,又清廉、勤于教化,官民称颂。蔡完逝世后,嘉靖帝朱厚熜特追赐"清官第一"称号。自此,黄陂蔡氏宗祠便以"清廉堂"为堂号,并收入宗谱世代相传。蔡以忱即是蔡完第十世族孙、蔡绍一第十八世孙。

随着人丁繁衍,黄陂蔡氏宗亲逐步分布在大屋畈周围多个村子,以及迁徙到相邻省、市、县各地。其中首义元勋蔡济民一支居蔡官田,蔡以忱一支居毗邻的白家嘴。蔡以忱的长兄蔡极忱、族兄蔡以贞(良村)同为辛亥志士。

随后,我们将杨店谱同湖北竹溪县、黄陂泡桐蔡家藕塘等地珍藏的清同治年间与民国十年(1921)宗谱对照,发现三处的不同版本,内容完全一致。

三

传记文学的第一要素是求真。为此,笔者以原始史料为依据,对传主的行状进行了认真考订。关于传主出生年月,我们先后在安源与杨店,查到了两份有力证据。一是蔡以忱编纂并作序的《蔡氏宗谱》清楚记载:"蔡滨(以忱)生于光绪戊戌年腊月十八日",即1899年1月29日;另一证明是传主长子蔡惠安的亲笔信,上面明确写道:"我父蔡以忱(一尘,号滨),1899年生于黄陂县蔡家榨白家咀(嘴)。"与宗谱记载完全吻合。

同时,根据安源纪念馆藏《董必武同志谈蔡以忱同志情况》,对比分析《黄陂县志》《武汉市志人物志》等方志史料,以及1950年底的烈士亲属抚恤粮食供应证,考订出原有资料的错误所在:将烈士1921年"参加革命"与1923年"入党"两个时间混为一谈。

有关蔡以忱的牺牲地点,笔者通过到湖南长沙、常德、石门、安源、澧县等地查访,综合各地资料的长沙说、常德说、澧县说三种说法,以多重证据否定了前两说,确认澧县说。

那是2011年秋,承蒙著名史学家严昌洪教授牵线,笔者会同魏端与传主嫡孙蔡小兵,利用在常德参加宋教仁研讨会期间,在常德史志专家应国斌的导引下,跋山涉水,寻找到传主筹建湘西特委故址——太和观,采访了应

国斌、陈大雅等党史专家与知情人士。根据他们提供的线索，我们又在澧县找到依据：蔡以忱于 1928 年 10 月 25 日在澧县被捕牺牲①，不是原来的 1928 年 7 月中旬。而烈士的绝笔诗中的人名申鸣与用典，均与澧县息息相关，诗韵也是当年通用的平水韵。诗云："申鸣大义臣，仗剑扫烟尘；横刀眉梢笑，忠贞掩昆仑。"②

四

书稿完成后，经中国社会科学出版社编审郭沂纹女士策划与精心编审，使得烈士的首部传记初版《"铸剑"先驱·蔡以忱》顺利出版，并在海内外引起共鸣。在武汉图书馆的图书首发与捐赠仪式上，著名爱国侨领田长焯先生追忆了令尊心中的校友蔡以忱。黄陂档案馆、图书馆与姚集中学、塔耳中学等单位，通过不同形式缅怀先烈的铁血精神。在台北《蔡以忱》作品研讨会现场，著名教育家余传韬、著名作家司马中原与知名爱国人士郁慕明等，纷纷感怀烈士。童中仪教授则在台北金瓯女子高中"校长读书会"上，向学生推荐了《蔡以忱》这本书……《中华读书报》《文汇报》《书屋》《百年潮》《红岩春秋》与台北《湖北文献》等两岸报刊则纷纷评介……2014 年底，拙作还忝列中共武汉市委、武汉市人民政府颁发的武汉市第十四次社会科学优秀成果二等奖。

2020 年，京汉影视公司又根据拙作改编电视连续剧，将蔡以忱烈士列为男一号。时下，正在湖北省广电局立项，并被湖北省委宣传部列为重大项目向中宣部申报。

五

一部作品只有精益求精、不断完善，才能减少遗憾。好在，笔者幸会了文心相通的学者作家肖咸焱（笔名肖言），他阅读了《蔡以忱》初版后，乐当有心人，又发掘了一些新史料，并提出了十分中肯的修改意见。我们因此分工合作，重新对初版进行了修订、补充与完善。诸如调整相关章节布局、

---

① 《中共澧县地方史（1921—1949）》，中共党史出版社 2005 年版，第 67 页。
② 《横刀眉梢笑，忠贞掩昆仑》，《中华读书报》2013 年 6 月 12 日。

补充"中华讲坛"与"光焰照人"等章节、订正传主"一师"毕业的时间及其师长名字等,形成了此次修订版《蔡以忱》。

修订版中,对蔡以忱所作《赤都小学校歌》进行了考订与谱曲。其歌词"求自由,求平等,要奋斗,要牺牲"的"三字经"掷地有声,颇具时代价值。由于歌词全文是其亲属回忆的补录稿,经笔者比对烈士生前有关"世界大同"的传世文稿,又同音乐专家应华熠反复考订,觉得有几个词语不一定是原文。于是,我们结合谱曲将其调整为"抖擞精神"与"世界大同"等,谱曲后经黄陂区实验小学首唱,一时间在武汉城乡校园广为传唱。所以,此次修订版特将歌谱同步收入,冀能有更多的学校传唱此歌。

值得一提的是,承蒙知名文化学者、江汉大学武汉研究院院长、中华口述历史研究会副会长涂文学教授拨冗作序;中国社会科学出版社编审郭沂纹与责任编辑安芳等促成在纪念中国共产党百年华诞之际推出,让蔡以忱烈士"用生命诠释忠诚"的伟大精神发扬光大,意义深远。

在拙作形成的过程中,得到了武汉市委宣传部与社会科学办联合会新老领导陈元生、吴天勇与付永祥诸君的大力支持;尤其是中共党史专家李婉霞老人数度接受采访,耳提面命,还无私地提供珍藏多年的稀见史料;知名史学家、江汉大学前校长杨卫东教授,拨冗与作者面谈,提出指导性意见,并促成将此书纳入江汉大学"武汉研究院文库"。著名史学家皮明庥生前抱病激情作序,书法家黄德琳欣然泼墨挥毫题名。还有中国监察学会反腐倡廉历史研究会副会长兼秘书长王守宪、黄陂区领导及其相关部门的给力。中共五大会馆及武汉革命博物馆、湖北省博物馆,武汉档案馆、武汉图书馆,常德史志办、阳新档案馆、安源纪念馆,以及孝感杨店蔡大武及其族人,为查阅史料均提供了方便。在此谨表深深的谢忱!

裴高才

辛丑春夏之交于陂邑南德书斋

目　　录

楔子：碧血丹心 / 1
　　剑胆琴心 / 2
　　丹心剑魂 / 4
　　光焰照人 / 5

第一章　清官家世 / 9
　　移民黄陂 / 10
　　夫妻开荒 / 13
　　御赐清官 / 15
　　榨坊起家 / 17
　　生日揭秘 / 21

第二章　理学渊源 / 25
　　羽翼程朱 / 26
　　"双凤"探幽 / 30
　　官田启蒙 / 32
　　诗韵"望鲁" / 35
　　"道明"明"道" / 37
　　蔡氏"军团" / 41

第三章　心学熏陶 / 45
　　初入"一师" / 46
　　名师熏陶 / 50
　　破"心中贼" / 54

五年"学霸" / 57

第四章　投身学潮 / 61
同门师兄 / 62
学运中坚 / 67
愈挫愈勇 / 68
痛悼极忱 / 70

第五章　中华讲坛 / 77
传道授业 / 78
执鞭"中华" / 81
结识陈澄 / 85
转移阵地 / 88
作序宗谱 / 91
演讲风波 / 93

第六章　良师益友 / 99
指导"读书" / 100
相交相知 / 103
"一师"风波 / 109
"校花"绽放 / 111
襄办"崇实" / 115

第七章　迎接北伐 / 119
指挥学潮 / 120
筹建农协 / 122
广州赴会 / 126
濡墨交流 / 129
参与决策 / 132
里应外合 / 134

第八章　扶正祛邪 / 139
"花鼓"正名 / 140

土地革命　/　143
　　任教"黄埔"　/　147
　　武装骨干　/　149
　　阳新断案　/　151
　　惩办凶手　/　156

第九章　筹备"五大"　/　161
　　舆论引导　/　162
　　解救妓女　/　165
　　初晤秋白　/　167
　　出席"五大"　/　171
　　黄陂会馆　/　173
　　非常十日　/　177

第十章　江城"铸剑"　/　181
　　理论构建　/　182
　　一波三折　/　185
　　苏联模式　/　188
　　当务之急　/　191
　　受挫中辍　/　193

第十一章　恢宏奥略　/　197
　　"奥略"怀古　/　198
　　"好""糟"之辩　/　201
　　农民之子　/　203
　　"农运之王"　/　206
　　烟雨苍茫　/　209

第十二章　风雷滚滚　/　213
　　农运领袖　/　214
　　有序发展　/　216
　　制定法规　/　220

　　　　上山下乡　/　223
　　　　走马长沙　/　227

　第十三章　安源亮剑　/　233
　　　　安源上任　/　234
　　　　选址张湾　/　238
　　　　议决"秋暴"　/　241
　　　　断然锄奸　/　244
　　　　首克醴陵　/　247
　　　　兵败浏阳　/　249

　第十四章　血染湘西　/　253
　　　　转战湘西　/　254
　　　　上太和观　/　256
　　　　特委会议　/　259
　　　　调任石门　/　261
　　　　痛失战友　/　264
　　　　澧县就义　/　268

　第十五章　光风长存　/　277
　　　　现身说法　/　278
　　　　永垂青史　/　281
　　　　剑魂飘舞　/　285

蔡以忱年谱　/　289

　　后记　魂归故里　/　315

楔子：碧血丹心

剑，古今一理，行仁仗义，深植人心。"农运领袖"蔡以忱会同战友们，在大革命"赤都"的大熔炉里，用自己的一腔铁血，铸就了"立党救国"的剑魂。

剑胆琴心

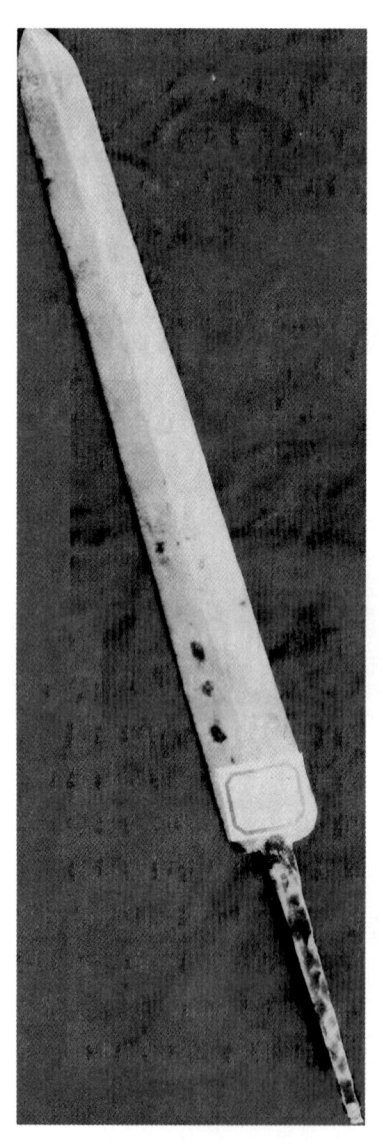

蔡以忱用过的铜剑
（中共五大会址纪念馆藏）

当你来到黄鹤楼下，长江之滨，武昌城头，进入中国共产党第五次全国代表大会会址纪念馆，珍藏着一柄中共中央首任监察委员蔡以忱使用过的铜剑，上面铭刻的白色行书字迹仍清晰可见，铭文云："沐恩弟子张云承敬上。"

这是蔡以忱在私立武昌中华大学任教期间，引导弟子张云承投身新文化运动与大革命运动，弟子以优异成绩毕业后送给导师一柄铜剑。

弟子缘何送给恩师一柄铜剑？这是因为剑者，形美与神美也！人们通常把剑视为正义、长寿、吉祥、祛邪消灾的圣物。传说中，轩辕剑是一把黄金色的圣道千年古剑，是由众神采首山之铜所铸，剑身一面刻日月星辰，一面刻山川草木。剑柄一面书农耕畜养之术，一面书四海一统之策。天界诸神将此剑赐予轩辕黄帝击败蚩尤之旷世神剑，后传与夏禹。其内蕴藏无穷之力，为斩妖除魔的神剑，所以剑又是中华民族的象征。

剑，可手持或佩带；由"身"和"茎"两部分构成。剑身中线突起称"脊"，脊两侧成坡状称"从"，"从"外的刃称"锷"。剑茎即剑把，有圆形、扁形两种。茎端称"首"，茎和身之间有的有护手的"格"。

古往今来，人们常常在剑身上面镂刻自

己喜欢的文字或图案，以馈赠亲友或用以传世。目睹蔡以忱这柄凝聚着师生情谊的百年铜剑，不禁让人联想到湖北省博物馆珍藏的"天下第一剑"——越王勾践青铜剑，以及剑上鸟篆铭文"越王鸠浅（勾践）自乍（作）用剑"。通观历代习武世家之剑，往往会在剑面上铭记刻"龙"的图案，而不刻"凤"，以示不贪色；道学家一般会刻上八卦阵图，意即"剑卦合一"；有的情人定情，也会在剑身上镂刻鸳鸯、红鲤鱼、蝴蝶，比喻鸾凤和鸣……

多少个世纪，一把冷兵器往往承载着一个王朝的更替，一个民族的兴衰，无数英雄豪杰的荣辱。诸葛孔明手捧神剑，在"因武而昌"的地方，设坛借得东风便；辛亥首义志士则挥舞着龙剑，宣告了统治中国两千多年的专制帝制的寿终正寝……

蔡以忱画像（李士一于庚子腊月二十九根据遗像创作）

学运，工运，农运；红都，红巷，红楼。百年前，弟子张云承在风云变幻的年代，敬赠给恩师蔡以忱的这柄铜剑，意在永世铭记师长既传授给知识，又关爱弟子，更心怀天下苍生，激励弟子投身大革命洪流的剑胆琴心……给这柄冷冰冰的铜剑平添了特别的意味，抹上了一笔绚丽的色彩。

古今铜剑，虽然时隔千载，文物价值不同，政治含义迥异，但不论是越王的"卧薪尝胆"，孔明的"借东风"，还是蔡以忱的"剑胆琴心"，所传达的都是深植人心的中华剑文化：或保家卫国之圣品，人神咸崇；或行仁仗义之利器，除恶扬善……

丹心剑魂

一剑在手，楚人凭借楚文化之敢于挑战王权——"不服周"；楚虽三户，亡秦必楚；铁血铸就了辛亥革命之剑魂——敢为天下先，武昌首义扬眉剑出鞘，终于把皇帝拉下马，谱写"亡清必楚"的凯歌。

时间定格在1911年。蔡以忱的长兄蔡极忱会同族人蔡济民、蔡良村，与武昌首义的革命党人一道，以天下兴亡为己任，历经八年的铸剑、磨剑，于10月10日之夜以"亡清必楚"的亮剑精神，经过八小时的鏖战，断然砸碎了湖广总督的国家机器，缔造了中国乃至亚洲的第一个共和政体。这一天被称为"双十节"。

历史有惊人的相似。在第一次国共合作期间，孙中山以苏俄为师，推行"联俄、联共、扶助农工"的三大政策，运用共产党的新鲜血液改造国民党，使国共两党与苏联在"蜜月"期间联手"铸剑"，并在北伐中剑指反动军阀，于1926年10月10日再次会师武昌，结束了直系军阀在两湖地区乃至长江流域的统治。顿时，武汉成为全国国民革命的中心，享有大革命"红都"的美誉。

在"唤起工农千百万"的大潮中，蔡以忱勇立潮头，成为国民革命的"铸剑"与"亮剑"者。

作为宣传部长，他发动湖北的宣传机器大造革命舆论，参与编辑了《武汉星期评论》《武汉评论》等革命报刊，激扬文字，指点江山，传播马列主义。有"大革命喉舌"之誉。

作为青年导师，他在湖北省立第一师范学校、中华大学、崇实中学等校传道、授业、解惑，声援北京五四运动；运用"读书会"、宣达团、讲习所等，引导进步青年走上革命道路。成为"湖北教育界最活跃最有作用的人物"[1]。

作为农运先驱，他在中共中央农民运动委员会、农民协会、农讲所，参与农运决策并带头践行，推动了湖北农民运动的蓬勃发展。董必武称之为

---

[1] 包惠僧：《回忆陈潭秋》，华中工学院出版社1981年版，第25页。

"农运领袖"。

1927年的春夏之交,风云突变,蒋介石悍然发动"四一二"政变,大肆屠杀共产党人与进步人士。以文笔作投枪的文坛泰斗鲁迅,于1927年4月25日与5月10日,在《莽原》半月刊第二卷第八、第九期上,发表了"眉间尺复仇"的讽刺小说——《铸剑》①。号召人们为追求正义与真理,以大无畏的牺牲精神,剑指反动势力,以血还血、以牙还牙。

此时的"红都"武汉,"山雨欲来风满楼"。处于风口浪尖的首都要员蔡以忱会同战友们,劈波斩浪;在国民革命的大熔炉里,用一腔铁血铸就了"立党救国"的剑魂;在土地革命战争时期,他仗剑高歌,舍生取义,"留取丹心照汗青"。

光焰照人

一位先驱,一部传记作品;一道厚重的人生命题,一种精诚铸剑、敢于亮剑的铁血精神。

在烈士远行八十五周年之际,第一部叙介"铸剑"先驱蔡以忱烈士行状的传记文学作品《"铸剑"先驱·蔡以忱》在北京问世。随后,相继在海峡两岸举行了图书首发式与捐赠仪式,以及作品研讨会,产生了强烈反响。

在图书馆、中小学与档案馆等活动现场,通过作者简述烈士的行谊,印证犹太百科全书《塔木德》中的一段话:"人的眼睛是由黑、白两部分所组成的,人为什么只能通过黑的部分去看东西?因为人生必须透过黑暗,才能看到光明。"在读者中引起共鸣,两岸青年学子表示,通过阅读此书,回望大革命风云,沐浴烈士灵光,领悟了烈士用一腔热血诠释人生的真谛。

在武汉图书馆"蔡以忱传"图书首发与捐赠仪式现场,耄耋高龄的著名爱国侨领田长焯先生,感性地追忆了令尊心中的校友蔡以忱的"学霸"过往,以及在中华大学传道、授业、解惑的岁月,感佩其"学为人师,行为世范"的人格力量!

---

① 鲁迅于1927年4月3日根据曹丕的《列异传》的传说创作完成,原题为《眉间尺》。1932年编入《自选集》时改为现名。

《"铸剑"先驱·蔡以忱》台北首发式与作品研讨会

在"《'铸剑'先驱·蔡以忱》走进革命老区"的活动中,黄陂档案馆、图书馆、中国人民银行黄陂支行,蔡家榨小学、姚家集中学、塔耳中学等单位,读者、师生通过不同形式缅怀革命先烈的铁血精神,纷纷表示要用烈士的潜德幽光,净化自己的灵魂。

"各敛精神肩大难,书生愿作纪功篇。"[①] 武汉市黄陂区第三中学的前身道明学校是蔡以忱的母校,该校的道学堂如今仍然陈列着蔡以忱与校友余家菊论道的实物、图片、文字与《蔡以忱》图书;在该校校史馆,也陈列着烈士的画像与简介,供人们瞻仰、缅怀!海峡两岸爱国学者、校友纷纷在这里追寻烈士的足迹,传承一代英烈的"精、气、神"……已是耄耋高龄的黄陂师范美术教授李士一先生,则两度创作了体现蔡以忱烈士风范的国画作品。

在台北市青少年育乐中心、金瓯女子高级中学举行的《蔡以忱》图书首发式与作品研讨会现场,知名爱国人士、新党主席郁慕明,著名教育家余传韬、著名作家司马中原等各界人士,纷纷感性地追怀了蔡以忱这位大革命运动的先驱。

武汉市与黄陂区纪委、蔡家榨街道办事处等单位,则根据《蔡以忱》的

---

① 《余家菊(景陶)先生回忆录》,台北:慧炬出版社1994年版,第96—97页。

楔子：碧血丹心

蔡以忱烈士长房长孙蔡小兵在烈士铜像前凭吊

图文史料，在蔡以忱少年启蒙的故地蔡官田设立蔡以忱烈士史迹陈列室，供人们凭吊、追怀一代英烈！

"宝剑锋从磨砺出，梅花香自苦寒来。"

穿越百年的时间隧道，出身寒微的蔡以忱，自幼崇尚"行仁仗义"的侠客精神。在他周岁生日那天，其父蔡宏熄特地为三儿子举行了抓阄仪式。小以忱穿一身新衣服，端坐在簸箕上，簸箕内摆有笔墨纸砚、琴棋书画、刀套与剑鞘等许多玩具。但见小以忱"两手抓"：一手摸着砚台，一手抓住剑鞘不放。

旧时民间有个说法，孩子在周岁生日仪式上选择的玩具，往往与其终生职业息息相关。所以，蔡宏熄看到小以忱选择了砚台与剑鞘后，感到很高兴。认为这个三儿子今后将在"笔杆子"与"枪杆子"上，有所作为。那么，他成人后到底是不是"两手抓"呢？

第一章　清官家世

蔡氏家族，源远流长。

蔡以忱郡望与全国蔡氏一脉相承，且以清廉著称。

早在1921年，时为北京大学校长的著名教育家蔡元培，曾泼墨挥毫写下了黄陂《蔡氏宗谱序》一文，文中这样写道："黄陂蔡氏于明洪武间，自江西迁来数百年。于兹其间，理学名儒辈出，迄今秀出班行之士，亦济济于黉序之中……"①

---

① 《蔡氏宗谱·清廉堂》，民国十年（1921）版，第1页。

移民黄陂

湖北黄陂蔡氏一族并非当地居民，而是明代洪武二年（1369），由江西饶州府乐平县迁来的。

为什么明清以来的谱牒大都记载，大批黄陂人均是从江西筷子巷移民而来的呢？

这是因为当时偌大一个黄陂县，人烟稀少，土地荒芜，有移民需求。而且刚刚建立大明王朝的朱元璋，推行强制移民的政策，使移民黄陂变为现实。

当今的黄陂人也许不明白：黄陂在历史上，不是一度号称拥有"曹操人马"的人口大县吗？如今分布在全球的黄陂人多达四五百万，在当时怎么会人烟稀少呢？

有关移民史料显示，黄陂在历史上的确几度出现过人口荒。究其原因，这与黄陂的地理位置及天灾人祸息息相关。

据史志记载，黄陂始属西陵或安陆地，东北部曾隶属于豫州，南部则由荆州管辖，地处长江文明与黄河文明交汇地带。境内的古代黄金水道府河、滠水、漂水，可穿越大别山、桐柏山的隘口，往北可直达商朝王都郑州；又可出长江，入汉水、涢水，淌过随枣走廊，跨越南阳盆地，通往关中地区；往西亦可通过长江、汉江抵达巴蜀；往南则直达江汉，并借洞庭湖、鄱阳湖及其干流通往江南诸省；东乘长江一泻千里，又可沟通吴会，通江达海。

同时，黄陂又是被称为"青分豫楚、襟扼三江"的陆路关隘武胜关（中国九大名关之一）的必经陆路要冲。也就是我们现在所说的国道（20世纪的107国道就曾贯穿黄陂南北）。故自秦汉以来，黄陂屡遭兵燹，当地人在历次战乱中不是被乱兵杀掳，就是背井离乡颠沛流离。

司马迁在《史记》中也曾经指出，在公元前279年（楚顷襄王二十年）的战国时期，秦国大将白起曾在黄陂激战，并一举攻占古邑西陵。[①]

---

① （明）《黄陂县志》，嘉靖三十五年（1556）版。

到了后汉末，刘表则以黄陂作为江汉之口，为防止吴国侵轶，特派黄祖于此筑城镇守，因名黄城镇。城南的武湖，时为与长江相连的天然湖泊，浩浩荡荡，因黄祖在此习战阅武而得名。也是三国时屯兵练兵与鏖战之地。

唐末天复年间，唐朝帝国名存实亡，各方节度使形成拥兵自重的局面。天复三年，江淮节度使、吴王杨行密，遣将李神福陈兵于鄂州城下，州帅杜洪求救于割据势力强悍的宣武节度使、梁王朱全忠，朱全忠立即遣兵屯于黄陂南乡滠口，对吴军构成威胁。

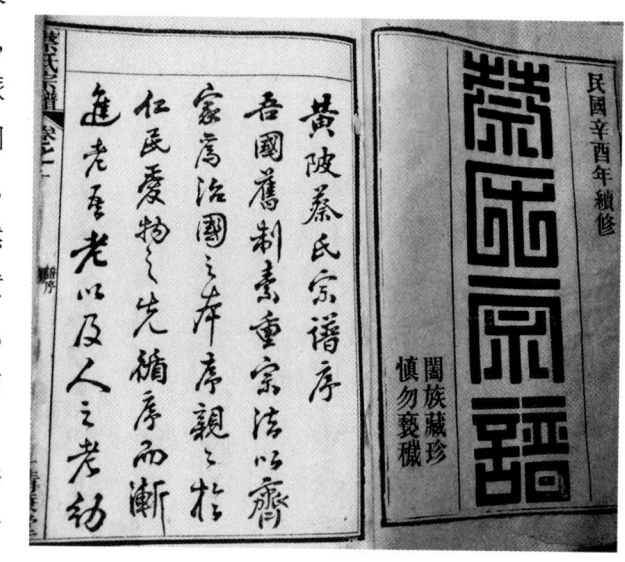

蔡以忱编纂、蔡元培所作序《蔡氏宗谱》

在宋末，北方的蒙古军从黄陂陆路（武胜关沿线）与水路（滠水、府河、武湖）南侵，并在境内与宋军兵戎相见。清顾祖禹在《读史方舆纪要》说："宋末，忽必烈南寇，取道于此。"黄陂居民又遭兵燹，不是家破人亡，就是流离失所。

元朝末年，湖北是红巾军与元朝军队，以及朱元璋所率部队厮杀拉锯的主要战场，社会动荡使黄陂以及江汉平原田园荒芜，百姓不是被强行征兵，就是四处亡散，庐舍为墟，许多地方渺无人烟。黄陂位于兵家交战的漩涡，首当其冲，县民逃亡殆尽。有元代诗人郝经游历于此赋诗《宿黄陂县南》为证：

茅屋欹斜竹径荒，
稻畦残水入方塘。

营屯未定夕阳下，

雁点秋烟不著行。①

再说此时的江西，经过宋元时期的发展，成为中国第一人口大省。而毗邻的湖北、湖南虽人烟稀少，但面积却是江西的2.5倍。所以，明太祖朱元璋在统一长江流域之后，遂决定组织人多地少的江西人迁往湖南、湖北。此即"江西填湖广"的强制移民政策。

这里的"湖广"是指明代的省一级政区名称，时辖今湖南、湖北两省。而在元代则包括今湖南、湖北、广西、广东、海南全省，以及贵州的一部分。清代将湖广分为湖南、湖北两省后，"湖广"的名称仍在使用，把两省的总督叫作湖广总督，只是不再是一级行政区的名称。民谚中所说的湖广，其范围就是指明清时期的辖区。

"江西填湖广"的移民政策实施后，以江西为主的长江中下游移民，或溯江而上，一艘艘民船逐队西行，或从陆路拖家带口，络绎不绝。率先抵达湖北境内的移民，选择毗邻的鄂东定居，故东部江西移民最多。后续移民者分三路向湖北中部、北部、西部扩散，一路继续沿江西进，一路进入汉水逆流而上，一路则走随枣走廊的陆路通道。

由于故土难离，大多数人不愿背井离乡。于是，官府就将移民用绳索捆绑，推上船、押上路，进行强制移民。两湖地区把上厕所称为"解手"即缘于此。那是因为移民们被捆绑着用船押运时，途中要大小便，须先呼请押送官兵解开手上的绳索，于是"解手"便成了上厕所的代名词。它与"洪武开坎"的传说，一直沿袭至今。

据明清方志与谱牒载，自明初起，有大批县民是通过官方与民间两种渠道移民至黄陂的。当时黄陂80%的居民，均系从江西筷子巷由官方强制移至此的。另外，一部分外出逃难幸存的原黄陂人也陆续返乡，重建家园。据成化八年（1472）统计，81年间，黄陂人口增长了两倍。即由洪武二十四年（1391）的42068人，增加到121900人。②

---

① （清）《黄陂县志》，康熙五年（1666）版。
② （明）《黄陂县志》，嘉靖三十五年（1556）版。

夫妻开荒

江西省饶州府乐平县筷子巷瓦屑墩的青年蔡绍一偕妻子梅氏，就是在"江西填湖广"的背景下，于明洪武二年（1369）奉命迁往湖北黄陂东乡的。

当时的黄陂东乡，因战乱与天灾，造成万户萧疏，遍地荒芜。这样一来，新来的移民选择定居的空间相对大。

蔡绍一偕同妻子自黄陂县河漤水乘舟北上，再通过支流东进，抵达一个叫古傅家港（今武汉市黄陂区蔡家榨街之梅蔡河）的地方小憩。

一路上，蔡绍一时而以"解手"为由，让官兵解去缚手绳索，将随身携带的一个怀表（古时的罗盘），拿出来测量方向。据说，人们之所以称江西人为"老表"，就源于蔡氏怀揣的这个罗盘。时而伫立于船头观察，远眺古傅家港南临武湖之滨，西北紧靠荆楚名岳木兰山，水路交通十分方便。如此依山傍水，不失为安家落户的理想之所。

于是，他与妻子商量决定，并经官府批准，他们来到古傅家港东岸的一遍荒地上，营建新家园。

就这样，蔡氏夫妇带着对先祖的眷恋，开始了文化的流动：家族的信仰、神灵的崇拜、语言的标记等，都在这新生之地重新碰撞，重新融合。

刚开始，他们只盖起了两间简易的茅草房屋栖身，开始了艰难的拓荒岁月。

好在，那时朝廷为鼓励移民，对新移民予以赋税优惠。据《明太祖实录》载，南昌府在明初每亩税五斗（十升为一斗），而黄州府（时辖黄陂县）平均每亩赋税才6.2升。这不仅调动了已经移民于此者的积极性，也吸引了后续江西民众，自愿迁往湖广。

小两口经过几年男耕女织，子女成群，五谷丰登，六畜兴旺。继而，大兴土木，一栋栋砖瓦结构的大屋拔地而起，而且新垦的田地连成一畈。他们就给新建成的安乐窝起了一个通俗、形象而响亮的村名：大屋畈。

在此安居乐业后，饱读诗书的蔡绍一非常重视子孙的教育问题。起初，由他亲自在家负责子女的启蒙，随着人丁兴旺，便在村子里设馆，聘请塾师教学。同时，他还以带来的墨谱为教材，向子孙们讲授蔡氏流芳百世的光荣传统。

据《史记·管蔡世家》记载，公元前 11 世纪，周武王姬发灭商后，将弟弟叔度封于蔡（今河南上蔡西南），建立蔡国，与兄管叔鲜、弟霍叔处共同监督被封在商朝旧都的殷纣王之子武庚禄父，管理殷商遗民，史称"三监"。武王死后，子成王姬诵继位，由武王之弟周公姬旦摄政。管叔、蔡叔对此不满，联合武庚及东方夷族进行反叛。后被镇压，武庚、管叔被杀，蔡叔遭放逐，不久，死于迁所。其子胡，能够与父亲的反叛行为决裂，遵守文王的德训，与人为善。周公旦听说后，就派他到鲁国辅佐自己的儿子伯禽。由于胡在鲁政绩卓著，周公奏请成王，复封胡于蔡，以奉蔡叔之祖，是为蔡仲。其子孙就以国为姓。

先秦时期，蔡氏主要是在今河南、安徽境内发展繁衍，也有到外地做官留居当地者。战国时，蔡泽曾取代范雎任秦国相，封刚成君。此外，齐国有大夫蔡朝，楚国有大夫蔡鸠居，晋国有太史蔡墨。汉代，已有蔡姓人居于今江苏、浙江，如西汉蔡千秋为沛（今江苏沛县）人，东汉与陈留蔡邕同时，上虞（今属浙江）还有一个"以孝行闻"的蔡邕，但河南仍是蔡氏的主要聚居区，直至南北朝时期，陈留圉一直是蔡氏的发展繁衍中心。因西晋惠帝时分陈留郡置济阳郡（治所在今河南兰考县东北堌阳镇），圉属济阳，故《百家姓》列蔡氏郡望为"济阳"。汉末，蔡丕任五原（治所在今内蒙古包头市西北）太守，在当地安家，其子孙居住在朔方（今内蒙古杭锦旗西北）一带。后又有蔡姓人徙居于今宁夏、甘肃境内。

两晋之际，蔡氏有族人随中原士族南渡，居于江、浙一带。蔡氏移居福建、广东，则始于唐初。唐末，中原战乱，河南蔡氏又有随王潮、王审知入闽者，先居于福建宁化县，二传又迁至广东梅州。此后，又有大批的蔡姓人从福建、广东到台湾开基，有的移居东南亚及欧美诸国。

历史上的蔡姓人才辈出，名垂千古。东汉桂阳（郡治今湖南郴州）人蔡伦，总结西汉以来用麻质纤维造纸的经验，改进了造纸术，被后世传为中国造纸术的发明人。东汉还有文学家、书法家蔡邕，通经史、音律、天文、书画；其女蔡琰，字文姬，博学善诗，通音律，有《悲愤诗》及琴曲歌辞《胡笳十八拍》。南朝宋有画家蔡斌，善画人物故事，天下标冠。北宋书法家蔡襄，太师蔡京，南宋律学家、理学家蔡元定，学者蔡沈。金朝有文学家蔡松年、蔡珪……

御赐清官

在蔡绍一的言传身教下，子孙们将此家风世代相承。裔孙们逐步考入县学，博取功名仕进，出人头地。五世以后，科名鼎盛，俨然黄陂望族。

到了第八世孙蔡完，字人备，号春湖，自幼敏于思考，出口成章，十分欣赏唐代诗人、监察御史蔡希周《奉和扈从温泉宫承恩刚浴》诗句，立志自己学成后也要当一名监察御史。蔡希周联云：

未将兰气冲皇泽；
去引星文捧碧空。

果然，在十年寒窗之后，他一举考取秀才。继而，于明嘉靖甲午年（1534）中举，丙辰年（1556）进士及第，出任浙江兰溪知县。

蔡完上任以后，清正廉明，大胆改革，废止苛捐杂税，与民休息，被县民誉为"蔡青天"。钦差大臣通过微服私访兰溪，就将实情呈报给嘉靖皇帝朱厚熜，朱氏在高兴之余，决定提拔这位清官。于是，蔡完在治县一年零八个月之后，被钦点为陕西道监察御史。明代理学家、黄陂蔡氏第十世孙蔡石麓（善图），在明万历四十八年（1620）创修的《蔡氏宗谱》中，收入了蔡完的画像、小传与赞诗。学者蔡文燮在《春湖公传赞》中写道：

公淬污泥而不染……性孝友，以节义自高；喜读名臣言行录，忻然忘食。自其为孝廉时，避嚣鄂垣。会岁凶有，以请粟大府邀者，公婉言以谢……治兰溪时，除苛政、决疑狱、勤抚字、敦教化、政简行，清民咸乐业。公余读书，俨然寒素稀粥外，不以一丝累吾民。大吏钦其节，闻于朝，天子嘉之行，取御史入都，民皆遮道焚香欢息泣下……[1]

---

[1] （明）蔡石麓创修：《蔡氏宗谱·清廉堂》（墨谱），万历四十八年（1620）版。

当时全国共分为十三个"道",类似于现在的省,中央都察院是直属于皇帝的监察部门。朝廷派往十三个道的监察御史,由都察院垂直管理,但在履行职能时又不受都察院控制,直接对皇帝负责。《明史》卷七十三《职官二》载:"十三道监察御史,主察纠内外百司之官邪,或露章面劾,或封章奏劾。在内两京刷卷,巡视京营……在外巡按,清军,提督……而巡按则代天子巡狩……"

早在蔡完中举前的明正德十六年(1521),武宗皇帝朱厚照驾崩,无子继位。按照"兄终弟及"的祖训,朱厚熜承统登基,改年号嘉靖,时年仅14岁。

蔡完像及赞词 [民国十年(1921)版《蔡氏宗谱》载]

朱厚熜是兴献王朱祐杬之次子。兴献王封地于今湖北省钟祥市,其府第承天府是明朝的三大府之一。朱厚熜于明正德二年(1507)八月初十日降生于兴王府凤翔宫,位于湖北省钟祥市王府大道12号。兴献王去世后,朱厚熜袭封为兴王,时年12岁。三年后,追封其父为后帝,改献陵为显陵,位于今钟祥城北7.5公里的纯德山。

初承大统时,朱厚熜除采取了历代新君例行的大赦、蠲免、减贡、赈灾等措施外,还扭转了正统以来形成的内监擅权、败坏朝政的局面。

随着权力膨胀,朱厚熜痴迷于丹药方术。1541年,朱厚熜下了一道圣旨,命宫女们清晨采集甘露兑服参汁以期延年,致使上百名宫女病倒。以杨金英为首的宫女们忍无可忍,趁侍候朱厚熜之机,断然下手企图将其勒死。不料,被太监发现,朱厚熜捡回一条命。这就是历史上罕见的宫女弑君的"壬寅宫变"。宫变未遂后,朱厚熜为了缓和社会矛盾,采取厘革缩弊、振兴纲纪等改革措施,下令退还一些被侵占的民田,汰除军校匠役10万余人,开创了嘉靖年间的"新政"时期。

不仅如此，朱厚熜还大胆进行政治体制改革，将巡抚的职能由监察官员转变为节制三司、总领一方的地方大员。朝廷为了加强对封疆大吏的监督，就通过巡按御史对巡抚进行牵制。并明令界定二者的职权："其文科武举，处决重辟，审录冤刑，参驳吏典，纪验功赏，系御史独专者，巡抚亦不得干预。"①

蔡完任监察御史不久，朝廷在十三道监察御史中，选拔一名巡按御史，蔡被都察院列为两名候选人之一，呈报给嘉靖皇帝钦点一名。结果他以良好的口碑，成为大同宣抚巡按。

巡按御史职责是代天子出巡，故其巡视地方，又叫"巡方御史"，俗称"八府巡按"。

蔡完在任期间，严格按照"大事奏裁，小事立断"的原则，对五品以上违法失职的地方官员进行参劾，由朝廷裁决；六品以下官员"就便拿问"，而且惩前毖后，勤于教化。

只是积劳成疾，不久蔡完倒在了工作岗位上。好友为其整理遗物时，发现其囊中羞涩，唯一值钱的是一套升堂或巡查时所穿的礼服。大中丞赵贤目睹此景，不禁感慨万端，潸然泪下，特赠赙银给蔡氏家属，蔡完才得以返乡归葬。

嘉靖帝朱厚熜获悉后，亲赐匾额"清官第一"给蔡氏亲属，以表追怀与敬仰之意。自此，黄陂蔡氏宗祠以"清廉堂"为堂号，并收入宗谱世代相传。蔡氏创修宗谱时，历任都察院副都御史、云南布政使、山东巡抚、吏部侍郎赵贤特撰《御史春湖公像赞》。赞文云：

谓显声名耶，而心淡天下；谓怀孤洁耶，而自任天下；谓言逆鳞耶，而利济天下；谓身韬毛耶，而风高天下……②

榨坊起家

随着人丁繁衍，黄陂蔡氏宗亲逐渐分布在大屋畈周围多个村子：蔡官

---

① 白寿彝：《中国通史·第九卷》，上海人民出版社1999年版。
② （明）蔡石麓创修：《蔡氏宗谱·清廉堂》（墨谱），万历四十八年（1620）版。

田、白家嘴、蔡家榨、蔡上湾、蔡下湾等，有的甚至迁往孝感、竹溪县，以及相邻的河南、安徽等省。

1865年7月4日（清同治四年乙丑闰五月十二日），由大屋畈迁居白家嘴的蔡氏第十六世孙蔡朴裕（1825—1895），又得幼子蔡宏熄（字映奎，号华陔，卒于民国九年庚申四月初七，即1920年5月24日）。

宏熄在兄弟四人中排行老四（俗称老幺）。他的三个哥哥分别是长兄宏燮（1845—1913，字映南，号理陔）、次兄宏枚（1853—1898）、三兄宏谱（1858—1895，字润金，号兰陔）。其中宏燮要年长宏熄20岁，几乎相差一代人。宏枚、宏谱各年长12岁与7岁。而且老大与老三均是三乡四邻驰名的饱学之士。

在传统的农村，家人特别疼爱老幺。因此小宏熄成了蔡家的开心果，蔡朴裕还吩咐老大与老三，负责调教老幺。

小宏熄也十分受人疼爱，自幼养成勤于思考，乐于助人的好习惯。只是长兄宏燮虽学优而不得志，长年游学省垣，不理家计。直到逢年过节返乡，才能对老幺点拨一二。老幺平时的学业自然全靠三兄、著名书法家蔡宏谱心传口授。

蔡以忱出生的祖屋：黄陂蔡家榨白家嘴

宏谱，字润金，号兰陔，是晚清秀才，尤其是在柳体书法上闻名遐迩，其得意门生金永炎，字晓峰，日本陆军士官学校毕业后，历任南京临时政府军官学校校长、广西陆军讲武堂堂长、鄂军都督府参谋长、民国大总统府幕僚处处长、北洋政府陆军部次长等职。①

在三兄的悉心调教下，聪颖过人的宏熄，学业日益长进，颇有发展前途。

不幸的是，在宏熄进入而立之年前后，父亲、三哥和二哥在三年内先后去世，而长兄又是一个不善持家的书呆子，他不得不放弃学业，挑起家庭重担。

好在宏熄自幼十分懂事，常常帮助父母做家务。由于他悟性高、动手能力强，随着年龄的增长，家用的小型农具与家具，大都出自他之手。

那时的农村，水田的农作物只种一季中稻，常年以种田为生的自耕农民，每年有几个月的农闲时间。比较勤奋的人，往往利用农闲帮人打工，挣点零花钱。

宏熄所在的白家嘴附近的集镇有一批榨坊，名曰蔡家榨，专为农户加工榨油。每当夏收、秋收季节，家里的油菜籽与花生榨油时，宏熄就帮助父亲和二哥前去"打油"（黄陂方言对"榨油"的别称）。

传统的手工榨油作坊的榨油有打板凳油、拗油、人工木榨油、油车榨油等多种形式，蔡家榨采用的是人工木榨式榨油。榨坊由一个双灶台、一个碾盘、一根硕大的木榨槽和一个悬空的圆柱体木槌组成。

一般说来，一根粗硕的"木油槽"，长度约 5 米，切面直径 1 米左右，树木中心凿出一个长 2 米，宽 0.4 米的"油槽"，油胚饼填装在"油槽"里。开榨时，随着掌锤的师傅与两个壮劳力，执着悬吊在空中大约 50 公斤重的木柱油锤，有节奏地连续撞击油槽中的木楔"进桩"上，被挤榨的油胚饼便流出金黄的清油，油从油槽中间的小口流出。

每逢寒暑假，蔡宏熄通过到榨坊代亲友"打油"，冬去秋来，终于学到了一手榨油绝活。

毗邻的王家看到青年蔡宏熄知书达理，敬老爱幼，又有一身好手艺，就托人说媒，促成王氏与蔡宏熄结为秦晋之好。

在蔡宏熄 24 岁那年，即 1889 年 2 月 3 日（光绪己丑年正月初四），长

---

① 裴高才：《首义大都督黎元洪》，湖北教育出版社 2011 年版，第 208 页。

"铸剑"先驱 蔡以忱（修订本）

黄陂老榨坊之木榨（杨德元提供）

子蔡极忱（永清）降生。蔡家顿时像过节一样热闹，小两口为蔡家有了爱的种子和未来的掌门人而兴奋不已。

随着添人进口，为了替家庭分忧，他受聘一家榨坊当起了榨油师傅。父兄相继去世后，小两口商量，与其帮人打工，倒不如自己当老板。

榨油坊一般都建在村落集中、水源充沛的地方。大抵每年农历四月底油菜籽成熟后开始榨油。传统榨油工艺大致可以分七个步骤：炒干、碾粉、蒸粉、做饼、入榨、出榨、入缸。于是，他们经过东挪西借，选址蔡家榨路边建起了"一间茅草屋，两间瓦片房"的一家属于自己的榨坊。

榨坊是一个体力重，空气环境差的地方。蔡宏熄通过在实践中不断摸索，对现有的设备进行改造，不断改善工作条件。比如说，把牛拉石碾改成了三头驴并排齐拉，石碾上装有多个轮子，大大提高了单位时间内的工作效率。过去炒籽用的普通锅铲或者铁锹，经过他的改进，在木耙中间系上一根绳子，拴在梁柱上，由工人拿着把柄，来回翻动即可，既节省了人力，又提高了效率。以前炒20斤芝麻的人力，后来提高到80斤，效率提高了将近四倍。

接下来，小两口喜事连连。继王氏分娩了两个女儿之后，丙申年农历八月初七日，亦即公历1896年9月13日，次子襄忱又降临到蔡家了。

由于蔡宏熄的榨坊不断改进工艺，出油率高，服务周到。再加上他为人正直，待人和易，常常替宗亲乃至乡民调解纠纷。所以，他赢得了不少回头客。经过小两口辛勤打理，勤俭持家，几年下来，他们除还清了债务外，还盖房置地。全家过上了自给自足的生活。

生日揭秘

1898年，风云变幻，戊戌变法就发生在这一年。

这年6月11日，雄心勃勃的光绪皇帝颁布"明定国是诏"诏书，宣布变法。其主要内容包括学习西方，提倡科学文化，改革政治、教育制度，发展农、工、商业等。

就在人们对这位青年皇帝的新政寄予厚望之时，慈禧太后悍然发动了宫廷政变，于9月21日将戊戌变法"六君子"斩于菜市口。由于此次维新变法，历时仅103天，又称"百日维新"。

也许是蔡以忱要继承"戊戌六君子"的未竟事业，光绪戊戌年农历腊月十八日即1899年1月29日，蔡家正准备欢度春节之际，大腹便便的王氏晚饭后，刚刚躺下休息，突然感到一阵腹痛，时至11—12时（亥时）间，他们的第三个儿子蔡以忱出世了。①

蔡宏熄新年添爱子，双喜临门。在兴奋之余，他联想到蔡家清廉传家的传统，就给儿子取名"一尘"，希望他将来牢记家训，一尘不染。因在弟兄中排行老三，取派名功三；学名"滨"，也有常在河边走，就是不湿鞋之意。

可是，一个时期以来，关于蔡以忱的出生年月，官方权威资料上的蔡氏简介与小传，均称他是1896年生人。如《湖北省志·人物志稿》（光明日报出版社1989年版）、《黄陂县志·蔡以忱》（武汉出版社1992年版，第512页）、《武汉市志人物志·蔡以忱》（武汉大学出版社1999年版，第52页）等。因为上述均是官方资料，此前笔者所写的短篇传记《秋收起义的黄陂人》（《民族大家庭》2004年第6期）、《蔡以忱：中共中央首任监察委员》（《名流百年·蔡以忱》，长江出版社2009年版，第60页）、《中共中央首任监察委员蔡以忱的前世今生》（《世纪行》杂志2011年7月号）、《蔡以忱：铸剑人的清官身世》（《书屋》杂志2011年10月号）等，因未作认真考订，也是直接引用以讹传讹。

此后，经笔者查阅民国十年（1921）版与2000年版黄陂《蔡氏宗谱》，

---

① 《蔡氏宗谱·清廉堂》，民国十年（1921）版，第1页。

上面均清楚地记载：蔡以忱排行老三，生于光绪戊戌年腊月十八日。这就是说，蔡以忱生于公历 1899 年 1 月 29 日。

族谱上还载有蔡以忱兄弟姊妹的生卒年月。其中，排行老二的蔡襄忱生于光绪丙申年八月初七日，即公历 1896 年 9 月 13 日。排行老四的蔡丹忱生于光绪庚子年冬月初八日，即公历 1900 年 12 月 29 日（《蔡氏宗谱》卷二，2000 年版，第 873 页）。由此可知，他们三兄弟出生时间有规律可循：均相差两岁左右。

那么，蔡以忱与蔡襄忱是不是孪生兄弟？回答是否定的。假若他们是孪生兄弟的话，那么出生时间不可能相隔四个月。即蔡襄忱生于丙申年八月初七日，蔡以忱同年腊月十八日。故排行老二与老三的蔡襄忱、蔡以忱都不可能出生于同一年（1896 年）。

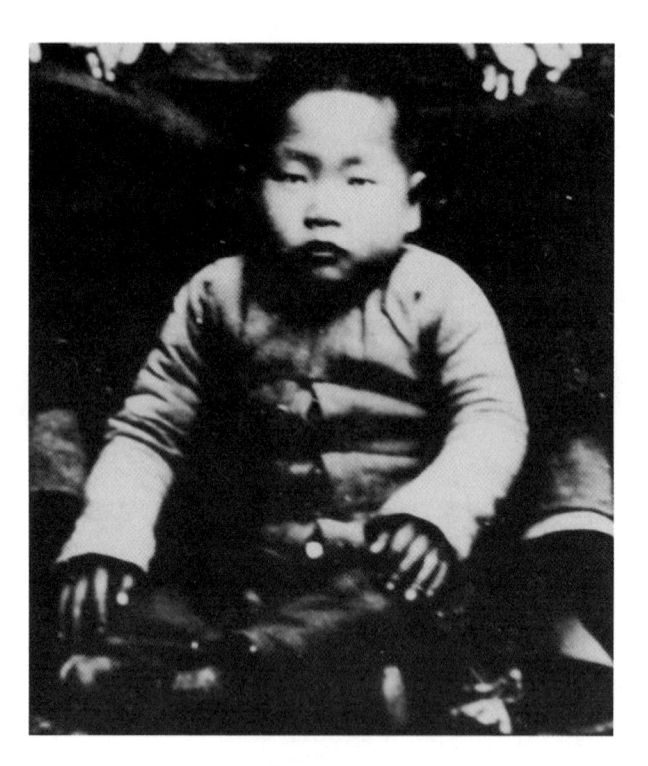

蔡以忱幼年

接着，笔者又先后赶往安源纪念馆与湖北孝感杨店，查到了两份有力证据。孝感杨店蔡柏清兄弟珍藏的民国十年（1921）版《蔡氏宗谱》上面清楚记载，蔡以忱与蔡襄忱为《蔡氏宗谱》各写了一篇序言，蔡以忱（滨）与蔡伟卿（国璋）还是编纂宗谱的两名责任编辑。这说明宗谱上包括他自己的出生年月在内的内容，经其审定认可。作为中华大学教授，蔡以忱还在序言中强调该宗谱有"备国史采择"的价值。可见，他是将宗谱当信史来编纂的。

另一有力证明是蔡以忱长子蔡惠安于1977年12月19日的亲笔信，上面明确写道："我父蔡以忱（一尘，号滨），1899年生于黄陂县蔡家榨白家咀（嘴）乡间。"与宗谱记载完全吻合，蔡以忱出生于1899年确实无误。

由此可以断定，1980—1990年代的官方史志出版物，均将蔡以忱的年龄"虚报"了三岁。

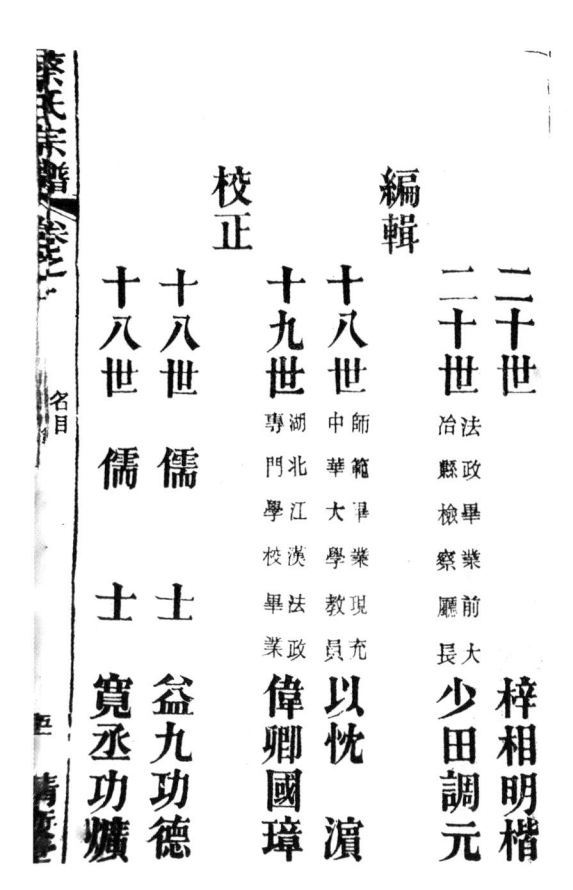

民国十年（1921）续修《蔡氏宗谱》上标明"编辑……以忱、滨"

对于蔡以忱的宗谱世系，2000 年续修的黄陂《蔡氏宗谱》是这样排列的：

一世：绍一
二世：隆六
三世：仲玉、仲圣、仲贤
四世：友信、友义、友礼、友明、友亮
五世：彦文、彦忠、彦通、彦清
六世：纯
七世：乾、坤、鼎、颐、节、萃、恒
八世：完、官……相、极
九世：善治、善教、善世、善才
十世：士元
十一世：应熙
十二世：佑隆
十三世：之经、之纬、之绅、之绵
十四世：成昆
十五世：世海、世淮、世江、世汉、世洛
十六世：栋裕、栻裕、朴裕
十七世：映奎（派名宏熩，号华阶或彩堂）
十八世：极忱、襄忱、以忱（派名功三）、丹忱、遂忱、永濬
十九世：光元，光亨（惠安），光海
二十世：小兵，亚生
二十一世：雅琪，华章

第二章　理学渊源

　　诗书传家的蔡宏熄夫妇，在勤俭持家的同时，也十分注意培养孩子良好的行为习惯。在日常生活中，他们教育孩子尊老爱幼，礼貌待人。稍长，他又有意识地安排孩子们做一些力所能及的家务劳动……

羽翼程朱

每年春节,蔡宏熜则带领儿女们前往宗祠参加祭祖仪式。1903年,蔡宏熜在祖宗牌位前介绍了始迁祖和八世祖蔡完之后,小以忱就伫立在九世祖蔡石麓(善图)遗像前瞻仰。

蔡宏熜就因势利导地对他说:"你今后就应像九世祖一样,做一个有学问的人。"

"九世祖是做什么学问呢?"小以忱问道。

蔡宏熜便深入浅出地向儿子讲述起蔡石麓像赞:"你看,太史李金台所作的赞词清楚地写道:'阐扬圣学,性理是精;渊源孔孟,羽翼朱程。'(《蔡氏宗谱》清·康熙年版)第一句就是说石麓公精通'理学'。我们平时所说的'天理何在'就是指的这个'理'。"

"第二句是什么意思呢?"

"说的是理学与孔孟儒学一脉相承,而且创设理学的先驱,就是我们黄陂人。"

"是吗?他们叫什么?"

"他们就是大学问家程颢、程颐兄弟,世称'二程'。也就是赞词中的'羽翼朱程'的'程'。"

"那这里的'朱'是何许人也?"

"朱熹,号晦庵,江西省婺源人。他是程颐的徒子徒孙(四传弟子)。是他将理学集大成,史称'程朱理学'。"

"呵,原来如此。"

"明万历四十八年(1620),黄陂《蔡氏宗谱》就是师承二程的九世祖蔡石麓(字善图)发起创修,并撰写序言的。"

"那二程是怎样成为大学问家的呢?"

于是,蔡宏熜就给孩子讲述了二程的少年故事:

那是北宋年间一个风雪交加的日子。在黄陂县城程乡坊书房内传来了二程的读书声:"老吾老以及人之老,幼吾幼以及人之幼。"

二程的母亲侯氏推门进去,对儿子说:"歇会儿吧,外面下大雪了,你们出来看看雪景。"

二人随母亲来到大门外,见雪花飞舞,大地一片洁白,侯氏对孩子说:"面对瑞雪纷飞,你们想到了哪些佳句?"

程颢想了想说:"我觉得唐代诗人岑参在《白雪歌送武判官归京》一诗中,将雪写得最绝妙:'忽如一夜春风来,千树万树梨花开。'"

侯氏把目光投向程颐,说:"不错!那颐儿想到了什么?"

程颐望着大雪说:"我想到了白居易《卖炭翁》中的'可怜身上衣正单,心忧炭贱愿天寒'和杜甫《茅屋为秋风所破歌》中的'安得广厦千万间,大庇天下寒士俱欢颜'"的诗句。

侯氏面露欣慰之色,说:"仁者爱人,爱物。你们所想虽然迥异,但都体现了一个'爱'字,即对大自然诗情画意的爱和对人的恻隐之心。"

正说话间,一老年乞丐沿街道走了过来,侯氏身边的一个仆人正要关大门,侯氏一边制止,一边对二程说:"你们回去到厨房中盛一碗饭,拿两个蒸红薯交给老人家。"

程颢、程颐应声去了。

又一天,二程的父母程珦与侯氏,来到二程在户外读书的"聪明泉"旁,发现二程正在此琅琅成诵。为了考察一下孩子们的学用结合情况,程珦首先发问:"你们既然给这里的泉水起名'聪明泉',那么古书上所说之泉有哪几种呢?"

"回父亲,我记得古书上记载,东晋时广州城北之石门有处泉水名叫'贪泉'。据传饮了贪泉水便会产生无穷贪欲。因此,人们不敢到广州做官。晋安帝时,任命谢清为广州刺史,饮贪泉之水,贪赃枉法,残害百姓,被处死。其后又任吴隐之为广州刺史,吴路过此地闻'贪泉'之来历,大有感慨,竟连饮三杯,随后即提笔题诗于碑上:

　　古人云此水,一饮怀千金。
　　试使夷齐饮,终当不易心。

他上任以后,时刻记住石门村民的叮嘱,洁身自好,正气凛然,严惩不法商人和贪官污吏,使广州大治,万民称赞,传为千古佳话。"程颢回答道。

"我知道史书上说,还有一种泉叫'盗泉',在山东泗水县北,曾子立廉,不饮盗泉;也有人说,不是曾子是孔子,说有一次孔子路过盗泉尽管很渴，也不敢喝盗泉之水。"程颐补充后，又不解地问："母亲，哥哥刚才背诵的吴隐之诗，其'夷齐'是何意？"

"夷齐是指历史上的两个人，一个叫伯夷，一个叫叔齐，他们两人是商朝人，商被周灭后，二人耻不食周粟，在洛阳以东的首阳山上活活饿死了。"侯氏解释道。

"母亲，可否这样理解，即使是贪泉，就是让伯夷、叔齐那样有气节的人喝了，也不会变贪的？"程颢话毕，侯氏与程珦相视点头而笑。

"唐代文坛四杰之一的王勃，在他的名篇《滕王阁序》中有这样两句'酌贪泉而觉爽，处涸辙以犹欢'。前一句说的是人们饮了贪泉之水以后，便会萌发贪心的念头，从此丧失正直的志气。我现在以'酌贪泉'为题，你们谁能反其意而吟哦之？"

顿时，现场呈现出短暂的寂静，只有泉水的"叮咚"响声。年仅十岁的程颢，沉吟片刻后，不禁脱口而出："孩儿读来，请母亲指正：'心中如自固，外物岂能迁？'"①

一天，以廉吏著称的户部侍郎彭思永到黄陂视察，听说此事，亲自到程家考察一番，发现程颢果然资质过人，接下来便以女妻之，一时传为佳话。

接下来，二程兄弟茁壮成长，成为学海里中流击水的"风流人豪"，创立影响中国封建社会七个世纪的官方哲学——理学（即"新儒学"）。

二程功成名就后，黄陂开始在二程少年"筑台望鲁"处，相继修建了纪念二程的人文地标双凤亭（初名"清远亭"）、二程祠、二程书院等。尤其是明代正德三年（1508）兴建了二程书院后，民智渐开，文风蔚起，功名鼎盛。明清时期从这里走出了"二黄"黄彦士、黄奇士，"二裴"裴宗范、裴宗德，"二金"金光杰、金国均以及"文武三榜眼"刘彬士、曾大观与金国均。当时的湖广提学陈凤梧与巡抚李桢先后撰述了《二程书院记》与《重修二程祠记》等诗文。陈凤梧在《二程书院记》中写道："二程书院其声誉，与濂溪、南岳、岳麓、石鼓诸书院并称。"

从二程书院走出的明代进士、监察御史黄彦士与举人、国子监学政黄奇士兄弟，秉承二程理学，知行合一做人。清道光年间榜眼公金国均曾在《黄陂县志稿·人物》中记述，黄彦士（1569—1630），号武皋，字抑美，万历三十二年（1604）甲辰科进士，授太行知县。尤其是擢为御史后，弹劾不法

---

① 《河南程氏遗书·附录》载："先生幼有奇质，明慧惊人，年数岁，尝赋《酌贪泉》。"

朝廷命官铁面无私，享有"铁面黄"之誉。万历皇帝曾在朝堂上当众点赞："黄御史真君子也！"

黄奇士（1571—1626），号武滨，字守拙，万历甲午（1594）科举人，在家乡读书、讲学、襄助兄长办学达三十载。他直到52岁才出山，担任寿州学正，于天启二年（1622）创修循理书院（今安徽寿县一中前身）。复任南京国子监学政，升户部司务。著有《为学宗序》《程祠会条》《问津纪略》《理学杂著》《经礼略》《循礼院约》等。其行谊收入《行略》并《三楚文献录》。魂归黄陂东南之西畈头村黄家楼（今前川街龙王庙村黄家楼子）。

二黄之父黄云阖，万历年间历任浙江泰顺、瑞安等地训导。万历二十六年（1598）迁河南济源教谕。在济源，黄云阖亲自创建复初书院，"躬课之"。受父亲的影响，黄彦士于万历末年（1620）不满于东林党把持朝政，辞官归里，在甘露山买下一片山场与甘露古寺的部分房产，与弟弟奇士一道创建了甘露书院，学宗二程夫子，商求圣学，继仁诚之志。他们在创办甘露书院的同时，还致力于复兴黄冈问津书院，黄奇士在万历末年编纂《问津院志》与《为学宗序》时，黄彦士还亲笔作序。

二黄在甘露书院一边传道授业，辞以情发，以诗言志，作文纪事。在创办书院之初，黄彦士在《使事将归甘露喜赋》七律中，刻画了古寺的泉声拨动其心弦的意境，诗云："简命惭乘使者车，楚天北望见吾庐。驰驱异俗经三月，采撷方言著五书。匹马背看栖越鸟，孤帆闲伴晚江渔。山中罗薛还无恙，古寺清泉赋遂初。"

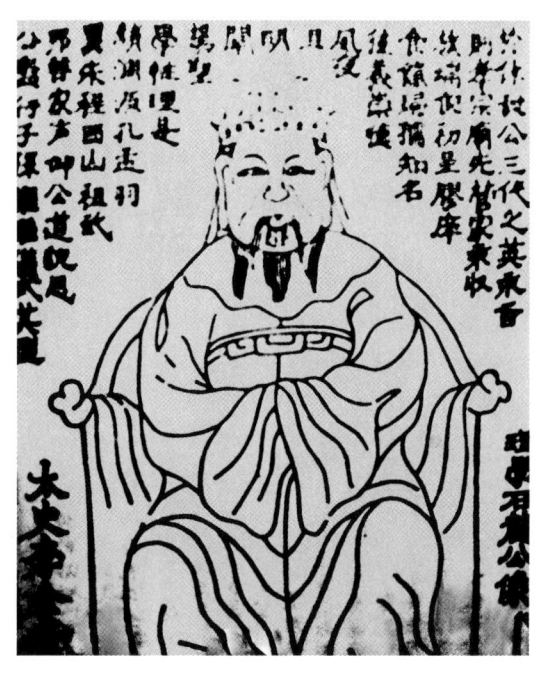

明代理学家蔡石麓像及赞词
（蔡以忱编纂《蔡氏宗谱》载）

从二程书院毕业的校友蔡石麓，也是甘露书院的开创元老与主讲。尤其是书院开办不久黄奇士赴寿州任学政后，蔡氏会同韩进之、翁颐宾、周笃伯、邓葆之、邓汎泊、王以我、段起华、周幼学、邓源堤等数十位名士，在此讲学论道十多年，一时间桃李满天下，甘露书院因此与二程书院并芬芳……他还在此创修了《蔡氏宗谱》。

"双凤"探幽

在蔡以忱幼年时，蔡宏煟模仿父兄昔日的情景教学法教育子女。在小以忱刚满周岁时，特地张罗亲戚六眷一起为三儿子举行了周岁生日家宴。

那天，小以忱穿一身新衣服，端坐在簸箕上，簸箕内摆有文房四宝之笔墨纸砚、琴棋书画、刀套与剑鞘等许多玩具。但见小以忱"两手抓"：一手摸着砚台，一手抓住剑鞘不放。

那时，农村有个说法，孩子在周岁生日仪式上选择的玩具，抓阄往往与其终生职业息息相关。

蔡以忱读书时所用砚盘

在读书人看来，一方砚台是文化的载体，文人的心石。赏砚能悟美，可以赏心悦目；读砚能悟文，可以增长知识；品砚能悟心，可以思接千载。而"剑"，又是古之圣品，人神咸崇；行仁仗义之利器，深植人心。

所以，蔡宏煟看到小以忱选择了砚台与剑鞘后，感到很高兴。认定这个三儿子今后将在"笔杆子"与"枪杆子"上有所作为。

于是，在孩子启蒙期，特地带孩子来到了二程昔日读书的鲁台山脚下，参观明景泰年间（15 世纪 50 年代）所建的二程祠遗址，以及二程书院（后更名为望鲁书院）与甘露书院旧址。感受"鲁台望道""花柳前川"的现场感。

当他们来到这座木石结构的中国名亭双凤亭前，蔡宏熄指导孩子近观远眺，欣赏其建筑特色——它临滠水，踞山巅，精工典雅，形若宝盖，规制宏整，翼角飞展，矗立于浓荫丛中如"凤立高岗"，蔚为奇观。

凭亭远眺，但见遥山叠翠，川原俊逸，人烟城郭，"皆可于一亭收之"。古往今来，双凤亭吸引着不少名人学士及各方游客争相登临，咏叹赋诗，留下了许多千古遗踪。如朱熹、杨廷蕴、屠达、闻政等，都曾来此拜谒吟咏挥毫。

蔡宏熄指着双凤亭对孩子说，亭身通高 12.5 米，底座直径 9.3 米，为三层木石结构。顶端的金色圆葫芦，似玉柱临空，散发着柔和的光芒；亭面铺设的灰色筒子瓦，宛如蔚蓝天空之朵朵白云，腾云驾雾。亭上为楠木和梓木，六角攒顶，意为"六六大顺"；下层由 12 根石柱组成，表示后人对先贤的十二分诚意。亭身由 12 根花岗岩石柱支撑，四周有三道回廊环绕，六角石鼓抱柱。内环柱为坚实的楠木柱、枋、梁构架。

石柱与木柱相衔处皆镇以巨石。翼角采用长江中下游惯用之"老嫩戗起翘"建筑手法，戗尾装"倒三鱼"瓦件，民间俗称"鱼角攀爪"。

蔡宏熄最关注的是亭中央所设须弥座式四方体石碑，石碑四面均镌有清代名家所书碑文，碑额刻有双凤浮雕。碑额东刻"双凤沐日"、北刻"父母教子"、西刻"及弟登科"、南刻"富贵荣华"等浮雕图案。

接着，他一边指导孩子欣赏浮雕与碑文，一边讲述双凤

蔡以忱就读的望鲁学堂的前身二程书院新景

亭的历史沿革。

　　为了纪念一代理学宗师程颢、程颐兄弟，黄陂早在北宋年间便在黄陂城内建有纪念性建筑"清远亭"，接下来，取二程之母夜梦"双凤投怀"之意，更名为"双凤亭"。后作为"中国名亭"入编《中国名胜大辞典》。

　　因历经战乱，双凤亭年久失修，风雨飘摇。明朝天顺七年（1463），由黄陂佥事沈靖重建双凤亭于鲁台山麓二程祠内。后因几经兵燹，几番坍塌，几经修复。有诗为证：

　　　　只因明末起流氛，四海兵戈逐电走，
　　　　吾陂南北当其冲，鲁台兵火荒芜久。

　　清康熙五年（1666）移亭于鲁台山之巅，为上下两层。至嘉庆年间，城乡绅士、职员均有捐资修亭并勒石立碑之举。清道光二十六年（1846）二月十九日，黄陂遭龙卷风袭击，双凤亭倾塌。清道光二十七年（1847），黄陂县令萧荫恩等议定重建，次年仲冬落成。重建后的双凤亭为三层六角攒顶的木石结构（现在的双凤亭建筑风格），亭身增高丈余，台阶增宽数尺，加厚阶级三层。

　　末了，蔡宏熜指着清代康熙五年黄陂县令杨廷蕴所写《重建二程祠记》的碑文，希望孩子记住下面一段话：

　　　　嗟呼！二夫子之还洛也，犹曰：吾梦寐恒在西陵，是夫子未尝一日忘陂也。二夫子不能一日忘陂，而谓陂能一日忘二夫子乎!?[①]

官田启蒙

　　蔡以忱是在蔡官田本族塾馆接受启蒙的。

　　他的启蒙先生是族人蔡宽成。入学那天，但见小以忱首先随先生一起，向私塾所设的孔子牌位行磕头大礼。然后开读《千家诗》卷首的程颢诗

[①] 裴高才：《理学双凤·程颢程颐》，中国文史出版社2007年版。

《春日偶成》：

> 云淡风轻近午天，傍花随柳过前川。
> 时人不识余心乐，将谓偷闲学少年。①

入塾不久蔡宽成发现，这个学生聪明过人，志气非凡，成绩优异，而且常常"打破砂锅问到底"。

两年后，对于古典文学，蔡宽成尚能对付，而对于一些新学、时政之类的问题，不免有点力不从心。他因此深感不安，害怕自己无力驾驭这个稚童。而勤于思考的蔡以忱也觉得，宽成先生的教授方法，只注重于填充式，太过于局限。于是，经蔡宽成建议，蔡宏熄就请了另一位名气与学问均超过宽成的私塾先生在家授业。

有一天，私塾先生看着习惯于低头沉思的蔡以忱，便想考考这位新学生，他随口说了四个字："乌龟缩头。"先生话音刚落，蔡以忱脱口而出："白鹤引颈。"

这位塾师是一位开明人士，他经过一段时间观察发现，蔡以忱虽然酷爱读书，但他越来越对《三字经》《千字文》之类的古文了无兴趣，却喜欢读那些慷慨激昂的爱国主义的篇章，诸如陆游的《示儿》、文天祥的《正气歌》、岳飞的《满江红》之类的诗文。

塾师觉得蔡以忱少有奇志，不能在私塾里耽搁。而当时新学开一时风气，于是，塾师决定忍痛割爱，向蔡宏熄建议，让其三儿子去报考县城的县立师范学堂。

师范学堂的前身是创立于15世纪50年代初（明代景泰年间）的二程书院，清康熙五年（1666）更名为望鲁书院，光绪二十九年（1903）改为县师范学堂。蔡宏熄不仅曾带着儿子前往参观，而且长子也曾在此学习过。

1906年盛夏，在长兄极忱的陪同下，襄忱考取了师范学堂。三年后师范学堂更名为县模范高等小学堂。蔡以忱既考取了县望鲁高小，又参加了位于黄陂研子岗的私立发启学校的入学考试。

发启学校是纪念围剿太平天国捻军的清代将军刘明启，由其弟刘明发捐资在当地所建。其时县府对私立学校持支持态度，校方也求之不得。于是，

---

① （清）《黄陂县志》，同治十年（1871）版。

该校的入学考试带有官方色彩。考试那天，试题由云南籍黄陂知县陈某亲自现场提笔写出：《不愤不启，不悱不发义》①。而后县长退出，由视学陈子青担任监考官。

蔡以忱看着这道一语双关的试题。首先揭示其典故"不愤不启，不悱不发"的要义，阐发孔夫子之启发式教学良法。他这样写道：

"不愤不启，不悱不发"典出孔子《论语·述而》，全句云："不愤不启，不悱不发，举一隅不以三隅反，则不复也。"到了北宋，程颐曰："愤、悱，诚意之见于色辞者也。待其诚至而后告之，既告之又必待其自得乃复告尔。"又曰："不待愤悱而发则知之不能坚固，待其愤悱而后发则沛然矣。"②

二程的四传弟子朱熹在《论语集注》中进一步诠释道："愤者，心求通而未得之状也；悱者，口欲言而未能之貌也。启，谓开其意；发，谓达其辞。"意思是说：不到他苦思冥想而仍领会不了的时候，不去开导他，不到他想说而又说不出来的时候，不去启发他。先生教弟子是这个道理，同样家长辅导子女也应该遵循这一原则，否则将事倍功半，甚至无功而返！③

在文末，他就此题将刘氏兄弟的名字镶嵌其中，借题发挥，赞赏刘氏兄弟百年树人之壮举。

因蔡以忱进入试场看了论题后，先思考了四五分钟，作文写成后又是第一个提前交卷。视学陈子青好奇地拿起试卷，浏览了一遍，露出了满意的微笑。结果在200名考生中，他以第十二名被录取。

他虽然以优异成绩考取私立发启学校，但却没有进入该校学习。因为蔡家与当时一般家庭一样，不愿将子女送到私立学校读书，唯恐日后要报恩于人。而蔡氏家道中落，难以负担三个孩子的学费，故家里让蔡以忱在家休学一年，由在县模范师范学堂（简易师范）就读的蔡襄忱当"二传手"，利用假期给他补习算术课。蔡以忱长子蔡惠安1977年12月19日的

---

① 余家菊：《余家菊（景陶）先生回忆录》，台北：慧炬出版社1994年版，第98页。
② （明）邱浚：《大学衍义补》卷七十一《明道学以成教》（上）。
③ 《蔡氏宗谱》民国十年（1921）版。

亲笔信写道：

> 家父蔡以忱（一尘，号滨），1899年生于黄陂县蔡家榨白家咀（嘴）乡间。1906年开始在本村读私塾，农忙在家干活。那时家里只有一斗多田（不足一亩），祖父以一台土榨给乡亲加工各种油料作物，换取劳动报酬。长年劳累，全家仍难温饱。遇上灾年，那就更困难了，老是负债生活。由于没有学费，二伯蔡襄忱就读简易师范（不收学费），我父亲的算术就是二伯利用假期教的。①

诗韵"望鲁"

1911年春，蔡以忱才进入望鲁学堂就读。在这里，他既感受到浓郁的新学气氛，又领略了师长们的博学与经世气味。于是，他以长兄为榜样，以只争朝夕的精神投入到学习之中，由于日有长进，颇受先生首肯。

在"望鲁"期间，蔡以忱心里萌发了一种冲天的报国豪情。他经常问老师："洋人为什么可以在我们的国土上如此横行霸道？为什么我们国家这么贫穷？为何男人要蓄辫，女人要裹脚？"

先生惊奇地望着这个早熟的弟子，面带微笑地勉励道："你只有现在好好读书，掌握了真本领，将来才能报效国家，振兴中华。"

一天，先生布置了一篇《诗韵望鲁台》的作文题，要求在课堂上完成。蔡以忱不禁想起父亲带他们兄弟游双凤亭时，讲述的苏轼为程颢续半边联的故事。于是，他下笔千言，跃然纸上——

那是1079年7月28日，官居太守的苏轼因反对变法，陷于被文学史家称为"乌台诗狱"一案。宋神宗皇帝深知苏东坡的才华，再加上他的祖母光献太皇太后竭力保苏，苏才一年后出狱，被贬为黄州府团练副使。

苏东坡到黄州后，难得悠闲，在黄州生活四年又四月，创作颇丰，共作诗220首，词66首，赋3篇，文169篇……其中一首《念奴娇·赤壁怀古》成为千古绝唱。词上阕云：

---

① 书信手稿现藏武汉革命博物馆，手抄件藏安源纪念馆。

"铸剑"先驱蔡以忱（修订本）

　　大江东去，浪淘尽，千古风流人物。故垒西边，人道是，三国周郎赤壁。乱石穿空，惊涛拍岸，卷起千堆雪。江山如画，一时多少豪杰。

　　当苏东坡得知，二程兄弟少年曾黄陂筑台望鲁（即望鲁台，又称凤凰台）而读书，写下了《春日偶成》一诗，后来被收入《千家诗》卷首。因黄陂隶属于黄州府，所以苏特地到陂一游。

　　相传苏轼刚到望鲁台，当激情吟诵起程颢的《春日偶成》时，忽然，程颢早年的半边联（上联），一下子闪入了他的眼帘，只是下联尚未对出。苏东坡驻足欣赏，上联是："……云间神仙府。"

　　苏东坡看了半天，认不出开头的两个字。善于破译绝对的他眉头一皱，有了：第一个字是"碧"，第二个字是"空"，合起来是："碧空云间神仙府。"

　　接着，苏东坡又提笔续成了下联："？？山中隐士家。"第一个字是"险"，第二个字是"峡"，合起来就是："险峡山中隐士家。"①

　　苏东坡落笔后，乘兴而游，忽然又发现了墙西壁有一首诗：

　　　　凤凰台上凤凰游，
　　　　凤去台空江自流。
　　　　阶下千里明如镜，
　　　　一轮明月照高楼。

　　苏东坡知道，此诗的前两句是引自李白游金陵凤凰台（故址在今南京市中华门附近，今有凤台路）所作《登金陵凤凰台》一诗，写出了自己遭贬时"凤去台空"的情景。但后两句却笔锋一转，又道出了他大难不死、走出牢狱之灾，来到民间宛如"一轮明月照高楼"的心境。于是，苏东坡再次笔走龙蛇，在东墙上书和诗一首：

　　　　凤凰台上凤凰游，
　　　　台畔梧桐不计秋。

---

① 裴高才：《理学双凤·程颢程颐》，中国文史出版社2007年版。

榻有琴书壁有画，

湖如明镜月如钩。①

蔡以忱一气呵成之后，稍作校对，提前交卷，他又是第一个交卷者。监考先生一口气看了他的作文后，赞叹不已，当即列为甲等，并交给其他老师传阅。结果此文毫无疑义地作为范文张榜公示，供全校师生欣赏。

那时的小学分为初等小学（相当于现在的小学一二三年级）与高等小学（相当于现在的小学四五六年级）两个等级。蔡以忱在望鲁学堂读了一学期初等小学后，因北乡长轩岭一亲戚愿意承担其食宿，他因此报考了设在长轩岭的县立道明高等小学堂插班生。

"道明"明"道"

道明学校由潘正道、胡康民、彭寿明、易哲明等黄陂乡贤，于1907年10月，在黄陂长轩岭创办的以程颢的名字"明道"命名（一说取自潘正道名字中的"道"，另三位名字末尾的"明"；其中胡康民的"民"字与黄陂方言"明"谐音）的黄陂北乡第一所新式高等小学（今武汉市黄陂区第三中学）。学堂位于长轩岭街南坡下田恒福支祠，分上下两堂，每堂各60名学生。刚开始为私立学堂，由于教学相长，声誉昌隆，不久改为县立模范高等小学，成为与县立望鲁小学齐名的黄陂名校。

该校堂长是当时名宿雷尊吾，他学宗二程夫子，雍容大雅，平易近人，实行有教无类，颇富时望。监学闵文卿，笃实严肃；教员姚汝婴（字干青）清新俊发，为同盟会员。还有中正平和的张新宇、英武康爽的萧介卿、学贯中西的刘少三等教师。蔡以忱的学兄余家菊在《道明学校》中说：

> 这两个（学校）名字的来源，是因为北宋大儒程明道，程伊川两先生都是生长于黄陂，关于他们的遗迹很多。黄陂城河（滠水）对岸，有一个望鲁书院，望鲁学校用此校址。北乡长轩岭，则取道明以为

---

① 裴高才：《理学双凤·程颢程颐》，中国文史出版社2007年版。

陈列蔡以忱画像的道明学堂旧址

名。……当时两校学风,望鲁较多经世气味,道明较多志士气味。①

由于道明学堂开一时风气之先,在课程设置上中西融合,包括读经、汉文、修身、英文、算学、格致、博物、历史、地理、音乐、图画与体操等。尤其是带军训性质的体操课遐迩闻名。

那天,蔡以忱与兄长结伴而行,眺望木兰山,蹚过仙河水,来到北乡重镇长轩岭亲戚家住下。次日,蔡以忱前往道明学校参加插班考试。此次考试的试题为《士先器识而后文艺论》。他自幼聪明过人,博览群书,尤其是古代人文经典,过目不忘。

当蔡以忱浏览了这一试题后,立刻联想到《唐书·裴行俭传》。裴行俭为唐代礼部尚书,兼检校右卫大将军,是一位颇能识人的伯乐。也曾因反对

---

① 余家菊:《余家菊(景陶)先生回忆录》,台北:慧炬出版社1994年版,第96页。

唐高宗李治封武则天为皇后，一度被贬。隋唐演义小说中"裴元庆"的人物原型即是此公。他于科举考试中明经科中选，文武双全，尤工草隶、行书及章草，是位书法名家。著有文集二十卷和《选谱》《草字杂体》数万字。他看着试卷，不禁浮想联翩，下笔千言，文中这样写道：

> "士先器识而后文艺"典出《唐书·裴行俭传》。此典说的是，唐代儒将裴行俭的同僚李敬玄，非常欣赏初唐"四杰"王勃、杨炯、卢照邻与骆宾王。于是他把这四人介绍给裴，并请大力推荐。裴在对四人面试一番后，毫不客气地对李敬玄说："士之致远，先器识，后文艺。如勃等，虽有才，而浮躁炫露，岂享爵禄者哉？炯颇沉嘿，可至令长，余皆不得其死。"意即鉴识能成大业的士人，要先看是否有器量见识，然后才看有没有才华。像王勃、卢照邻、骆宾王三人虽然很有才华，但过于浮躁，性格外露，难堪大用，且不得善终。杨炯还算沉稳，但最多也只能当个县令。这个故事告诉我们：一个人首先必须注重人格修养，其次才是文艺学习。更具体地说：要做一个好文艺家，必先做一个好人。
>
> 是故，北宋"元祐忠贤"刘挚曾告诫晚辈："士当以器识为先，一命为文人，无足观矣。"明代儒学大师刘宗周在著述古来贤人嘉言懿行时，亦将《唐书·裴行俭传》收入《人谱》一书，并告诫人们须"身体力行"。
>
> 佛教谈因果、道教谈感应，都出于功利目的，不能真正成就圣贤人格。而儒者所传的《功过格》，也难免入于功利之门。刘宗周曾对儿子刘灿说："做人之方，尽于《人谱》。"他认为："今日开口第一义，须信我辈人人是个人。人便是圣人之人，圣人却人人可做。"
>
> 敬读"先器识而后文艺"，让我辈心里豁然开朗，终于明了：一个文艺家倘若缺乏道德修养，无论技术何等精通熟练，亦不足道。亦即有艺术的心而没有技术的人，虽然未尝描画吟诗，但其人必有芬芳悱恻之怀、光明磊落之心，而为可敬可爱之人。反之，有技术而没有艺术的心，则其人不啻是一架无情的机械了。所以人应使文艺以人传，不可人以文艺传。[⑪]

蔡以忱写成后交卷时，正好碰到了堂长雷尊吾巡视至此，雷先生先睹为快后，当即对监考先生说："此生才识过人，定在录取之列。"果然，不日经

"铸剑"先驱 蔡以忱（修订本）

县监督评定，蔡氏兄弟均被录取。

进入道明学校后，让蔡以忱难以忘怀的是，由姚汝婴、萧介卿两位教师率领，新生们来到木兰山附近的一个小山头，兵分两路，展开了一场抢占制高点的爬山与攻防军事演习。蔡以忱在这场演习中表现出色，受到姚汝婴先生的表扬。

1912年春夏之交，黄陂县劝学所在县城南门外，举行了一场侧重于军事体操的全县小学生运动会。由于道明学校平时军操训练有素，在此次运动会上步伐整齐，动作刚健有力，队列变换灵活。一举夺得了表演赛金牌。

道明学堂不愧是铁肩担道义的名校，从这里走出的潘正道（孝侯）、胡康民（家济）、姚汝婴（干青）、蔡极忱等师生，曾参加震惊中外的武昌首义。后来，胡康民又领衔发起创办了黄陂第一所中学——私立前川中学。另一位发起人彭寿明先生，则是从黄陂走出的影坛、歌坛两栖明星韩菁清（本名韩德荣）的启蒙老师。

也正是道明学校教学相长，与时俱进，蔡以忱的师兄弟余家菊、陈启天、任启珊、胡业裕、唐际盛及王治梁、刘绪贻等，后来不是在中华大学与武汉大学任教，就是在中华大学或附中毕业，并在此接受新文化洗礼，或参加少年中国学会，或投身大革命洪流，或加入中国共产党。还有考入民国大学后官至陆军少将的王汉揆，中华大学毕业后留英学者田树香，北京大学毕业的工程师陈彰官、检察官胡家荦等优秀校友。有潘安兴赋辞《黄陂三中·道明篇》为证：

蔡以忱的道明小学
校友胡业裕（1951年）

开绛帐，起校园。乡绅集体，踊跃投资以庠宇；商海巨鲸，绸缪创格兮铁肩。潘正道当初之创始，领头开局；涂芥庵满腹兮博宏，引路超前。大家合股，更有易哲明之仗义；结伙齐心，竟来彭寿明兮抱团。董必武挥毫以赠匾，热情祝贺；胡康民昂首兮担纲，履职承传。乡村教育，更有余家菊之学说；道义熏陶，首当雷尊吾兮领衔。

出成果，聘名师。中举翰林以上课，弘扬国学；担任县长兮登坛，教化德归。芸窗璨斗，姚汝婴精心以高足；赤帜塑型，蔡以忱革命兮生辉。胡默然之救亡抗日，高昂挺拔；唐际盛兮投笔从戎，豪迈崔嵬。童年启蒙，化雨陈启天之主部；客座常来，笑谈潘贻如兮传媒。刘绪贻烫金于母校，难忘岁月；刘源俊跨海以结盟，绽放云霓。

蔡氏"军团"

1911年也就是辛亥年的深秋时节，震惊中外的辛亥革命武昌首义爆发，消息传到黄陂，师生们奔走相告，欢欣鼓舞。

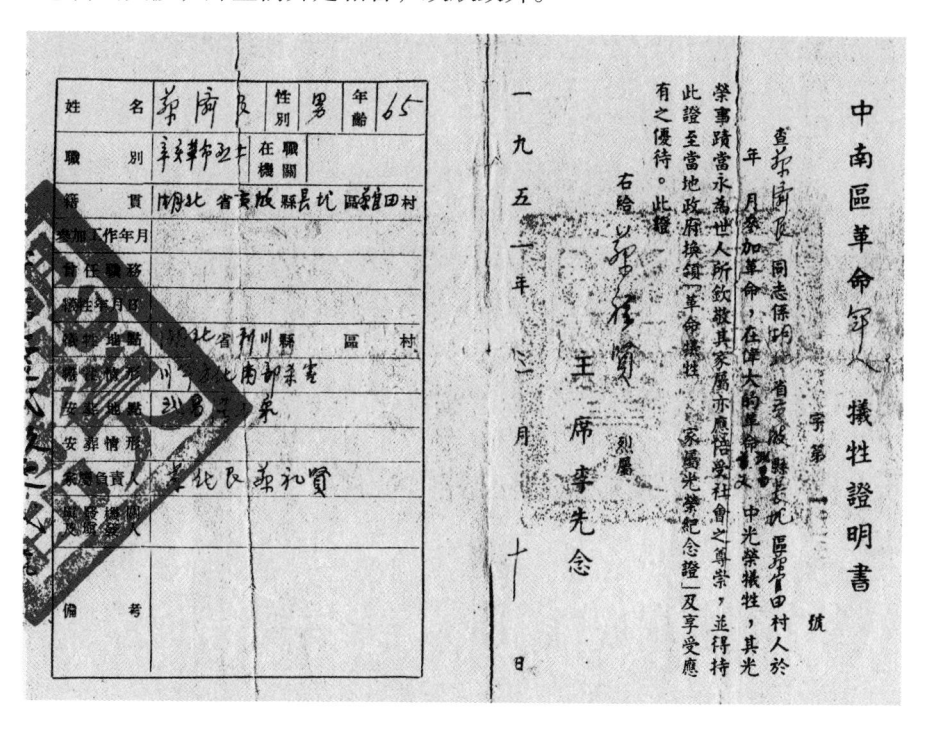

蔡济民辛亥革命烈士证（湖北省政府主席李先念签发，1951年）

因京汉铁路大动脉穿越黄陂西乡、南乡，一时间成为起义军与北洋军争夺的要冲。道明学校唯恐殃及学生安全，再加上该校教师、资深同盟会员姚汝婴先生，以及董事潘正道、胡康民等均赴武昌参加辛亥首义，故学校不得不临时放假。

南北停战后的一天，参加辛亥首义的长兄蔡极忱回家探亲，特地给蔡以忱讲述了"蔡家军"在辛亥首义中故事：

所谓"蔡家军"是指从蔡以忱所在的村子里，走出了蔡济民、蔡良村与蔡极忱三位辛亥首义功勋人物。

蔡济民比蔡以忱年长12岁，派名正楷，又名国桢，字幼襄，参加辛亥革命后更名为济民。他于湖北陆军特别小学堂毕业，曾加入日知会，在军中筹组将校研究团，也是同盟会、文学社与共进会资深会员。辛亥年五月，中国同盟会鄂支部成立，具有三重身份的族人蔡济民被推选为参议部部长，并与彭楚藩、张廷辅与王宪章等活动扩大组织。

随着革命时机日益成熟，蔡济民发现，武汉两大革命组织共进会和文学社形成山头、各谋发展而彼此抵触，于是他凭借自己的人脉关系与多重身份，与刘复基等同志一道，居间做了大量的协调工作，终于促成两会进行革命大联合。

1911年9月24日，在两会联合成立的武昌起义指挥机构的大会上，大家公推蒋翊武为总指挥，孙武为参谋长，蔡济民为参议长。蔡的地位仅次于孙武与蒋翊武，成为革命军第三把手。

1911年10月10日上午，面对起义指挥部的其他领导人或死，或伤，或逃，蔡济民约集各标营代表在莲溪寺集会，决于当晚发动起义。首义之夜，他与指挥部的另一成员吴醒汉等率队响应工程营发难，主攻督署与藩署，成为直接参加首义战斗的两名领导成员。同时，他亲手降下了清朝政府的"龙旗"，指挥首义志士李赐生将走向共和的第一面旗帜——"九角十八星旗"插上了武昌城头。

比蔡以忱年长10岁的长兄蔡极忱（字永清），早在道明小学堂读书时就受到姚汝婴先生的"各敛精神肩大难，书生愿作纪功篇"的启迪，追求进步。后考入武昌湖北商业中学就读，又在族人蔡济民、蔡良村的影响下投身辛亥革命。1911年10月10日，他揭竿而起，参加武昌首义当夜的战斗，一举占领了武昌城湖北新军的第八、第九两座军用仓库，并被大家推举为军用仓库主任。

年长蔡以忱 11 岁的蔡良村，早年以秀才考入两湖书院，接受革命洗礼，他襄助同仁创办了《公论报》与《大江报》，并以主笔身份倡言革命。武昌首义成功后，历任《中华民国公报》社长及总经理、湖北军政府军务部秘书长、湖北省教育会会长。

再说在首义成功后的前三天，因黎元洪尚未正式就任都督，一时间"群龙无首"。为填补权力真空，蔡济民临危受命，主持军政府决策机构——谋略处，掌管湖北军政府军政大事，人称"首义大总管"。复任军政府总稽查部总负责人，具有"一票否决权"。1912 年后，蔡济民被授陆军中将，历任都督府军务司长、参谋长……

作者裴高才（右一）与蔡氏后裔相聚于蔡官田珍藏的"九角十八星旗"下

蔡以忱聚精会神地听着蔡极忱讲述辛亥革命故事，心里产生了强烈的震撼，恨不得一夜长大跟着长兄一道经风雨，见世面。

长兄告诫他，当前的主要任务是认真读书，日后建设民主共和国家需要大量具有真才实学的人才。

第三章　心学熏陶

民国肇端,"首义之区"武汉三镇的中、高等教育,也如雨后春笋般蓬勃发展。

以农为主,兼营榨油的蔡宏熄,尽管当时除长子学有所成外,还有五个儿子上学的学杂费,是一笔不小的开销,但他宁肯自己吃苦受累、借债,也要让儿子们前往省城接受良好的教育。

初入"一师"

那时，武汉的中等以上学校大抵分公立、私立和教会学校三大类。

长子蔡极忱湖北商业中学毕业后，参加了辛亥革命，民国成立后历任宜昌外交署科员与芜湖县科员。

1915年春节前夕，蔡极忱提前返乡，同父亲蔡宏煜商量二弟襄忱、三弟以忱报考省城学校的事宜。蔡极忱建议，让弟弟们报考公立师范学校——湖北省立第一师范学校（以下简称为"一师"）。理由是，该校系老牌名校两湖书院基础上发展起来的，而且自1914年7月起，由一代国学大师、中华大学学长（即教务长）刘凤章执掌校印，定能学点真本领。当然，师范学校实行免费教育也是其中的重要因素之一。

刘凤章（1865—1935），字文卿、亦名耘心，派名华銈，晚号岱樵。清同治四年（1865）二月十五日生于湖北省黄陂县西南（今武汉盘龙城经济开发区丰荷山麓）刘新集林家田湾。他是明洪武二年（1369）黄州府黄陂县令刘拱宸（字守中）直系第十八世孙，幼年启蒙于叔祖馥廷（举人）、采臣（岁贡），后受业于蕲春籍进士黄云鹄（国学大师黄侃之父）而中举。

中举后，因服膺湖广总督张之洞"中学为体，西学为用"的主张而投身教育，深受张氏及学使高凌霨的器重，刘凤章先后受聘执教于两湖总师

湖北省立一师校长刘凤章

范学堂、武昌府师范、支郡师范、武昌中学堂及私立法政学堂,后任职于湖北学务公所,曾赴日本、上海、南通等地实地考察教育,又负责编印《湖北教育官报》《湖北学报》,管理全省教职员的人事工作,践行全省废科举、办学校的教育政策。

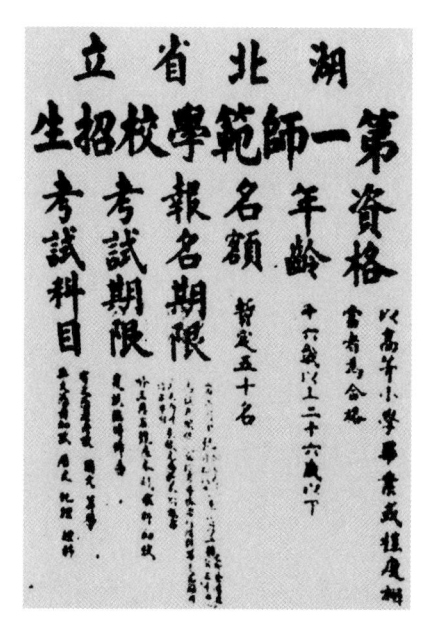

蔡以忱报考"一师"时的招生广告

湖北省立第一师范学校旧址

民国副总统兼署湖北都督黎元洪,曾属意刘凤章出任湖北教育司长之职,他却之,黎遂改聘其为都督府顾问。私立中华大学筹建之初,陈时父子亦邀其任校长,他只接受学长(相当于现在的教务长)兼校常务董事,以及国学系教授三职。

"一师"源于1904年张之洞创办的两湖总师范学堂。经1912年10月开始动议,次年3月正式在原址创办湖北省第一师范学校。1914年7月,刘凤章成为"一师"的第四任校长,而前三任校长郭肇明、时象晋与张继煦,每人短则二个月,最长不足半年。所以,刘走马上任后,以宋明儒讲学的精神办学,首先制订了"朴诚、勇敢、勤苦、耐劳"的校训,以及校歌,明确办学宗旨。而且通过整顿校务,清理派系,取消门户,招贤纳士,初现生机。在教育史上、在儒林传中,都占有非常重要的地位。

由于"一师"实行春秋两季招生，所以，春节前，在长兄的带领下，以忱、襄忱兄弟首次踏上进入省城的征程，参加"一师"的春季入学考试。

一路上，他们处处感到新鲜：第一次乘坐火车到汉口，第一次乘长江轮渡从汉口到武昌……于1915年1月15日（腊月初一）抵达，准备参加"一师"春季入学考试。

"一师"的入学考试十分严格，分初试、复试与面试三个阶段，由校长刘凤章亲自面试录取。分别于1月16日（腊月初二）初试、23—24日（腊月初九、初十）复试与面试。

国学名师刘凤章执掌"一师"不胫而走，又实行免费教育，报考者踊跃达826人，1915年计划招收一个预科班正取生50人、备取生30人，录取率不到10%。因蔡以忱兄弟在黄陂两所名校望鲁学堂与道明学堂打下了良好基础，初试与复试一路绿灯。最后刘校长面试时，两兄弟对答如流，一举金榜题名，成为受业于刘凤章先生"王阳明致良知、知行合一"之教的嫡传弟子。

开学那天，蔡以忱兄弟办理报到手续时，学校免费发给他们各两套灰布校服，还要求他们在校期间须经常穿着，并保持整齐清洁。一旦脏了，都必须自己动手洗，不得他人代劳。

作为出生于农家的蔡以忱兄弟，一下子每人发了两套新衣服，这让他们兴奋了好一阵子。他们从心底里庆幸长兄作出的英明决定，也感激学校对贫寒子弟的关照。因为他们家里兄弟姐妹多，又要负责他们兄弟读书，通常是每年春节家里才能给他们添置一两件新衣。而平时往往是穿着长兄的旧衣服。至于自己动手洗衣服，这对于蔡以忱不在话下，因为他已经在道明过了多年的独立生活了。

"一师"包括本部和附属小学两个校区。本部实行五年学制，其中预科一年，本科四年；在课程设置上，刘凤章除保持原来开设的教育、外国语、历史、地理、生物、理化、法制、经济、习字、图画、手工、音乐、体操等课程外，还将原来的修身、国文分别改为公民与国语，另单设伦理学、心理学与生理卫生。

1916—1920年连续五届每年招收一个英文班，亦为五年制，给有志、有力升学的学子以升学的便利。附小则是实习基地，学生毕业前须到附小实习一年。同时，还要赴京津浙等地参观教育，返校作毕业论文。

"儒者必先治生。"蔡以忱入学上的第一课，就是校长刘凤章先生给他们新生年级上的大课——"伦理学"。他对刘先生的第一印象是正襟危坐、不苟言笑，学问渊博，深入浅出；在衣着上，又朴素无华，犹如邻居大伯一样亲切。

在随后的学习生活里，蔡以忱留心观察刘先生的行止，这位一校之长的名师，时常到教室、寝室向学生嘘寒问暖，对人周到恳笃；往返学校总是步行，极少坐人力车；冬天只穿棉袍，曾看到其背上脱了线，绝不穿皮袄。而且烟酒不沾，甚而连茶都很少饮，在他的衣、食、住、行任何一方面，都找不出丝毫浮华之习。

刘先生虽然与宋明学者所处时代不同，但仍然不遗余力地以传承道统。概括起来主要表现如下：他讲学的动机来自继往开来的真实责任感；他所追求的是，能证验之于身心，证验之于社会的"真知灼见"；他培养的目标，是在人格上能担负得起人类命运考验的弟子。

当然，蔡以忱曾听学长们背后称刘校长为"刘阳明"，有人甚至嘲讽他的特立独行是"作伪"或作秀。

有一天，蔡以忱对有人称自己为"杠子队员"迷惑不解。经学长解释才知，原来当时驻扎在武汉的都是北洋军队，军队中有专门从事搬运物资的人力工人（时俗称"长夫"）。由于他们的服装较之正式士兵要差一等，出街时常背着一条粗长的竹竿，逐队而行，人们俗称"杠子队"。而"一师"学生所着校服与"杠子队"类似，故有人称"一

蔡以忱所学《修身讲义》原版
（刘凤章编、湖北省立第一师范学校印）

师"学生为"杠子队员"。①

因为"一师"是实行免费教育的公立学校,进入该校者大都是贫寒子弟。所以,一时间在讲究穿着的女学生中流传着两句口头禅:"文华文而雅,一师穷而鄙。"这里的"文华",即是美国圣公会于1871年,在湖北武昌城内昙华林创办的教会学校——文华书院,一般招收有钱人子弟。学生校服是青白两色的哔叽呢制服,颇为时尚。和"一师"的"粗布"校服比起来,自然显得"文而雅"了。但崇尚节俭的蔡以忱,并不觉得自己是"穷而鄙"。

就学校的一日三餐而言,蔡以忱就读道明学校时,是由学校集体蒸饭,学生自带咸菜食用一周。到了"一师"后,则是全校同学一起在食堂吃桌饭:六人一桌,四菜一汤。吃饭时,须严格按"吃不言"的规范,正襟危坐,不苟言笑。又因早餐总是吃稀饭,所以有人戏称他们"师范生"为"稀饭生"。

名师熏陶

师资力量是教学质量的保证。刘凤章利用自己的影响力,想方设法四处延揽名师。他从广州请来留美专家李斯新从事英文教学,请当时武汉地区驰名的经学大师开讲《易经》,聘杨守敬的高足于泽润担任地理教员等。仅1916年,在40名教师中,留学日本早稻田大学、弘文师范归来者就有7人,占17%。还有一批教育经历丰富的教师,如张继煦、陈培桦、黄乾元、张濂、吴保珩等,都是原两湖师范总学堂的资深教习。孟晋祺、曹昌江、黄乾元、高国煐等不少教师,就曾担任过私立武昌中华大学、国立武昌高等师范学校等高校教授。

同时,还有诸多名师曾出任过中央和地方师范等学校校长、学长、校监。诸如,傅廷仪曾充湖北教育司顾问官、省立第二师范学校校长及湖北图书审查会会长,王连翘曾充黄安县视学,李庆芳曾任公立法政学校校监,向大锦曾充枝江宜都两县高等小学校校长,孟晋祺曾充咸宁师范学校校长、湖

---

① 《徐复观最后杂文集》,台湾时报文化出版事业有限公司1984年版,第325页。

北国学馆学长，李文藻曾任女子师范校长、存古学校监学、矿业学校教务长及湖北巡按使署教育科佥事，凌堡鎏曾充武昌府师范及中学校长兼校监，黄嗣艾曾充湖南模范高初两等小学监学黑、龙江呼兰府师范学校监学，龚灏充汉川沔阳等县视学，张湘曾充荆门州中学校长，刘扬烈曾充安徽颍州中学校长，冯兆南曾充鄂州中学校监。

此外，黄侃、蔡元培、章太炎、梁启超、黄炎培、陶行知、余日章、晏阳初、黎锦熙、黎锦晖、李汉俊等名家，均是刘凤章治校时聘请的任课教员或讲座专家。如国文教师黄侃，是集汉学家乾嘉学派之大成的"章黄文学"的代表，讲述精致透彻、声调铿锵，常给人以精神上的鼓舞和知识上的启发，被学生称为泰山北斗。

这里实行封闭式管理，蔡以忱兄弟与其他同学一样，一周只有两次在校外短暂活动的机会。即星期三晚饭后可出街一次，晚上九时以前一定要返校；星期天下午一时放假半天，晚上八时以前必须返校上自习。

早晚自习时间，除级任（即今班主任）老师到教室点名外，校监也时常巡查，有时校长也来抽查。由于有的学生习惯于挑灯夜战到深夜，早上又起得太早，以致睡眠严重不足，健康发生问题。所以校领导巡视的目的，不仅是警告不用功的学生，同时也劝告太用功的学生早点就寝。

那天，蔡以忱参加了学校为一位考分总是第一的同学英年早逝召开的追悼会，当刘校长声泪俱下致辞时，全场顿时呜咽作哽……

蔡以忱那年考入"一师"时共有三个班，除一个班为英文班外，其余的特别重视国文、历史、地理、修身等课。修身课一般由刘校长亲自编写讲义并授课。

"一师"的一流师资，有的是奔刘校长的人格魅力而来，有的则是刘卑躬折节，三顾茅庐聘请的。蔡以忱班上的国文，由一位对古文甚有研究的陈仲甫先生讲授。每当讲到重要的地方，他把书一掩，手在案上轻轻一拍，以赞叹的口气，拉长了腔调说："你们看啊！看古人的文章怎样的写法啊！"

国文课与作文由不同的老师担任。在蔡以忱的印象里，改作文的李希如先生，虽然一说话脸便臊得通红，但他对先秦诸子素有研究，常出一些富有启发性的作文题来考学生。

沔阳籍的傅先生讲历史，因耳朵有点背，有的顽皮学生背后称他"傅聋子"。他非常佩服国学大师章太炎，讲堂上常向同学们提起"章学"。后来还聘请了黄侃（季刚）及刘伯平两位先生教文字、声韵课。

"铸剑"先驱 蔡以忱（修订本）

黄侃是著名训诂学家，学富五车，但是个"夜猫子"，常常通宵看书、下午睡觉。以至于上课不能按时到校，讲起课来往往忘记了下课时间。而且脾气古怪，诸如不太瞧得起讲文字学的鲁润玖先生。针对有的学生对黄侃的个性小有微词，刘校长就开导说："我们要学的是黄先生的学问，不学他的脾气。"

鲁润玖（济恒）先生的文字课，讲得有声有色，颇能引起学生兴趣。由于他是当时教育部论证全国400名知名教授之一，他在多所学校任教。他曾在回忆录中写道："我原在商科大学与湖北省立第一师范任教，1915年经刘凤章介绍兼课中华大学。当时，因在多所学校兼课，一下课便走了……"[①]

在蔡以忱心中，鲁教授学富五车、教得形象生动，学生学得妙趣横生。譬如他讲解"旦"字时说，就是太阳冒出了地平线，天亮了，所以说"通宵达旦"；也可以引申为"诚挚"的意思，如信誓旦旦。他常常挖掘汉字结构的教育内容，而非说教。在讲"國"字时，他用粉笔在黑板上形象地将"或"字进行分解：勾画出"口"下一横代表土地，"口"代表人民的住所，"戈"则是武器；而外包围的这个大框框"囗"，即是疆界之意。继而得出结论：要成为一个真正的国家，非得有土地、人民、武装不可！我们现在受到日本帝国主义的侵略，这三条都遭到损害，若长期下去，不加抵抗，则国将不"國"了。这种讲解，深入浅出，使人深受启迪。

鲁教授教学的另一个特点，是说得开、收得拢，引人入胜。每次上课时，他都有一个开场白，往往说："同学们，今天上课前，我给大家先讲几句闲话……"其实，这"闲话"包括生活琐事、社会见闻与抗战大业等。然后自然过渡到新课，讲到一定的地方，着重把开头讲的那几句话一联系，恰好证明并非闲话，而是点拨学生开窍的话。

善于启发学生思考，使学生能真正理解内容，获得知识，提高水平。这是鲁教授教学的根本目的。而不是为了哗众取宠，给学生造成我有多么了不起的印象！其实，鲁教授博览群书，学识渊博，又平易近人；对学生的学习，他往往是把严格要求与热情鼓励有机地结合在一起。有一次在中华大学重庆校区上国学课，他刚刚讲完课文《情采篇》后，就命题作文。受教授的启迪，一位同学即用文言文仿照刘勰的《文心雕龙》笔调，写了一篇五六百字的习作。教授一口气读完后，大为夸奖，提笔一挥打了八十五分，并说这

[①] 原件藏华中师大档案馆"中华大学类"，1951年。

是他教书数十年头一回打这么高的分。让弟子倍感鼓舞，直到晚年仍记忆犹新！①

朴誠勇敢
勤苦耐劳

刘凤章为湖北省立一师题校训

由于鲁先生高度近视，平时调皮的学生称他"鲁瞎子"。刘校长得知后，进行循循善诱，让弟子学会尊敬师长、礼貌待人。

每个星期日的上午，在大礼堂由刘先生教各班的"伦理学"课。蔡以忱第一次上修身课时，刘把书上的道理和时下的情形，两相对照，痛斥针砭。他教学极端认真，同学们一面听课，一面笔录，无人敢掉以轻心。他讲授从黄陂走出的宋代理学家程颐的代表作《伊川易传》，连续三个小时，毫无倦色。

讲到末尾，刘先生总结说：读书人要能站得起来，不走"学而优则仕"的老路，首先必从生活俭约上立根基。生活一任意，便易流于放侈；生活放侈，行为就会随之邪僻。我们只要相信是对的便去做，不怕人骂为作伪；守之终生不改，不就是真的吗？

每个星期天的上午，除刘先生主讲伦理学外，还时常聘请校外名人讲演。凡是名人来校讲演，刘先生总是亲自主持与陪同，而且是毕恭毕敬地站立在一旁聆听，直至嘉宾讲演完毕。

---

① 罗大同：《国学名师鲁润玖先生》，娄章胜、郑昌琳：《陈时教育思想与实践》，华中师范大学出版社2003年版，第255—256页。

一次，学校聘请著名学者梁启超来校演讲，当刘校长发现，个别学生拿梁启超的"口吃"取乐，他及时教导学生说："我听梁先生的课，发现有个特点，就是别人讲过的他不讲，他讲的都是别人没有讲的。所以，听梁先生的课，要'用心'去听。"让学生深受教益。

当时学校图书馆的线装书有20多万册，蔡以忱是这里的常客。在课余时间，他都会在此不知疲倦地博览群书，不断吸取营养，和谐而充实。第一个学期期终考试发榜，蔡以忱一举夺冠。[①]

破"心中贼"

在蔡以忱心里，在大是大非问题上，恩师刘凤章先生不愧为人师表的大丈夫。

1915年8月23日（农历七月十三），随着杨度起草的筹安会宣言的公开发表，标志着袁世凯称帝进入倒计时。29日，袁氏在湖北的代理人发起成立"筹安分会"劝进，教育界亦有阿谀响应者。刘凤章事前因北上京城参加中央举行的全国师范会议，即闻袁氏有帝制自为之说；闭会时，袁氏在怀仁堂盛礼宴请与会者，亲出演说，意在笼络教育家。此时被袁氏幽禁于瀛台的副总统黎元洪，亦召宴刘凤章于瀛台，嘱刘积极筹办武昌养正小学。同时，暗自深叹袁氏帝制误国图谋。

刘凤章返鄂后，湖北教育界少数人发起"筹安会"以劝进。刘凤章断然拒绝签名，并召开全校师生大会，慷慨陈词"宁为保民国而死，决不偷生拥护复辟"。会后即辞卸校长职，拂袖而去。蔡以忱曾目睹恩师就此曾这样记述道："南下后，筹安之说甚嚣尘上，（湖北）当局拟组织请愿团，派人讽予为发起人。予决此事发生，天下事必不可收拾，力拒之。后教育会正副会长廉得此情，具书将军巡按愿为号召。将军巡按嘉其知大义。某会长知予不愿也，首以名册嘱师校副署，并举例云：一、署名；二、不自署名者，伊为代署；三、不肯署名，书明理由。咄咄逼人。自念生平奉一心为严师，心所

[①] 蔡惠安1977年12月19日致武汉文物管理处的书信，原件现藏武汉革命博物馆，手抄件藏安源纪念馆；《湖北省立第一师范学校校友会杂志》，民国九年（1920）。

谓危,屈于威武而强从之死,何能瞑目也,因援笔书云:某月某日,大总统命令学界人员,不准干预政治。兹举涉政治范围,恪遵大总统命令,不敢署名。斯时,各校观望不前,唯予马首是瞻。教育会无如之何,乃电京师筹安会,谓予首反对。同人为予危。"①

刘凤章辞职后,蔡以忱在"一师"老师的率领下,会同同学们再三到省府请愿,要求慰留刘校长。湖北教育行政当局迫于社会压力,不得不驱车前往刘府力请刘返校复职。1916年,两造共和元勋黄兴、蔡锷相继逝世,蔡以忱到学校所设灵堂祭奠,目睹了刘先生作挽联志哀:

我哭英雄,又哭英雄,英雄有几,英雄有几;
创造民国,再造民国,民国在兹,民国在兹。②

有一次,蔡以忱前往校长室向先生请益。发现先生正在奋笔书挽联,直诉权贵。联云:

当道尽豺狼,斯世那容公立足;
同堂处燕雀,前途更令我伤心。③

原来是刘的旧友、翰林陈培根先生,被某官僚的小车撞伤致死,先生路见不平,直抒胸臆。

鉴于刘凤章在两湖地区文教界的影响,1916年盛夏,黎元洪大总统钦其人格与学行,曾派赴山东曲阜孔庙,代表他前往祭孔;礼聘他为总统府咨议,月薪300元。刘恳辞不就,但常进言,贡献福国利民的良策。但总统府薪金每月照寄,面对汇来的钱退不掉,他就将其存入黄陂实业银行,后以此存款在南楼建起了私立养正小学。

蔡以忱亲历刘凤章校长的治学与做人的点点滴滴,在心里打下了深刻的烙印。

正是刘先生的言传身教,影响了一代人。"一师"的弟子、后来国家主

---

① 刘松余:《刘凤章先生清末民初教育活动简述》,台湾《传记文学》2013年第2期。
② 裴高才:《刘凤章》,《无陂不成镇·名流百年》,长江出版社2009年版。
③ 裴高才:《刘凤章》,《无陂不成镇·名流百年》,长江出版社2009年版。

义教育家余家菊，在《人物志》中将其列为第一人。文中说："我在十四岁时离家到武昌念书，遇到刘凤章先生，他是黄陂同乡，讲阳明之学，提倡致良知与知行合一，教书时以强烈的热情发挥不平凡的意见，我受他很大的影响。……"

有一次，蔡以忱上了伦理学课后，刘先生当即命题《破山中贼易，破心中贼难，其故安在，试申论之》让同学们当堂作文。蔡以忱忽然想到刚刚到"一师"的时候，因为家贫，不免产生自卑念头。刘凤章发现后，耐心地对他说："我知道你很穷，但不要灰心。古人云：穷且益坚，不坠青云之志。像你这一支笔有一天露了出来，一定会名动公卿，还怕没有饭吃吗？"于是，他立即结合先生的行谊，引经据典，加以阐发。他这样写道：

"破山中贼易，破心中贼难。"出自《王阳明全集·与杨仕德薛尚谦书》。

王阳明本名王守仁，字伯安，因筑室家乡的阳明洞修研，世称"阳明先生"。他是著名的思想家、哲学家与文学家，也是明代少有的大军事家，就连清代官居一品的名将曾国藩也自叹弗如。那是明正德十三年（1518）正月，王阳明在进剿袭击俐头的暴动山贼之前，曾写信给弟子薛侃，说："即日已抵龙南，明日入巢，四路兵皆已如期并进，贼有必破之势。某向在横水，尝寄书（杨）仕德云：'破山中贼易，破心中贼难。'区区剪除鼠窃，何足为异。若诸贤扫荡心腹之寇，以收廓清之功，此诚大丈夫不世之伟绩。"

这里的"心中贼"典出《阴符经》（亦称《黄帝天机经》）："天有五贼，见之者昌。五贼在心，施行于天。"指"眼、耳、鼻、舌、心"等向外追求无穷无尽的物欲，就像五个盗贼一样，在不知不觉中，盗取了我们生命中最本质的东西——元精、元气、元神，使人逐渐走向衰老，直至死亡。

自明代中叶以来，王阳明以其"破山中贼易，破心中贼难"的深沉思索，形成了"以正人心为本"的学说，即"心学"，传播深远。其基本内容包括：心即理的人生论；知行合一、知行并进的认识论；致良知的修养学说。它的内核是："人者，天地之心；心者，天地万物之主。"如果没有"心"的主体意识的参与，一切社会实践活动无法进行。又说："知是行的主意，行是知的工夫，知是行之始，行是知之成。"亦即：致良知就是通过主体自我的道德修养，从而合乎天理，体认良知。

"天下事有难易乎？为之则难者亦易矣；不为则易者亦难矣。"王阳明把一个人长久以来的习气，看作心中的盗贼，认为它们是妨碍做圣人的障碍，而要下功夫将其坚决除掉。但一个人的各种私欲，作为根深蒂固的习惯，已经植根于心，不是那么好除去的。我辈只有像刘先生那样，通过内心修养，严格按照道德规范，坚持不懈地去行为和生活，才能化难为易，达到消除"心中贼"之目的。[①]

此次的作文，蔡以忱再拔头筹，并被张榜嘉奖。他的文名从此在"一师"不胫而走了。

五年"学霸"

"一师"创办的校刊《文选拔萃》，除刊登学生佳作外，还论述史地，起到鼓励上进，开阔视野的作用。蔡以忱在"一师"学习期间，因品学兼优，受到刘校长的特别关注。刘校长为了寓爱国爱家、救亡图存于师范教学之中，以乡土知识启迪教化民众，要求蔡以忱每逢寒暑假将编写乡土志、宗谱等，作为假期练习之课目。他平时的习作，则经常见诸《文选拔萃》。

每年寒假，黄陂老家蔡家榨有玩龙灯、划彩船的习俗，蔡以忱便根据当时的形势和千家万户的不同特点，编写出各种各样的彩词，供乡亲们说唱。有时，他还亲自上阵即兴客串，逗得大家开怀大笑。春节期间，他利用自己擅长书法的特点，常为乡亲们书写春联、为新婚夫妇写"号对"。而且他写的春联、演唱的彩词内容都是紧贴实际的新词，为村民们喜闻乐见。

1918年暑假，蔡以忱返乡一边在半日学校或夜校兼课，一边对黄陂乡村教育进行调查，并形成了内容翔实的调查报告。其大意是：在他离开黄陂四年间，全县增设了公立、私立初等小学数百所，高等小学十余所，并在教学内容与教学方法上对私塾进行了改良。还创办通俗图书馆（复称教育馆）、半日学校、夜校、简易识字学塾、旬刊社等社会机构。一批乡绅还创办了黄

---

① 裴高才：《"铸剑"先驱·蔡以忱》，中国社会科学出版社2013年版，第38、39页。

陂乙种工业学校、乙种商业学校、木兰女子学堂等。黄陂因此跻身于全省教育先进县行列，被省政府授予模范教育县。时有知名人士赞曰："无锡南通模范县，前川望鲁圣人邦。"

蔡以忱的校友、通山县的余六鳌，也于1918年暑假参与编撰了《通山县乡土志略》。他在《志略·序》中写道：

> 校长刘先生目击时艰，定乡土志为诸生暑假练习之目……乡土志为教育之要务。师范生之所当悉者也。①

"一师"与道明学校一样，非常重视体操课。除一般的体操外，每个学生一定要练兵操。因激于外侮，刘先生早在1915年5月30日，率领"一师"同学向全国发出倡议，希望全国高等小学以上学校练习兵操，并每星期研究战术半日。②

与道明学校不同的是，"一师"的兵操是真枪实弹：有一百几十枝旧步枪与很多子弹，还有木制的步枪。所以蔡以忱与同学们每个星期都必须练习驮枪、枪放下与瞄准等动作。同时，学校又提倡拳术。每天教拳的时间，选在蒙蒙亮开始，到早操时收功。练拳的同学固然起得很早，不练拳的也一大早起来跑步或用功。

有感于刘先生的"儒者必先治生"与提倡工业应由个人做起的主张，蔡以忱投身到由课室的手工业，扩充到带有市场性的手工业之中。他与同学们一道成立了多个社团，小规模做牙粉、粉笔、油墨等产品。刘先生得知后，决定由学校率先采用，再推之社会。意在以师范学校兼具职业学校的功能。

在学校周末大讲堂，英文班的老师李立夫是"一师"讲演的常客。蔡以忱亲眼所见，因李先生喜欢旅行，他常把自己在各地收集的小物品带到课堂展示。有一次，李先生在桐柏县的一株古柏上取下的几片树皮，以及他亲手做的布鞋，让同学们观赏。培养大家观察能力、动手能力与鉴赏能力。

另一位留美教师李斯新的英文教学，不受教程的约束，把文法、会话融

---

① 《通山县乡土志略》，民国七年（1918）原始稿本，藏于北京大学图书馆。
② 李珠、皮明庥主编：《武汉教育史》，武汉出版社1999年版，第390页。

进课本讲授之中，强调综合练习，让蔡以忱深受教益。尤其是李斯新指导同学们记忆单词的方法，让他事半功倍，其名曰"六法"：（1）尾音相同法；（2）中音相同法；（3）近者相同法；（4）环境记忆法；（5）组合分析法；（6）同义记忆法。

毕业于"一师"的蔡以忱五弟遂忱全家福

在蔡以忱的印象里，学校还邀请一些留学归来的新式人物演讲，如后来参与创建中国共产党的唯物史观理论家李汉俊教授，向同学们讲"破"与"立"的关系时，强调要建设必须先破坏的理念等。只不过，这类演讲都是由同学们自由选择参加。

随着新的风气吹到了武汉，新人物把刘先生当作旧的大目标，企图"破旧立新"，由校外的攻击，渗入校内。他们说刘先生排斥新知之士，对学生管得太紧，妨碍了自由发展。在这种压力之下，刘先生曾聘请了几位北京大学、武昌高师毕业的新派当教员，但又因学术浅薄，更被学生瞧不起。不久，攘扰渐次代替了和谐，刘先生愤而辞职，却被大多数学生热烈欢迎回来。

"铸剑"先驱 蔡以忱（修订本）

  1919年12月，在"一师"第一部举行的第五次毕业典礼上，蔡以忱所在班级的44名同学毕业，他因毕业成绩第一名而收入《湖北省立第一师范学校校友会杂志》之《历届毕业学生姓名》。①

  蔡以忱受业刘先生五年，1919年底毕业后又留校在恩师创办的附小——养正小学任教，在恩师的言传身教下，践行恩师的教育思想。这对于他的世界观与人生观的形成，打下了深深的烙印。尤其是对刘先生治易成果《周易集注》一书爱不释手，称其为"因集众说而成一家言"传世之作。蔡以忱长子蔡惠安回忆说：

  家父15岁考入湖北省立第一师范，那时校长是刘凤章先生。我父亲在师范求学五年，考了十个第一名。即每学期公布榜总是第一名（当时"一师"出版的文集内，有许多家父的作品）。……1919年师范学校毕业，由于家父学业成绩优良，遂留在"一师"附小当教员。②

---

  ① 《历届毕业学生姓名》，《湖北省立第一师范学校校友会杂志》，永盛印刷厂，民国九年（1920）版，第59页。
  ② 蔡惠安1977年12月19日致武汉文物管理处的书信，原件现藏武汉革命博物馆，手抄件藏安源纪念馆；《湖北省立第一师范学校校友会杂志》，民国九年（1920）。

第四章　投身学潮

1918—1924年是现代中国的一个酝酿与造型时代。当时世界上的思想文化运动的中心在苏联莫斯科，而中国则有三个敏锐的中心，那就是北京、上海和武汉。在新文化运动的洗礼下，蔡以忱投身到武汉五四运动的热潮之中。

同门师兄

恽代英就读中华大学文科中国哲学门期间，就积极支持中华大学附中学生林育南、胡业裕、魏以新等，创办了一份学生进步校报《新声》（半月刊）。蔡以忱等"一师"同学纷纷向《新声》投稿，投身于新文化运动之中。

有一天，蔡以忱的道明学校学兄、恩师刘凤章先生的中华大学高足余家菊，来"一师"向刘先生请益，正好碰到了蔡以忱。余对蔡说：

> 我（中华大学）的同班同学恽代英，受刘先生的影响，提倡即知即行，走路不坐人力车，暑天不戴帽，思想充沛，行动矫捷，在同学中不可多得……[1]

1918年10月，蔡以忱得知恽代英、梁绍文、冼震、黄负生等，在中华大学学生中创办了以"群策群力，自助助人"为宗旨的互助社。便利用周末下午半天外出的时间，专程前往中华大学。余家菊首先介绍了恽代英接办《光华学报》的过程：

那是1915年初，刚刚考入中华大学文科中国哲学门的恽代英，同以教书、著文为业的黄负生一起，创办了一份《道枢》杂志（油印），宣传新思想，投身于新文化运动。

这年5月1日，中华大学校长陈时正式创办了校刊《光华学报》，学报以"研究学术，导扬国光"为宗旨，每期约6万字。这份在全国高校有一席之地的学术刊物，由学校创办人、首任校长陈宣恺（1847—1917）亲笔题名，学校代理人陈时为发行人与主编，总发行所在武昌中华大学，分发行所为中外各大书局。起初，由校监刘树仁（号觉民）具体负责编务。

"国风固其疆，学风植其础。"在《发刊词》中，陈时以其深厚的国学功底，多处用典。首先，他引用《老子》之"长之育之，亭（通'成'）之

---

[1] 余家菊：《余（景陶）家菊先生回忆录》，台北：慧炬出版社1994年版，第49页。

毒（通'熟'）之，养之覆之"破题，把提高学校的办学水平，提升学术文明程度，同弘扬辛亥革命的铁血精神、促进国家昌盛、民族进步、提高人民生活水平，乃至世界智力紧密联系起来。

接下来，陈时又引经据典，尤其是将"西人恒以思想喻生命"与"吾国士夫之不悦学"进行对比，阐发"本报以此责任自课"之职志："以仁心说，以学心听，以公心辩。"在《发刊词》文末，他则以诗文的形式，将学报开设的15个栏目广而告之。

学报面世后，受到了学界的好评，但陈时仍觉得不尽如人意，意欲有新人加入给这块学术园地带来新气象。此时他不禁想起国学大师刘凤章给他说起的得意门生恽代英创办的《道枢》颇有新意，而《光华学报》也曾收到过湖北省警察厅的相关"警示"而不能克期，所以陈时就把振兴"光华"的目光锁定在恽代英身上。

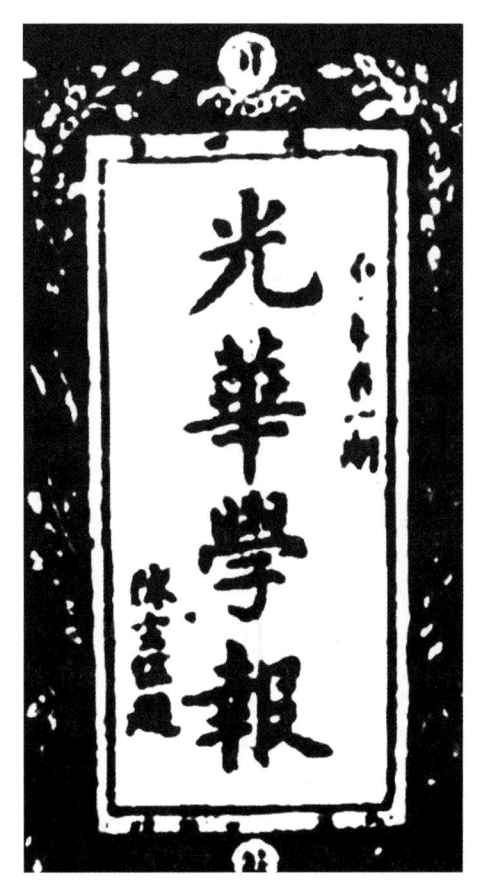

陈宣恺题《光华学报》刊名，武昌中华大学（1915年5月1日）

1917年2月14日，陈时特地找到恽代英商谈接办《光华学报》事宜，希望他认真思考后，提交一个办刊方案。恽代英经过在师生中集思广益，于2月26日正式向陈时递交了一封长信，谈了办好《光华学报》的几点具体设想，以及向校方提出了六条具体要求。

陈时收到了方案后，当日即找到恽代英，不仅答应了他所提出的全部条件，还在经费上给予额外支持。虽然陈时在1917年春出版的《光华学报》"预告"中指出："请刘树仁君经理其事，另请恽代英、刘竹溪二君分任编辑。"又因刘树仁辞职，学报实际由恽代英具体负责，还有同学余家菊一道襄助。

  由于恽代英颇具组织能力，他负责《光华学报》的组稿、撰稿、编排与校对等全过程。于是，他对学报大加改良，首先，他开宗明义，要求来稿文体清顺，思路明晰，立意纯正。对介绍"学术之进步，在贵有创造的能力之人物"，"世界最新之思潮者"[①] 的稿件尤其欢迎。同时，精心制作标题，并在封面上刊登要目，以吸引读者眼球；其次，力倡白话文，内容力求通俗易懂。他在每期的《编辑室之谈话》中，不断与读者、编者沟通："中国无专门研究学术之杂志，如能以本学报承其乏乎，固记者所志愿也。"明确征稿要求："大半用白话文，以人人能懂最好""文字浅显通俗，力避专门名词"；"文体务求清顺，思想务求明晰，立意务求纯正"；"编辑要有系统，使人易读懂"；"不抵触现行法令"，以维持刊物之生存。为提倡学术争鸣，对"凡有怀抱特殊见解之论稿"，"而复能自圆其说者，皆本社之所欢迎"；再次，增设"读者俱乐部"栏目，调整学报内容。

  对于《光华学报》原有"论丛""学海""思潮""选萃"等"老瓶"（栏目）等，恽代英除加强其学术性外，还装上耳目一新的"新酒"（时政内容）。陈时通过认真阅读恽代英送来的改版清样，为应付当局新闻检查，只对相关敏感内容作了润色，对改版后学刊形式与内容给予充分肯定，赞"其内容可观"！恽代英亦感叹"不负余编辑之用力"。[②]

  经过编辑《光华学报》小试牛刀的恽代英，进一步激发了他为母校争光的责任感与献身社会的使命感，在学报上力求增强社会性、时政性，涉及哲学、经济、修身与社会等方面的问题，既针砭时弊，又寻求救国救民道路，宣传新文化、新思潮。他曾在毕业前夕的1918年5月27日的日记中这样写道：

  "余尝思，果有机会服务母校，当以养成学业一贯之人才宗旨，将使此校为中国有名之大学，亦即因势成事之意也。""我校有一种勇于做事之精神，此甚足为我校之荣；何以保此令誉？以为母校争此光荣！"[③]

---

① 记者：《编辑室之谈话》，载《光华学报》第2年第1期，1916年3月7日。
② 恽代英：《恽代英文集》第一卷，人民出版社2014年版，第492页。
③ 恽代英：《恽代英日记》，中共中央党校出版社1981年版，第389页。

作为恽代英的同学与挚友，一直品学兼优的余家菊，也是《光华学报》的另一位主笔与编辑。他的处女作《梦的心理学》不仅首发于《光华学报》，不久又被当时著名报刊上海《时事新报》转载。同时，他还曾参加过李大钊发起创办的中国少年学会，并是其会刊《少年中国》的作者与编者。

同弟子心有灵犀的陈时校长，为了留住优秀人才，于1918年秋特将哲学系首届毕业的11名学生恽代英、余家菊、冼震（百言）等，充实中华大学中学部师资。其中恽代英为主任（相当于校长）、余家菊为学监（相当于教务处与总务处主任）与教员……

蔡以忱一边听介绍情况，一边感受互助社这个武汉地区诞生的首个进步团体的新鲜空气，从此与恽代英结下了不解之缘。

无独有偶，蔡以忱在"一师"积极响应刘凤章校长的倡导，发起创建了"证人社"读书团体。

当时，刘凤章先生十分推崇山西和南通的教育经验，他有感于太原阎锡山"从人心上入手"的"洗心社"，纵使讲授伦理学时，特地介绍了明代心学家刘宗周的"证人社"。蔡以忱心领神会地，便会同一师同学吴士崇（字德峰）等一道为了读书修身，于1918年创设了同名学社"证人社"。受到刘先生的嘉许，认为通过探讨"人"之学，以提倡自身的品德修养，勤学俭朴，提升人的道德境界。

在那时的官方看来，自由结社等于组织造反。"证人社"有组织章程，有盾形的铜质证章，上面刻制"严禁嫖、赌、烟、酒"。他极为赞赏，明白这是读书团体，修德冶性，极力支持，多予指导。刘先生感时伤世，痛心疾首，认为"盖吾国教育二千年以来，皆以造成官吏为目的，此项深毒中入骨髓，如沈痼之不能起"，"今欲立起沈疴，非大声疾呼以教育促进实业，以实业辅助教育不可至"，而"欲提倡职业教育，必自师范学校始"。[①] 并甚感"儒者必先治生"之要，提倡学以致用将工业由个人做起，鼓励同学们由课堂手工业扩充到带有市场性的手工业，常说："人之一能，己百之；人十能之，己千之。"学校照明原用煤油灯，改用电灯时由老师指导，学生亲自动手完成安装和修理。"证人社"的同学很热心，小规模做粉笔、墨汁、油墨、

---

① 中国第二历史档案馆编：《北洋政府档案》093 教育部第五册《各省师范学校为师范教学之改建意见》，中国档案出版社2010年版。

陈宣恺、刘凤章签发中华大学毕业证书（1915年，武汉市档案馆藏）

肥皂、牙粉、鞋粉之类，先由学校采用，再推向市场。

据"一师"毕业的弟子刘仲衡回忆："刘凤章先生早年执教于湖北文普通学堂，那时董用威（必武）先生正在该校读书，名师高徒，十分接近，感情甚笃。辛亥武昌首义，黄陂人黎元洪执掌湖北都督府，刘先生即向黎氏力荐董先生，使之在都督府任职。刘先生接长一师后，又聘董先生为国文教员。"[1] 董必武后任一师训育主任，辅导"证人社"改为"人社"，使之由读书团体演变为参加社会活动和爱国运动的进步团体。

蔡以忱参观了中华大学的互助社后，在刘凤章校长的支持下，他会同"一师"的进步同学一道，效法中华大学的做法，开始组建进步社团。诸如文学会、工艺组、运动会、足球队等，在武汉地区大中专院校中颇有影响，

---

[1] 刘仲衡：《回忆教育界耆宿刘凤章先生》，《武汉文史资料》1983年第2辑。

亦纷纷效尤，各种进步社团如雨后春笋遍及武汉三镇。

正是"证人社"与互助社的影响，蔡以忱的同学吴德峰常以修养与治学相勉，秘密从事革命活动，不慎为当局侦知，即被密令抓捕。刘先生爱生心切，闻讯即密嘱学监阮景星（字华甫）赶赴黄土坡吴家，促速回避，自己挺身而出多方斡旋，平息了事态。

学运中坚

秉承"教育独立原则"办学，"兼容并包"育人的校长陈时，看到恽代英在主编校刊、教学革新和新文化运动中崭露头角，更是器重他。恽代英因此成为昙华林陈家的常客。所以，在陈时的大力支持下，中华大学成为武汉新文化运动的大本营，恽代英成为运动的中心人物。五四运动爆发后，陈时又成为恽代英的强大后盾。

巴黎和会中国外交失败和北京爱国学生游行示威的消息传到武汉后，恽代英、林育南等领导武汉爱国学生积极响应。5月5日这天，蔡以忱看到恽代英一蹴而就的爱国传单《四年五月七日之事》（即袁世凯政府决议接受日本"二十一条"要求）后，亦积极响应，组织"一师"同学到学校和街上广为散发上述传单，拉开了武汉五四运动的序幕。

5月9日，蔡以忱会同武汉各大中学学生代表连续聚会于中华大学[①]，决定与京津学生一致行动，成立武昌学生团，以外争国权，内除国贼，并公推恽代英起草《武昌学生团宣言书》。12日，中华大学等十五所学校召开联合大会，通过了由恽代英起草的致北洋政府、各省、各机关、各学校并巴黎和会及美国总统威尔逊的电文，强烈要求争回山东主权。

5月17日，武汉学生联合会在中华大学举行了成立大会，恽代英与林育南、李求实、陈潭秋、蔡以忱等学联骨干，还及时创办学联刊物《学生周刊》，号召广大学生与民众在"外交紧急，河山变色"的危急之际，众志成城地投入挽救祖国危亡的斗争。周刊以通俗的白话文进行爱国主义的宣传，行销畅旺，供不应求，不断加印。

---

① 裴高才：《秋收起义的黄陂人》，《民族大家庭》2004年第6期。

作为武汉学运中坚，蔡以忱以亲历者身份撰文发表在《时报》上，他这样写道：昨日学联会会员在汉口沿途售卖《学生周刊》，正至大智门附近，忽有苦力多人，争相购取。其中有不识字者，遂央人讲解，彼等俯首静听，有闻之泪下者，有长吁短叹者，又有听毕不忍去者……

次日，蔡以忱会同武汉学联举行了有3000余学生参加的大规模示威游行。队伍所到之处，散发《呜呼青岛》的传单，高呼爱国口号，各商民莫不同仇敌忾。许多市民用茶果酬劳游行队伍，有的人力车夫为学生爱国热忱所感动，还大声疾呼"争回青岛""灭除国贼""勿忘国耻""学生万岁"……

5月26日，蔡以忱配合恽代英举行武汉学联会议，听取了北京、天津学生代表关于京津学界准备罢课和成立全国学联会的情况介绍，并推举二人作为武汉学联的代表赴沪参加筹备全国学联会等事宜。31日，武汉学联再次举行会议，决定6月1日起实行总罢课，同时发表《武汉学生罢课宣言》。蔡惠安在回忆录中写道：

> 1946—1947年间，我曾在湖北《襄樊日报》上看到，在1919年的五四学生运动中，家父就是当时湖北省进步学生选出的代表，带领武汉进步学生，投身反帝爱国运动。从此，逐渐走上了革命道路。[①]

愈挫愈勇

日本驻汉口领事馆得知学生要进行反日游行示威后，十分恐惧，便威逼湖北督军王占元、省长何佩瑢镇压学生。"鲁人治鄂"的王占元立即召见各校校长严谕，声称若再有游行示威活动，必"严惩不贷"。迫于军阀的压力，中华大学校长陈时会上与之周旋，会后又以"爱国行动，无力阻止"相推托。

6月1日清晨，当局又派出大批军警包围各校。不仅每所学校门首均有军警百余，还有大批军警在武昌街上巡逻。

可是，王占元的恫吓并没有吓倒爱国学生。当日下午，学生们翻越学校

[①] 蔡惠安1977年12月29日致武汉文物管理处的书信，原件现藏武汉革命博物馆。

蔡以忱参加的抗议"六一惨案"学生游行队伍（华中师大档案馆藏）

围墙，纷纷潜出校门，冲开反动军警的封锁线，汇合后奔向阅马场、黄鹤楼、督军府……

面对汹涌澎湃的革命学潮，王占元气急败坏，严令军警捕去数十人，殴伤武昌高师陈开泰一行十余人，造成震惊全国的"六一"惨案。为此，陈时会同刘凤章率武汉地区大、中学校校长，先后找省长何佩瑢和督军王占元，强烈要求释放被捕学生。

6月2日，当局又勒令各校提前放假，学校食堂停伙，限令学生三日内离校。6月3日，蔡以忱率领"一师"同学与中华大学同学肩并肩，坚持冒雨游行，再次受到镇压，又有数十名学生受伤，仅中华大学受伤学生就有九人，被捕学生数十人。

对于反动军阀的暴行，在恽代英与林育南的领导下，一面大量印发传单散发给市民，说明真相。并在《大汉报》《湘江评论》等报刊，揭露军阀暴行；一面指挥学生冒雨聚集在督军府和省署门前，手举"爱国无罪""还我学友""缉拿凶犯""惩治国贼"等标语牌，静坐示威。

当王占元得报，学运的领头羊恽代英与林育南是中华大学师生，于是，他再次传见该校校长陈时，以停办学校相威胁。从首义战火中走来的陈时毫无畏惧，仍暗中保护恽代英、林育南等爱国师生，因而被列入王占元打压的黑名单。有人以"关切"为名，散布流言，逼陈时离校。恽代英在日记中写道："现谋我校者，因我之活动颇多借口，甚有逼敝校长暂时他避之说，不知敝校长能否平安应付过去？"有人劝陈时少管这些事，以免对学校和他本人不利，陈时回答说："我是不怕这些事的！"

愈挫愈勇的恽代英则会同蔡以忱等学联骨干，分头行动，积极与社会各界联络，如与施洋为首的武汉律师协会，以及汉口红十字会，商界有影响的人物密切联系，请他们为爱国学生做说客，取得广泛的同情与支持。尤其是恽代英经过与施洋等发起成立武汉各界联合会，向工人、商界宣传五四运动，推动汉口商人于6月10日率先举行了罢市，拉开武汉社会各界罢市罢工的帷幕。6月11日，武汉各轮船水手和伙夫举行同盟罢工。次日，武汉各公司大小商轮工人也开始罢工，"一律停止装运客货"。

慑于强大的社会压力，最终迫使反动当局不得不释放了被捕学生，并致电北洋政府要求拒绝在《巴黎和约》上签字。就这样，在以京、津、沪、汉四大城市为主体的全国爱国运动的压力下，北洋政府被迫批准曹汝霖、章宗祥、陆宗舆等卖国贼的辞职。

比蔡以忱晚三届的"一师"学弟、国学大师徐复观在《五四运动的一个角落》中回忆说："北京与上海是新文化运动在先，五四运动在后。而武汉则是因有五四运动，新文化运动才成为社会上的一股洪流。"[①]

痛悼极忱

1919年，对蔡以忱家庭来说，可谓喜忧参半。

这年夏天，他参加了轰轰烈烈的武汉学运，经过了五四运动的洗礼。让

[①] 徐复观：《中国知识分子精神》，华东师范大学出版社2004年版。

他感受到了社会各界的爱国热忱。

金秋时节,他返乡与父母、妻子团圆,欢度中秋节。

哪知,他一回到家里,父亲却含泪告诉他,在鄂西护法军就任鄂西靖国军总司令部军需处主任的长兄蔡极忱,已经病入膏肓了。

蔡以忱(前坐地者)与长兄极忱(后排中)次兄襄忱(右一)(蔡永生提供)

"铸剑"先驱 蔡以忱（修订本）

蔡以忱在安慰父亲一番后，立即来到沉疴不起的长兄床边探视。长兄见三弟归来，强支病体告诉弟弟，他负重伤后与董必武、姚汝婴等一起，为鄂西靖国军总司令蔡济民昭雪的前前后后——

那是在鄂西靖国军成立之前，利川驻有一支川军，首领是方化南。川军明里高唱护法，暗里只为争地盘。因慑于首义元勋蔡济民的威名，表面上唐克明和方化南不敢妄为，暗地里却收买了川鄂交界处的土匪头子田泽云，施下了借刀杀人的毒计。

1919年1月28日（农历腊月二十七），川军部署全城戒严。方化南托言回万县就医，趁代理参谋长吴清熙乘参谋长蓝文蔚（蓝天蔚之弟，黄陂天河蓝家大湾人）在前线建始三里坝防地未返之际，指使新收编的土匪军田泽云向利川县城进攻。为了避免护国军之间相互残杀，蔡济民指示部队"宁死不开同室操戈之渐"①。

蔡济民躲避在县文庙的天花板上，田泽云的手下捕获了蔡济民的勤务兵，知蔡躲藏处，搜出后将其捆绑送往方化南司令部（老南门口），刚到门口，吴清熙下令开枪，一枪伤腿，一枪伤股，一枪伤头，蔡济民倒在血泊中，时年仅33岁。

蔡济民被害后，举国震惊，舆论哗然。当时正在四川万县为部队筹集粮款的董必武、蔡极忱闻讯后，立即赶回调查真相。他们在与同事们处理蔡济民的后事时，发现了唐、方勾结谋杀蔡济民的电报多封。蔡极忱与同事们对于这种发生在革命阵营内部的谋杀感到无比愤慨，将调查之真相投书报社，1919年2月21日《大汉报》刊发了《鄂西靖国军总司令蔡济民利川被害始末记》，要求严惩凶手。

首义元勋吴醒汉闻讯后，亦致电孙中山，电文明确指出："蔡济民系鄂西靖国军第一军军长唐克明谋害毙命。"理由是："民八，川、滇、黔靖国军失和，攻鄂计划中止，鄂西陷入孤立无援之绝地，唐见势不佳，顿变宗旨，投降王占元，以消灭鄂西纯粹党军为条件，故有此举。醒汉闻耗即电商柏公（蓝文蔚），夹攻唐军，一日一夜作战，即将唐军击溃，唐变服私逃。"要求孙中山惩办祸首，为蔡济民昭雪。

孙中山接电后，曾派建始籍同志朱和中解决鄂西纠纷，朱查实后即向孙中山报告实情，孙中山特别批示："以着该地同志讨唐、方，以报蔡济民之

---

① 1927年4月11日中华民国国民政府第21号令：《宋庆龄等转蔡则民的呈报》。

仇，望协力成之。"①

由于蔡极忱后在一次战斗中身负重伤，大家便公推董必武到上海向孙中山有关方面申诉。

不久，董必武与张祝南（国恩）从湖北利川来到上海，并带去了驻夔府（今四川奉节）之湖北靖国军总司令黎天才致孙中山函（《大汉报》），函云：

> 蔡君幼裹为国奔走，不避劳怨，今与川军方纵队长化南同驻利川城，因平日小隙，竟酿成变端，致使蔡君殒命。其中肇衅情节事实，曾通电西南，谅邀鉴及。现已专电熊督，请其严行核办，而慰英灵。兹因董用威、张祝南两君赴沪之便，带呈寸禀，伏乞亮察！
>
> 湖北靖国军总司令 黎天才
> 民国八年三月二日

《大汉报》于1919年5月22日，发表了蔡极忱与董必武、苏成章、姚汝婴等人的联名公电：

> ……蔡总司令济民被害案，罪魁铁证，早经分呈。奉令查复会审，亦非一日，静待至今，讫无后命，辗转瞻顾，不胜凄惶……护法军官谋杀护法元勋……蔡公宁死不战，求符护法之本义；不以武力复仇，亦思安我死者之心。

解决"蔡济民案"需要军事实力作后盾，故包括孙中山在内的各方人士除了表示同情外，对四川军阀的倒行逆施也无能为力。

回老家养伤的蔡极忱得知上述消息后，急火攻心，病情日益加剧。

此次蔡以忱返乡，看到长兄痛苦的样子，劝慰长兄坚定战胜病魔的信念，放宽心养病，定会早日康复。同时，还引用"多行不义必自毙"的名言，断定那些反动军阀必然后得到应有的惩罚！（果然，在举国上下纷纷声讨川军的强大舆论压力下，1920年9月8日方化南畏罪自杀。）

由于蔡极忱伤势过重，病入膏肓，于1919年10月9日凌晨3时（农历八月十六日丑时），撒手人寰，享年仅40岁。

---

① 裴高才：《无陂不成镇·名流百年》，长江出版社2009年版，第93页。

蔡以忱长子蔡惠安（蔡小兵提供）　　蔡以忱次子蔡光海（蔡亚生提供）

蔡以忱顿时悲痛欲绝，尤其是担心父母经受不起白发人送黑发人的打击。于是，他们兄弟姊妹分工，一边照顾父母，一边办理丧事。在追思会上，蔡以忱含泪宣读了悼词志哀。其中一段云：

> 永清府君，民族忠魂；
> 刚正无阿，侠士豪情。
> 经文纬武，首义精英；
> 总统文牍，恪尽职能。
> 更张义帜，护法军兴；
> 出师讨逆，体负伤痕。
> 壮志未酬，明星西沉；
> 长江黄河，哀恸怜矜。①

在料理了长兄丧事三天后，蔡以忱大腹便便的发妻吴金梅，于10月12日12时（农历八月十九日巳时）喜添爱子。由于在前一年长子早夭，次子

---

① 雷永学根据《蔡氏宗谱》点校。

又是长兄归天之后降临的，蔡以忱便给儿子起名"惠安"，希望平平安安；派名"光亨"，寄托家运从此亨通。

蔡以忱处理完家事后，继续回到武昌省立"一师"完成学业。按照学校的安排，1919年11月开始考察实习，蔡滨（字以忱）所在班级44人，分成南北两组出省考察。北组考察北京、山东、江苏各处，南组考察江浙一带。

考察返校后，蔡以忱一方面撰写毕业论文，另一方面参加为期一周的毕业笔试与考核。在十门课程中，每门课程的考试、考核为三小时，十分严格。每门课程80分以上为优秀（甲等）；70分以上为良好（乙等）；60分以上为合格（丙等）。蔡以忱不仅十门课程均得优秀，而且12月下旬的毕业论文答辩再次夺冠。刘凤章爱才心切，特将他留在"一师"附小——私立武昌养正小学任教。所以，在毕业典礼上，刘凤章校长向蔡以忱颁发了"一师"毕业证与养正小学聘书。

第五章　中华讲坛

蔡以忱在附小执教半年后，又经恩师刘凤章力荐，调任中华大学文史教员，在这个中国第一所私立大学的"象牙塔"里，开始了教书育人生涯，以及思想的洗礼与角色的转换。

"铸剑"先驱 蔡以忱（修订本）

传道授业

作为官方的省立"一师"，其附设小学——养正小学缘何为"私立"呢？那是1916年盛夏，一向尊师重教的武昌首义大都督黎元洪登上了民国大总统的宝座后，特聘刘凤章为总统府咨议，月薪至300银元，刘以受之有愧婉拒。可是，"咨议"的薪资总统府仍然照寄不误。刘只好把汇款存入黎大钧与黎元洪控股的汉口黄陂实业银行。

事隔不久，刘凤章忽然想到袁世凯将黎元洪幽禁在瀛台时的嘱托：创办养正小学之事，采《周易》蒙卦"蒙以养正"之义。于是，他就正式函告黎氏准备启动筹建小学事宜，黎氏又立即捐赠了小学校舍，于1916年在武昌南楼创办了私立养正小学，而刘则将上述黄陂实业银行的存款作为办学经费。辞去校长后，他以校为家，常住于此传道授业，两耳不问世务。

1920年春季开学，蔡以忱开始在"一师"附小——武昌南楼养正小学，传道、授业、解惑。所教课程为高年级数学，并任级主任（今班主任）。当年的高小弟子高理文在回忆录中写道：

> 我是经族叔的介绍，转入武昌城内南楼养正小学，这是一所由黎元洪捐资设立的，校长刘凤章先生，与黎氏为黄陂同乡，刘先生学宗阳明，在湖北学术界有崇高地位，他的主要职务是湖北省立师范校长，每日到我们学校来看看，教师都是师范学校的毕业生，为刘先生的得意门生。其中我的数学老师是蔡以忱就是该校毕业的高材生……[①]

读书时就嗜书如命的蔡以忱，当了老师后更是博览群书。

这时，武汉学运领袖恽代英在师长陈时的积极支持下，在临近武昌县华林的横街头18号，创办了利群书社，成立时定名为利群书局。蔡以忱成了这里的常客。

[①] 高理文：《高理文回忆录》，台湾《传记文学》总第410—413号，1996年版；高理文、罗南英：《鄂州文史资料（第五辑）——高理文、罗南英伉俪回忆录专辑》，1992年版。

书社创办之初的成员共有恽代英、林育南、沈志耀、廖焕星、郑遵芳（郑南宣）、郑兴焕、刘世昌、魏君谟（魏以新）、胡竞成、李伯刚、萧鸿举（萧云鹄）和余家菊12人。不久，林育英（张浩）、萧楚女、李求实、陆沉（卢斌）、蔡以忱等先后加入。其宗旨是集志同道合的青年学生为"利群助人，服务群众"的团体，为改造社会造就人才。

利群书社的新书多，蔡以忱与恽代英均是刘凤章的得意门生，他们又在五四学潮中结下了深厚情谊，如今，他们经常在这里吸收新鲜空气，改造社会。蔡以忱在此如饥似渴地阅读了《新青年》《共产党宣言》等进行书刊，经常会同社员在武汉三镇的报刊上，指点江山、激扬文字。

特别值得一提的是，1920年1月毛泽东率湖南驱逐张敬尧代表团北上，在武汉停留将近一周，就住在利群书社。他草拟的驱张宣言，历数张敬尧种种罪行，向汉口、北京、上海各地报纸发布，并在武昌鲇鱼套车站将张宗昌为张敬尧运去的20多包鸦片种子拍了照，在报上揭露出来，使张敬尧名声更臭。蔡以忱就是在此期间开始了解毛泽东的。

1920年秋，正在湖南省立第一师范学校任教的同乡校友余家菊给利群书社来函告知，当时的湖南省教育会为筹备邀请美、英哲学家杜威与罗素前往讲学，专门成立了演讲筹备会，同杜威与罗素均有交集的余家菊，因此被推为筹委会成员。此时的江西省府也已安排了罗素、杜威的讲学日程。此时的华中三省中，唯独湖北没有邀请杜威讲学。

杜威（1859—1952）是国人熟知的美国朋友，集哲学家、教育家、社会学家和心理学家于一身。中国高校借杜威在华之机，以多种形式邀请杜威讲学。1920年春，北京高等师范学校（今北师大）邀请杜威开办了研究生班——教育研究科。余家菊就是此间考入该科第一班的，他根据自己的感同身受，告诉社员：在哲学人生观方面，"我受益最大的，杜威先生是第一人"[①]。

由于湖北督军王占元只专注于穷兵黩武、敲剥民财，无心顾及民生与教育，被称为"鲁人治鄂"。而且"霸王硬上弓"，勒令陈时呕心沥血创办的《光华学报》停刊。为此，余家菊与同在湖南一师任教的陈启天特向师长陈时通报了杜威在湘赣演讲的行程，希望他居高一呼，填补湖北的空白。陈时

---

① 余家菊：《五十回忆录·人物志》，《余家菊（景陶）先生回忆录》，台北：慧炬出版社1994年版，第54页。

当即拍电给蔡元培与余家菊,让其转呈给杜威:诚邀杜威来校演讲。同时,又将余家菊的信函转到利群书社的恽代英,让其投书报社给湖北当局以舆论压力,大家推选此时已经任教中华大学的"笔头子"蔡以忱代表书社起草新闻稿。

蔡以忱不孚重望,一篇言简意赅,又颇具煽情的《劝大家欢迎杜威》一文,以利群书社的名义于10月16日在《大汉报》与《汉口新闻报》上发表。文中指出:"当代实验主义的巨子德漠克拉西的明星,湖北人不愿亲聆他的言论、不愿承受这种精神吗?……杜威若能在武汉逗留几天,总于武汉的沉闷黑暗能有点改进,湖北的人正需要这一剂药。"①

同年11月3—7日,杜威如约转道湖北省会,在武昌、汉口激情演讲,留下了难忘的历史足印。在主持中华大学演讲仪式时,陈时介绍了杜威在实用主义哲学的杰出贡献,以及他与中华大学校友余家菊的新谊。杜威则用英语激情演讲了《教育哲学》,体现了他教育哲学的基本特点——教育即生活。由正在美国攻读学位的中华大学教授邹昌炽翻译,而后将杜威的演讲要点汇集到校刊《中华周刊》上公开发表。

经陈时介绍,杜威演讲后又乘兴参观了中华大学校友恽代英发起创办的利群书社。蔡以忱在此见证了杜威的即兴讲话,由恽代英现场翻译。杜威说,来前曾听余家菊介绍过这个为"利群助人,服务群众"的青年学生团体,又与长沙文化书社交流,经过现场观瞻,不虚此行,他为利群书社面向平民、改造社会点赞。②

杜威在汉演讲前后,《汉口新闻报》与《大汉报》等报刊从10月中旬至11月中旬,几乎每天进行连续报道。

此间,蔡以忱还在利群书社聆听了戏剧家欧阳予倩和仁济医院院长叶克诚等人的激情演讲。他因此开始对马克思主义产生兴趣,在研究马克思及其学说、唯物史观、布尔什维克、劳动问题的同时,对一度信奉改良主义和空想社会主义产生疑问。

由于利群书社与全国许多进步社团有来往,和李大钊、陈独秀以及胡适等社会名流保持着密切联系。从上海回到武汉的董必武经常与陈潭秋等来此

---

① 《汉口新闻报》1920年11月16日。
② 娄章胜、郑昌林主编:《陈时年谱及中华大学大事记》,华中师范大学出版社2001年版,第359页。

阅读与宣传马列主义。在这里接受新文化洗礼后，蔡以忱与林育英、萧楚女等书社的大部分成员均成为中国共产党武汉地委、湖北省委的骨干。

执鞭"中华"

"经师易遇，人师难逢。"蔡以忱在私立养正小学的杰出表现，让恩师刘凤章眉开眼笑，认为该是到大学去历练一下的时候了。恰逢此时的私立中华大学需要一名文史教员，刘凤章就向该校校长陈时推荐了蔡以忱。

刘凤章告诉蔡以忱，在中华大学在筹建之初，创办人陈宣恺、陈时父子曾力邀在教育界享有盛誉的刘凤章出任校长，刘婉拒了校长之职，只接受学长（相当于现在的教务长）兼校常务董事，以及国学系教授职。刘凤章不孚重望，经他出面聘请了邹昌炽、鲁济恒等一批名师到该校任教。邹昌炽在回忆录中写道：

我于1912年7月，由刘凤章先生介绍，在中华大学（府后街时为周君亮公馆内）与陈时会面。九月开学上了三个月课，学校就迁往粮道街衙门（永久校址）。据说这个地方原来住过辛亥革命时的军法处，经过修理改作校舍：教室、寝室与办公室；并将原来的花园改为操场。翌年，在昙华林陈状元公馆（前文华附中旧址）附设女子部。办了一批毕业就停办了。本部设有留美预科，学校立案后改为预科，预科毕业后升入本科；还设有三年制政治经济别科、法律别科，四年制中学与七年制小

1920年代中华大学校长陈时

学。小学设在蒲圻庙（后为"友"字斋），大礼堂在叶公祠（后为饭厅）。教员薪水按两块银元（折合官票）一点钟计算。①

陈时校长见刘凤章如此为中华大学着想，按照程序谈话后、试教一堂文史课，感到十分满意，就这样蔡以忱由一所私立小学教员一下子"跳级"大学教员。于1920年秋，正式就任中华大学文史教员。②

右起蔡元培、杜威、鲁迅

蔡以忱早就知道，陈时是从故乡走来的辛亥革命教育家。他留日结识孙中山，加入同盟会，回国后参加了辛亥革命武昌起义，并任都督府财政秘书。民国成立初，他说服父亲陈宣恺以教育兴国为己任，毅然毁家办学。1912年5月13日，继国立北京大学、省立山西大学、北洋大学之后，中国第一所私立大学在武昌首义之区正式挂牌了。8月首次开学招生700余人，

---

① 原件藏华中师大档案馆"中华大学类"，1951年。
② 蔡以忱编纂《蔡氏宗谱·序言》卷一，民国十年（1920）版。

其男女兼收，开湖北女子高等教育的先河。

由于陈氏父子于官方与教会学校之外，独辟蹊径，秉持"教育独立"的原则办学，一时间名师云集。康有为、梁启超、章太炎、蔡元培、胡适、陈独秀、李四光、泰戈尔、杜威等中外专家、学者都曾到学校讲学。

早在武汉五四学潮期间，蔡以忱就目睹了陈时的开明治校：他的"教育独立"并非"两耳不闻窗外事"，而是坚持"兼容并包"教育理念，让教师与时俱进，乐当学生的引路人，鼓励学生追求进步，努力读好书。在课程设置上，除按教育部的有关规定外，还开设了一些新课程，供学生们选修。蔡以忱担任的《世界各国革命史》课程就是新开设的。

蔡以忱在教学相长之余，还应恩师刘凤章（字文卿）之邀，襄助几位一师师长，如著名国立武昌高等师范学校国文系教授、曾充咸宁师范学校校长、湖北省国学馆学长孟晋祺，数学家蔡存芳等人，一道主编教育刊物《江汉评论》周刊，鼓吹王阳明的"心学"教育思想。

民国初年，湖北教育界与全国一样，新旧两派的斗争从未停止过。旧派以前清举人、贡士及两湖师范学堂和存古学堂毕业的学生为主；新派由武昌高等师范学校、北京高等师范学校和北京大学的门生担纲。两派同行今天你出招，明天他应战，互相攻讦，甚至对簿公堂，充满了火药味。

"金石长不朽；丹青本无双。"1920年春，蔡以忱前往湖北省教育会办事，被西北角涵三宫街南面小巷内一副校门对联所吸引。他边驻足欣赏边打听，原来此联是辛亥革命元老、蔡以忱的长兄蔡极忱的亲密战友董必武所作楹联，挂在其刚刚创办的私立武汉中学的门楣，横幅是"朴诚勇毅"。

1919年秋，从上海返回到武汉的董必武，从革新湖北教育会入手，首先与张国恩、陈潭秋等开始筹办私立武汉中学，并于1920年春正式开学。董必武认为，学校应将学生培养成同黑暗斗争的战士，像金石般顽强，像丹青一样本色不变。"朴诚、勇毅"的校训，即是他对学校的任务，对培养对象应达到的要求的明确表述。

武汉私立中学初创时，虽有怀抱革命思想的人参加，但有些人只是对时局不满，并不是为革命而办学校，学生的思想动态也很复杂。为了改变这种状况，董必武在参加中共一大后，就以武汉中学为据点进行宣传和组织工作，使其成为湖北马克思主义的活动中心与传播革命种子的摇篮。

当革新派找到长期接受理学、心学教育的蔡以忱，希望他向旧的教育流派笔战。蔡以忱知道，自己的恩师刘凤章就是这一教育流派代表人物之一。

不论是从中国人的传统伦理上,还是从教学教法上,刘师的身体力行,有目共睹。要蔡以忱"里应外合"向恩师开战,他显然难以接受。更何况《江汉评论》又是恩师主持的刊物,也不允许他发表不同意见。不过,他对革新教育并无成见,所以双方并未关闭交流大门。

陈时、林立签发的武昌中华大学预科毕业证书(1923年)

与此同时,恽代英、黄负生、刘子通等力主革新人士于1921年1月2日,以"改进湖北教育与社会、妇女解放、批评时政"为宗旨,创办了《武汉星期评论》周刊,为教育革新摇旗呐喊。周刊总代售处武昌利群书局,通信处先后为汉口长清里92号、武昌黄土坡27号楼、武昌武胜门正街116

号等。代派处武昌时中书社、长沙文化书社。

主持《武汉星期评论》笔政者大都是同道，蔡以忱曾与他们一起参加过武汉学潮，而且恽代英与蔡以忱同是刘凤章的得意门生，黄负生、刘子通同在中华大学任教。所以，尽管他们对教育的看法不尽相同，但大家还是好朋友、好同事，经常在一起探讨教育之道。

结识陈澄

有道是，你有一种思想，我有一种思想，彼此相互交流，双方便同时具备两种思想了。经过一段时间的交流，蔡以忱对教育革新有了更进一步的了解。

此间，董必武与陈潭秋在武汉筹建共产主义小组，并由两人分头联络大、中、小学进步人士，通过举办读书会、编辑进步书刊，传播马克思主义。有一天，负责联络中华大学的陈潭秋，专门同《江汉评论》主编蔡以忱进行了一次长谈，强调当前湖北教育改革势在必行，希望蔡以忱这位昔日武汉五四运动的中坚，也能站到革新教育这一边。[①]

蔡以忱对陈潭秋说，"老兄，我有点不明白：刘凤章先生的人品几乎无可挑剔，他的教育思想有许多闪光点，我们为何有人还要向他'开战'呢？"诸如他提出的"不走学而优则仕的老路，首先必从生活俭约上立根基。生活一任意，便易流于放侈；生活放侈，行为就会随之邪僻。我们只要相信是对的便去做，不怕人骂为作伪"等教育理念，这与共产主义也是相通的。他提倡与践行军训教育，星期天的"名家讲坛"等，均开湖北中等学校军事教育与选修课之先河……

蔡以忱继续说，刘先生弘扬以"明伦""德教"为核心的教育思想，其精神实质与新派人士的主张，并无根本区别。其理论贡献不仅体现在哲学思想上乎前人，而且表现在教育思想上也颇有创见。诸如在教学内容上，他主张给学生以歌诗、习礼、读书三方面的教育，陶冶其思想和性情。

首先是"诱之诗歌"。刘凤章主张以唱歌吟诗的方式来教学，这样不仅

[①] 包惠僧：《回忆陈潭秋》，华中工学院出版社1981年版，第24页。

能激发他们的志向，而且还能消除他们的顽皮，使其多余的精力有发泄的机会，也能解除儿童内心的愁闷，使他们开朗活泼起来，并能适度地表达其情感。

其次是"导之习礼"。刘凤章主张以学习礼仪来教育弟子，使之养成一定的礼仪习惯，而且还能通过礼仪动作，"动荡血脉"，锻炼身体，健壮体魄。

再次是"讽之读书"。刘凤章主张通过读书，开发学生的智力，增长其知识，同时还能"存心宣志"，形成学生良好的道德观念和理想。难道这些有错吗？即使有问题，也是前进与发展中的问题。

陈潭秋耐心地说，"我想以忱兄是误会了。我们说教育革新主要是针对旧的体制，以及维护这一腐朽体制卫道士，并非针对刘先生个人。我也是师范毕业的，董必武也是刘先生早年的弟子，我们素来敬佩刘先生的为人，他的教育思想也有可借鉴的地方，并不赞成个别人持全盘否定的观点"。

经过与陈潭秋倾心交谈，使蔡以忱清醒地认识到，随着时代的发展，刘凤章的教育思想也需要与时俱进，诸如教育内容、教学形式、教学方法等需要改进与完善。

陈潭秋见蔡以忱的误解消除，就以见证人的身份，趁热打铁，介绍了早年同是辛亥志士的董必武与谢石钦，后来因理念不同二人渐行渐远，甚至酿成一场轰动武汉三镇的一场官司——

原为辛亥首义的革命党人谢石钦，后来出任湖北省教育会会长，成为推行封建腐朽、反动守旧教育的代表。当他看到董必武、张国恩等创办武汉中学，旗帜鲜明地反对旧教育、倡行新教育，他竟然勾结武昌警察第四署，派出十几个警察，气势汹汹地到武汉中学，说武汉中学强占了省教育会的房子，不好好教学，专门宣传扰乱社会秩序的言论，扬言要封学校的大门。董必武和校董事长当场出示教育厅的立案批文，义正词严地予以驳斥。警察见势不妙，只好灰溜溜地离去。

事后，董必武感觉到，要想革新湖北的教育，必须向社会各界揭露谢石钦这个维护腐朽教育制度卫道士的真面目。于是，他和武汉中学一批教职员串联一些学校的教职员召开会议，决定对湖北省教育会进行改组。1920年10月24日，由董必武等80余人发起，在武昌召开了由132人参加的教育工作者大会，并邀请湖北省教育会派员出席。

谢石钦等慑于教育界同人向教育会的公开叫板，担心届时自讨没趣。故他们不仅拒绝与会,还暗地里派人先将会场的大门锁了,妄图阻挠会议召开。董必武带头把大门打开,按时开会。会上,大家揭露了旧教育会的种种弊端和谢石钦利用会长特权,吞蚀公款的非法行为,并作出如下决定:

第一,不承认谢石钦的省教育会,其所发的一切文告、传单等均无效,要教育会交出印信截角作废,并组织专人清查谢石钦的账目;第二,以旧日的府制为单位,每府推代表一人负责筹备改组事宜,由董必武等五人筹备此项改选工作;第三,向全国教育界说明谢石钦的湖北省教育会破坏教育的情况,应取消其名义;第四,呈报省政当局,声明开会的结果。①

1921年7月,少年中国学会南京会议合影,前排左二为恽代英

这次会议给守旧的御用道学统治的教育界,第一次吹进了自由、新鲜的空气。会后,通电全国,声讨谢石钦假借名义以权谋私之罪。

---

① 胡传章、哈经雄:《董必武传记》,湖北人民出版社1988年版,第42页。

谢石钦得知后，顿时恼羞成怒，即令其弟谢仲奇来到武昌地检厅，控告董必武、张国恩、黄翼生、刘树仁等"诬蔑名誉、妨害秩序"。

地检厅于1920年11月19日开庭预审。地检厅长首先发问："被告，谢仲奇对尔等指控是否属实？"

董必武一骨碌站起来，慷慨陈词："谢石钦无恶不作，谅贵厅长亦有所闻。吾鄂教育界有此污点，必武等亦不忍说了。谢之冒充会长，有全省学界之通电及官厅种种之不承认谢氏为会长之证据（当由律师张国恩呈验）。谢恨学界同人追究太力，遂迁怒于必武等，并扬言将向官厅起诉，有谢氏之通告书可证。至于谢仲奇为何许人，本人实不得而知。"①

谢仲奇哪是辛亥元老董必武的对手，顿时脸上涨腺得通红，在那时结结巴巴地辩解道："我系教育会文牍……"

地检厅长见谢氏理屈词穷，遂打断谢的发言，说："原告勿须多讲，此案原委本厅已调查清晰。董必武等依法办学，焉有妨害秩序之事？你可将原案自行撤销，否则本厅将查究冒充和诬告等罪。"同时，也劝告董必武等不必与之计较。谢仲奇只落得面如土色，连声道"是"而退。②新旧教育在第一场较量中，新派初战告捷。

陈潭秋的现身说法，让蔡以忱心灵感到震撼，认为教育改革势在必行，湖北教育会的做法，于法于理都是难以容忍的。

转移阵地

再说《武汉星期评论》创刊以后，以湖北教育改革为突破口，名震一时。接下来成为武汉地区共产党早期组织的机关刊物，编辑部在武昌黄土坡27号。先后由黄负生、刘子通、李书渠任编辑。该刊旗帜鲜明地宣传革命思想，抨击旧制度，改革教育、鼓吹改造社会，指导知识青年投身于革命斗争。它还经常刊登有关工运、妇运的文章和报道。

及至1921年10月，五十多个公立和私立的大中小学校组成了湖北教职

---

① 胡传章、哈经雄：《董必武传记》，湖北人民出版社1988年版，第42页。
② 《国民新报》1920年11月21日。

员联合会，代行原教育会的职权。这年底又把代表旧势力的湖北省教育厅长赶下了台，从组织上给旧教育会以沉重打击。让蔡以忱看到了新教育的希望。

蔡以忱经过一段时间系统研究，加上董必武、陈潭秋等人的交心谈心，尤其是《武汉星期评论》上的文章，诸如从辛亥首义走出的教育家李西屏著《湖北中小学急宜研究之问题》，刘子通著《改良湖北教育意书》等，以及自己在教育实践中的观察与反复比较，蔡以忱开始弃旧图新，并辞去《江汉评论》之职，转而参与编辑《武汉星期评论》，从事宣传马列主义与教育新思潮。

随着思想的洗礼，蔡以忱以自己的切身体会，分别用"一尘""冰忱"的笔名在进步报刊上指点江山。1922年11月25日他在《武汉星期评论》上，以"冰忱"为笔名发表的《最近的教育思潮》，着重介绍了欧洲的个人教育说与社会教育说。中共一大代表包惠僧在《包惠僧回忆录》与《回忆陈潭秋》等书中这样写道：

> 《江汉评论》的中心人物是刘子清（作者注：应为"刘文卿"，即刘凤章）、孟晋奇（作者注：应为"孟晋祺"）、蔡存芳等，与《武汉星期评论》完全对立，对刘子通的攻击谩骂无所不至。陈潭秋烈士对《江汉评论》的反动观点，虽给予无情的抨击，但对该刊的主编人蔡以忱及其他可与为善的人士则采取团结与说理的态度，终将蔡以忱吸收到《星期评论》这一方面来，并于不久吸收入党。《江汉评论》因此由分化而瓦解。大革命运动中，蔡以忱在湖北教育界成为最活跃、最有作用的人物。①

1922年春，鉴于生源的增多，武汉中学在武昌彭刘杨公祠设立了二部。二部建成后，在董必武的主持下，使二部保持了四个年级、八个班的规模。他以此为阵地，利用任教的便利，在学生中培养积极分子，经认真审查和选择，发展党团员，并在学生中陆续组建党和团的支部，组织党团员学习马克思主义，关心国事，要求党团员组织与武汉各学校、各工厂建立联系。

在私立武汉中学的影响下，蔡以忱所在的中华大学，以及武昌高师、女

---

① 《黄陂县志·人物·蔡以忱》，武汉出版社1992年版，第512页。

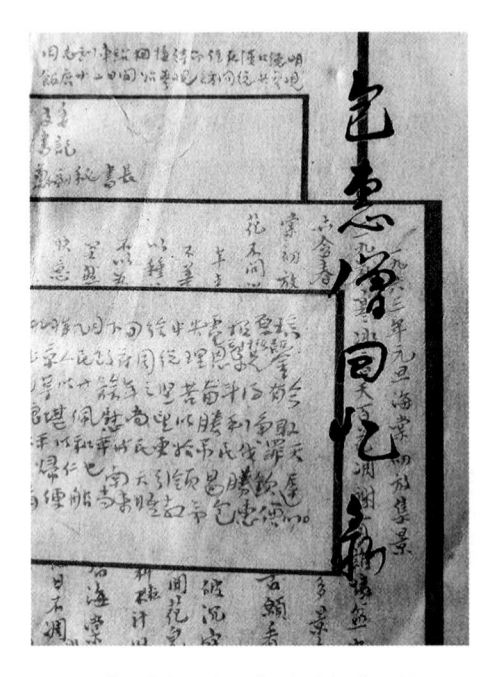

《包惠僧回忆录》中追忆蔡以忱"转移阵地"

师等武汉许多学校也先后成立了党团组织。

此时的蔡以忱,虽然没有参加中共党团组织,但他却积极配合董必武在彭杨公祠创办了平民夜校,宣传马列主义。平民夜校不仅吸引了附近纱厂的工人踊跃参加,在这里学习文化知识和接受革命道理,而且远在2.5公里之外的震寰纱厂、裕华纱厂的工人也纷纷赶来上课,使其成为向工人宣传马克思主义、组织工人学习新文化的重要阵地。

以董必武为首的中共湖北地下党团组织,在这块纺织工人基地上,建立起来湖北工人运动的据点,这也是董必武直接从事工人运动的大规模宣传组织工作的开端。

为推动教育平民化的工作,董必武还组织学生到附近的纱厂开办工人识字班,由同学担任教师,吸收大批工人和他们的子弟上学,教他们文化,同时进行一些马克思主义的启蒙教育。蔡以忱则带领中华大学学生张云承、高理文等积极参与其间,直到走上革命道路。

蔡以忱还会同董必武通过各种关系接近工人,了解他们的思想和生活状况,多次倡导并亲自组织学生利用假期回家乡的机会,进行农村调查,开展移风易俗,改革教育,革新政治的宣传。

1923年5月,蔡以忱在董必武的介绍下,正式加入中国共产党,并与包惠僧、吴德峰等穿街走巷,四处宣传、发动群众,在武汉举行了声势浩大的示威游行。

这年6月,受中共武汉区委特派,蔡以忱回到黄陂三合店,帮助唐继盛成立的中共外围组织"乡村改进社"中发展党团员。[①] 两年后,中共黄陂三

---

① 包惠僧:《回忆陈潭秋烈士》,华中工学院出版社1981年版,第25页。

合店支部成立，1925年9月正式改建为中共黄陂县委员会。党组织建立后，领导了当地的青年运动、妇女运动与初期的农民运动。

蔡以忱教书育人期间，在注意引导弟子在继承传授文化的同时，也与时俱进追求思想进步。他觉得品学兼优的小学弟子高理文是可造之才，小学毕业后又鼓励他考入中华大学附中，正是在蔡以忱的精心培养下走上了革命道路。高氏在回忆录中写道：

> 一九二五年十月间，我个人也从公开的青年运动转到少共及中共武汉地方委员会的内部工作去了。
>
> 我加入少共之后约三个月，经我原来的小学数学老师蔡以忱先生介绍加入中共，成为正式党员。我那时的年龄还不足十九岁，我的工作是传递消息，送达党内的重要文件，以及接待外来的同志，我经常往返于武昌、汉口之间，地方委员会设在武昌都抚堤，陈潭秋、徐全直夫妇和蔡以忱就住在里面。①

1925年10月，又是蔡以忱推荐，高理文一行武汉地区的十名进步青年前往莫斯科中山大学受训，回国后成为大革命的中流砥柱。

作序宗谱

家之有谱，犹国之有史也。蔡以忱在政治上思想转变的同时，还将共产主义唯物史观与中华民族传统文化的传承相结合。1921年夏天，黄陂族人续修《蔡氏宗谱》时，时任中华大学教授的蔡以忱，不仅亲自担任责任编辑，还与知名教育家蔡元培一道欣然为宗谱作序。

《礼记·礼运》云："大道之行也，天下为公……"《论语·颜渊》曰："君子敬而无失，与人恭而有礼，四海之内，皆兄弟也。"蔡以忱在《蔡氏宗谱》序言中，高瞻远瞩，既宣扬"大同之世，不独亲其亲、长其长，四海

---

① 高理文：《高理文回忆录》，台湾《传记文学》总第410—413号，1996年版；高理文、罗南英：《鄂州文史资料（第五辑）——高理文、罗南英伉俪回忆录专辑》，1992年版。

之内皆兄弟"的中华大家庭优秀文化传统理念，又强调"吾族以清廉世家，尤当饮水思源，耕行相让，是谱之修，可以献之皇祖，贻之子孙"的家族传统。落款盖有"蔡滨"与"以忱"的篆书印章。序言全文如下：

> 大同之世，不独亲其亲，长其长，四海之内皆兄弟也。微如一族，似无庸家乘之纷纷纪载为然。人以类聚，物以群分。岂无他人不如我同父？岂无他人不如我同姓？是以宗伯小史，垂为典制，欧苏谱牒，播为家声。考遗传之迹，觇进化之源泉，察盛衰之数，仪型文王，昭兹来许也。
>
> 吾族自周室受氏以来二千余年矣，其间或以实业著，或以博物名，或以才能见称，清白见赏，江南夫子，东郭居士，孝子忠臣，名儒理学，代有传人。然假荫求官，早见摈于怀远，一时遭际，不自附于梁公，固不得不断自可信者始耳。明洪武间，绍一公自江右卜居楚陂。王氏两宗、裴家三眷，于是乎分而数百年间。足以绳祖武、光邦家者，罄竹难书。
>
> 盖先君之绩善久矣，为之后者，何忍数典忘之耶？爰集族人重辑家乘，音容仿佛，庶几能见于羹、见于墙，瓜瓞绵延。不至谓他人父、他人母，而遥遥华胄，悠悠世祚自免，为轻薄者笑，修史者痛矣！嗟乎！诸姜之性弘，诸姚之性仁，张王之性宽，李赵之性

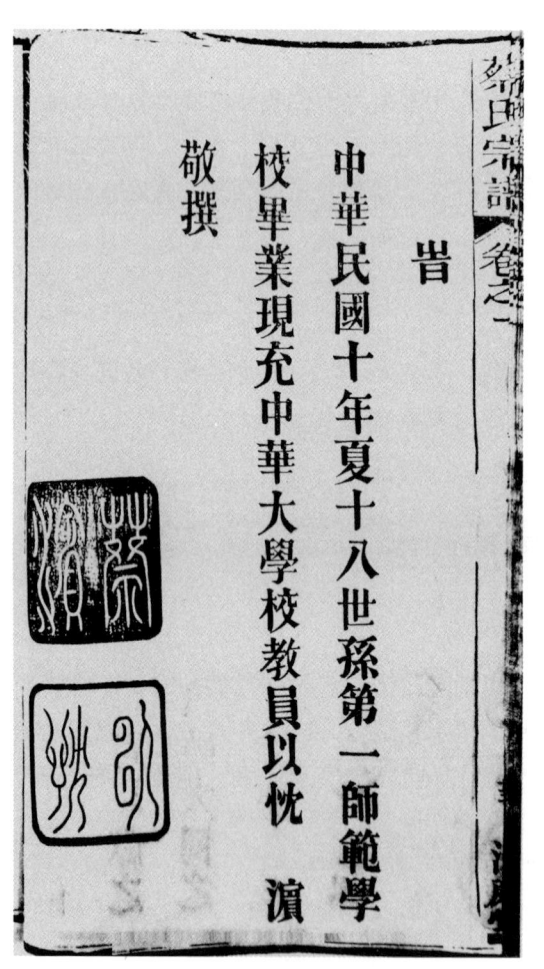

蔡以忱序《蔡氏宗谱》款识与印章 1921 年（蔡柏青藏）

（图中篆书款识：中華民國十年夏十八世孫第一師範學校畢業現充中華大學校教員以忱 濱 敬撰）

忠，薪尽火传，大抵如是。

吾族以清廉世家，孝子贤孙，能不本先君之灵，引之勿替耶？况江汉之间，早被文王后妃之化，吾族处此，尤当饮水思源，耕行相让则是。谱之修，可以献之皇祖，贻之子孙，通幽明，合人鬼。虽大同之世，何以逾此。

滨生也晚，未尝学问其于先君，无能为役。惟乐观厥成，勉为之序，以备国史采择。

中华民国十年夏 第十八世孙 第一师范毕业 现充中华大学教员 滨敬撰

以忱 蔡滨（二印）[①]

序言中的"亲其亲，长其长"，典出《孟子·离娄章句上》，孟子云："道在迩而求诸远，事在易而求诸难；人人亲其亲，长其长，而天下平。"其义不言而喻，即是说，只要人人各自亲爱自己的双亲，各自尊敬长辈，天下才能太平。

当然，此时已经接受了马克思《共产党宣言》启蒙后的蔡以忱，在宗谱中开宗明义地宣扬"世界大同"与"四海之内皆兄弟"等中华经典名言，也许就是让古代经典赋予马克思主义的全新含义，又旨在说明中国古代经典与马克思主义在本质上是相通的。

演讲风波

"近代思想自由之公例，既被公认，能完全实现之者，惟有大学。……此大学之所以为大也。"[②] 在中华大学任教期间，蔡以忱见证了辛亥革命教育家陈时设立"中华名家大讲堂"，邀请不同党派、团体与学术门派专家学者来校任教、讲学或演讲。尤其是1922年中华大学建成讲演厅（大礼堂）后，武汉地区凡有公开讲演者大都借用此会场。同时，学校寒暑假还设立假期讲

[①] 蔡以忱编纂：《蔡氏宗谱·序言》卷一，民国十年（1921）版。
[②] 蔡元培：《蔡元培全集》（第五卷），中华书局1988年版，第507—508页。

习会，名家巨匠纷纷登台讲演。形成了教师自由发挥、学生自由选择与师生自动参与学术研究的自由精神，也为知识分子无止境地追求真理与传播文化创设了良好的环境。

在中国共产党的创始人中，陈独秀、李大钊、李汉俊、董必武、陈潭秋等，都曾做客"中华名家大讲堂"或兼课。其中，1923 年 2 月 1—4 日，李大钊应中华大学"寒假讲习会"与武昌高等师范学校的邀请，来汉发表了《进步的历史观》与《进步的历史观》等演说，[1] 引起强烈共鸣。1 日、2 日，李大钊在中华大学与武昌高师演讲《进步的历史观》，宣传马克思主义唯物史观。4 日，在湖北女权同盟会演讲妇女运动问题。3 日，蔡以忱受陈时校长之命，还陪同陈时与李大钊乘船游江，备受教益。陈时曾在回忆录中写道："李大钊先生，于讲学之暇和我们同船游戏江中，他说：'武汉形势，是革命最重要的地方，交通方便，工业发达最容易。'"[2]

《武昌中华大学教职员通启——为十三日演讲流血事件》（《申报》1926 年 6 月 22 日）

蔡以忱作为中华教授，又是大革命期间湖北省国共两党的负责人之一，尽量力促思想进步的教授来校演说，对学生进行马克思主义启蒙。此间，马克思主义启蒙家李汉俊不是在此兼任教授，就是来"中华名家大讲堂"作专

---

[1] 朱文通：《李大钊与近代中国社团》《李大钊社团活动编年》，河北师范大学 2013 年版。
[2] 陈时：《忠诚老实的陈述》（1951 年 4 月 14 日）华中师范大学馆藏"中华大学类"，案卷号 471。

题演讲。他在1925年5月的一次演讲中指出，"社会科学的研究，阐明了人与人之间的相互关系，以完成完善的组织，适当的动作、使人类社会、日新月异，使社会机能适应社会组织……"《中华周刊》同步介绍了其讲演的主要内容。

可是，中华大学校友、国家主义学者陈启天的一次来校演说，竟引起轩然大波。

1926年6月9日晚，国家教育协会武昌分会致函中华大学，希望6月13日上午能借用该校讲演厅，由陈启天一行四人作公开演讲，得到学校同意。[①]陈启天（1893—1984），字国权，蔡以忱在道明学校的校友。1912年考入武昌中华大学学习政治经济别科，1915年毕业后曾任中华大学校友会会长，留校任教于中学部时，且与恽代英、余家菊同事。后参与发起创办中国青年党，时任青年党中央执行委员兼训练部主任。此次陈启天一行四人多为校友，按照以往惯例，事先由中华大学布告，欢迎武汉地区各大学、中等学校学生来校参加。[②]

又因为陈启天是较为激进的国家主义派人物，早在中国少年学会初期，他就曾与共产主义者有过激烈争吵，又曾在《中国青年》和《醒狮周报》同共产主义者笔战，此次来到中华大学演讲，自然引起武汉共产主义者与国民党左派的不满。不知内情的武昌公立、私立大学与省中等学校的学生会有关人员认为，中华大学不应为国家主义学派的鼓吹者陈启天提供舞台。所以，事先就有人放出了要"砸场子"的风声。为防患于未然，陈时校长特别安排组织了一批校工维持演讲会场秩序。

6月13日上午，陈启天一行如期来到母校。中华大学、武昌大学、省立第一师范等校的学生七八百人，齐聚于中华大学礼堂。开讲前，陈时主持演讲时特地声明：本校学术演讲不分主义、无党无偏，陈启天系中华大学校友，此次到母校讲演只是借用中华大学演讲厅作学术演讲，请大家共同维护秩序，安静听讲……

陈时退席后，由中华大学中学部主任（校长）严士佳教授负责维持秩序。陈启天正式开讲时，首先简述了演讲的主题"中国教育政策"，包括收回教育权与统一教育权两个方面的内容。岂料，他开讲仅五分钟，包括武昌

---

① 《武昌中华大学教职员通启》，《申报》1926年6月22日。
② 《武昌中华大学教职员通启》，《申报》1926年6月22日。

大学党团书记宗某在内的共产主义派与场内国家主义派的两派学生，因在演讲厅散发各自的传单而发生冲突，校外混进的暴徒趁机手持凶器大打出手，打砸学校桌椅、门窗等校产。严士佳出面制止，也被打得头破血流，多名校工与学生当场受伤。在校工护送下，陈启天下楼退避校长室方逃过一劫。武汉警察四署与保安队警备司令部闻讯赶来，当场逮捕了数十人。

事件发生后，舆论哗然。上海《申报》以"鄂中华大学之一场'武剧'"为题进行了报道，指出：有国家教育协进会假中华大学开学术演讲大会，到会旁听，人数甚众。首由中大校长陈时向众报告。旋由陈启天登台演讲，"讲题为此次考查教育经过，发言约十余分钟。忽有某某等校学生多人，在场散发传单，反对陈启天腐败演讲"。中华大学教授严士佳向散发传单者劝阻未果，一时秩序大乱，呼打之声，盈盈于耳……记者闻其原因，是因为陈启天对于国家主义颇有研究，故在讲演时，对于共产主义有所抨击。引起社会主义者不满，一时群情愤愤，亟集数百人赶至该校，就到演讲厅散发传单，反封陈氏演讲，双方对峙大打出手，酿成"演讲风波"。①

综合当事人与相关学校的启示与电文，《鄂中华大学之一场"武剧"》一文至少有两处不实：一是演讲时间为"六月十三日"，非报道中的"六月十一日"；二是演讲的标题为"中国教育政策"，并非文中的"此次考查教育经过"。也许是《申报》为了彰显公正立场，在简要报道新闻后，还附有武昌大学学生会所发刊之"震陆通信社"与相关学校学生会电文。

由于此时的蔡以忱正在全力配合北伐军会师武昌，他没有参加此次演讲。事后得知流血事件后，他会同地下党积极从中斡旋，首先对各校共青团组织与学生会下达指令，要求他们息事宁人，不要让事态扩大。所以，就有武大学生会震陆通信社的通电。通电大意是：

> 6月13日，国家主义教育协会陈启天一行到中华大学公开演讲，该校校长陈时主席报告，谓本校对于任何主义之宣传，皆属欢迎，会场秩序，要特别注意。陈时说毕，由陈启天演讲，题为新教育政策，听众甚为安静。旋有国家主义青年团武汉部，在会场前面散发欢迎传单；未几有某中学学生，亦在后面散发反对国家主义传单。于是人声鼎沸，秩序大乱。一霎时会场中发现流氓百余人，手持小刀短棍，向听讲学生乱打

---

① 《鄂中华大学之一场"武剧"》，《申报》1926年6月19日。

乱刺，由楼上追至楼下，到处殴杀，并将该校用具，毁坏多件，以图移祸于学生。风潮平息后，有武大学生宗某、王某、周某及高中、一师学生某某等，受伤最重。旋即有武装警察百余人来校，有的受伤学生遂被认为暴徒捕去……闻陈时校长愿和平解决。①

如果说武昌大学学生会之"震陆通信社"的电文比较客观外，而以省立法政大学、省立一师等校学生会与"武昌大学救济被捕同学委员会"名义发布的通电，则与事实大有出入。诸如通电称陈启天作"腐败演讲"，将演讲时间"十三日上午"误为"六月十日"。也许他们是为了让被捕学生尽快出狱、为受伤学生"维权"、给中华大学施加压力之故，通电竟然将受害人严士佳说成是"凶手"，有的甚至指责陈时系"幕后操纵者"。

好事不出门，坏事传千里。"被捕同学委员会"的电文一出笼，让不明真相者纷纷指责中华大学。中华大学为了以正视听，陈时与严士佳等组织见证人联名起草通电《武昌中华大学教职员通启——为十三日演讲流血事件》②，于6月16日以"中华大学教职员"名义，向媒体与相关单位广而告之，说明事实真相。上海《申报》于6月22日全文刊载

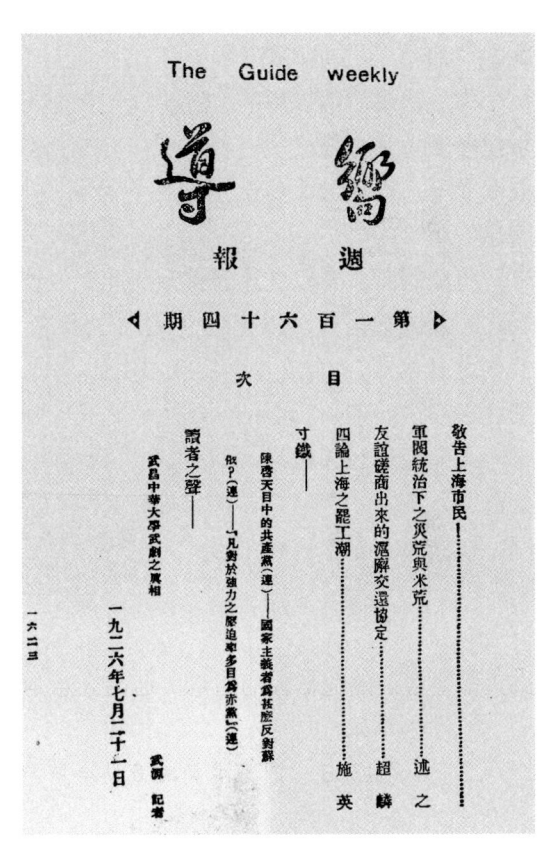

《武昌中华大学武剧之真相》，《向导》周报，第164期1926年7月21日

---

① 《鄂中华大学之一场"武剧"》，《申报》1926年6月19日。
② 《武昌中华大学教职员通启》，《申报》1926年6月22日。

了《通启》。

  作为演讲当事人，陈启天看到6月19日《申报》的公开报道后，特地就当天亲历"演讲风波"的始末修书一封——《陈启天为武昌中大被毁案之声明》投书报社，指出当日讲题为"中国教育政策"，并非"此次考察教育之经过"，内容分，包括收回教育权与统一教育权两大项，以消灭无耻亡国之教育，实施知耻救国之教育。并非"腐败"演讲，何足骂倒？希望《申报》在"来函"即"读者来信"栏目，予以刊发，也算是对此前报道中失实的地方予以更正。上海《申报》遂于6月22日将此"声明"[①]与中华大学"启事"同期刊出。

  为尽快肃清消极影响，经蔡以忱积极与各学校沟通，促成陈时与武昌大学校务维持会主任（代行校长职权）李汉俊一行，前往警备司令部交涉，让此次受牵连遭捕的5名学生交保获释。一场沸沸扬扬的"演讲风波"方告平息。

  与此同时，蔡以忱还安排亲历此次风波的中华大学弟子与武昌大学学生会之"震陆通信社"以记者"武源"名义，据实拟了一文《武昌中华大学武剧之真相》，刊发在中共中央机关报《向导》周刊的"读者之声"上，介绍此次演讲始末；《向导》同时配发了《陈启天心目中的共产党——国家主义者为什么反对苏俄》，意在说明陈氏演讲遭到学生反对的原因所在。[②]

[①]《陈启天为武昌中大被毁案之声明》，《申报》1926年6月22日。
[②]《向导》周报，第164期1926年7月21日。

第六章　良师益友

经历了私塾、学堂与师范教育，又任教于小学与大学，让蔡以忱认清了新旧式教育的利弊。尤其是直系军阀"鲁人治鄂"的黑暗现实，让他明白，只有走出"象牙塔"，投身改造社会运动，才能唤醒人们内心，拯救人民于水火之中。于是，他兼职多所学校指导"读书会"，充当青年学生的良师益友。

指导"读书"

随着新文化运动的洗礼，五四运动的推波助澜，一批有识之士致力于促进中国传统教育的改革。1921年12月23日，由新教育共进社、新教育杂志社、实际教育调查社三者合并组成中华教育改进社，推举孟禄（美国学者）、梁启超、严修、张仲仁、李石曾五人为名誉董事，蔡元培、范源濂、郭秉文、黄炎培、汪精卫、熊希龄、张伯苓、李湘辰、袁希涛九人为董事，陶行知为总干事。教育改进社以"调查教育实况，研究教育学术，力谋教育改进"为宗旨，推进教育调查、教育测量、科学教育，是当时中国最大的教育社团，有力地促进了中国教育科学化、民主化、世界化的进程。

以董必武、陈潭秋、刘子通为代表的湖北教育界人士，利用"武汉妇女读书会"的形式，指导湖北省立女子师范学校学潮（简称"女师学潮"）。湖北省立女子师范学校位于武昌长湖堤畔，原是1905年，前清举人李文藻创办的私立女子师范学堂，翌年，湖广总督张之洞将其收归官办，继而改称湖北省立女子师范学校。1911年，因学校位于辛亥革命首义之区中心，学校停办一年。重启后于1918年夏，位于武昌黄土坡（即今首义路）的湖北省立女子师范学校（以下简称为"女师"，今武汉市第三十九中学）又招了一个班的女学生。其中，湖北黄陂的两名女生陈慕兰（1902—1927）、陈媲兰（后更名碧兰，1902—1987）堂姊妹，就是从女师学潮走出的中国共产党早期著名妇女革命家。

"女师"校园内的两幢红砖楼房，是典型的清末西式建筑风格——红漆木制门窗，水磨石走廊以及水泥扶梯。两楼南北相对，北楼为老师们办公住宿之用（现为行政楼），南楼是当年的教学楼（现为艺术楼），是学生们生活学习的地方。中间的空地上古树参天，绿荫掩映。

如今，当你走进"红楼"内，静静感受岁月所积淀下来的气息，似乎还能联想到当年董必武、陈潭秋、刘子通、李汉俊、蔡以忱等共产党人，在这里任教时气宇轩昂的身影，听到女师的进步学生们琅琅的读书声、慷慨激昂地同学校当局进行坚决的斗争。

"女师"虽为公费新式学校，因属于代表旧教育体制的经心书院系的势

王式玉签发的湖北省立女子师范学校毕业证书（1920 年）

力范围，是湖北封建思想统治的一个堡垒，对学生仍以灌输"三从四德"为宗旨的教育，培养贤妻良母。校长王式玉虽然留学过日本，但仍是一个守旧的卫道士，他的治校理念，不仅在课堂上向学生灌输束缚女子手脚的封建伦理，而且对学生的思想、言行都要严加监督。如女生入校后便被告知：不得剪发和做其他打扮，不许读新书报，不许随便会客、通信、不得随意出校门。学生没有人身自由。

五四运动爆发后，打破了"女师"修道院式的学习生活。1921 年初，为"顺应潮流"，校方不得不先后聘请了陈潭秋、董必武、刘子通、黄负生等思想进步的兼职教师。这些新聘教师，向学生宣传俄国十月革命的胜利，介绍马克思主义学说，反对贫富不均，宣传妇女解放、男女平等，进行启蒙教育，还以"束胸之害""剪发""放足"为题，让学生作文，引导学生反封建礼教的束缚。李汉俊、蔡以忱也曾作为知名学者被邀请到该校讲座或兼课，做了关于"妇女问题"与反帝反封建演讲。

有一次，董必武向女师学生讲莫泊桑的小说，以一个被黑暗社会逼疯的女子的故事，启发学生明白：如不革命，就不可能有出路。

1921 年冬，在刘子通、陈潭秋等人的组织下，以戊班的陈媲兰、徐全直、夏之栩,以及李文宜、袁溥之、袁震之、陈慕兰等,一批思想活跃的女师学生为基础,湖北省第一个在中国共产党领导下的妇女革命团体——武汉妇女读书会,在女师附近的黄土坡27号正式成立。

这里是时任中共武汉区委宣传委员黄负生,租来住家的一座中式二层楼房,也是中共武汉区委最早的机关所在地。同时还兼作区委机关报《武汉星期评论》的编辑部,刘子通、陈潭秋等许多共产党员和进步人士蔡以忱都经常聚集于此。毛泽东也曾在这里短暂居住过。

妇女读书会的成员最初只有二三十人,每周不定期地到黄土坡去一两次。当时的蔡以忱尽管不是中共党员,但他在理论上已经接受了马克思主义。他经常会同李汉俊、刘子通、陈潭秋、董必武等一道,为读书会成员讲解"十月革命"的伟大意义,讲解中国的新文化运动,组织她们阅读和讨论《共产党宣言》《国家与革命》《新青年》等书刊,并向她们推荐《娜拉》等反映妇女问题的文学作品。

陈娉兰(左)与瞿秋白夫人杨之华

这一时期,读书会的成员们如饥似渴地吸收着关于无产阶级革命的新思想、新文化,心中的奋斗目标也越来越明确,继而成为湖北地区最早觉悟的一批女性。渐渐地,她们弄清了许多原来困惑不解的人生问题,明白了要掌握自己的命运，就必须起来反抗。妇女读书会好像一盏明灯，照亮了她们后来的人生道路。

陈媲兰是刘子通的得意门生。她入学时成绩平平，一年后学业与思想齐头并进。她在《我的回忆——一个中国革命者的回顾》中写道，在刘子通老师的教育下，在一个短暂的时期中，"我们的思想起了急剧的变化。而我个人在此时期中，完全朝新思想、新文化这一方面偏向发展，一有闲暇，手里总是抱着新思想的书籍和杂志贪婪地阅读；甚至在上其他不感兴趣的课时，也是偷看它们。这样一来，我的思想便如狂潮一般猛进了"。

在妇女读书会，老师们既教学生如何读书，也教她们应当把理论学习与从事革命活动结合起来。1921年底，徐全直等人联名申请加入武汉学联，在湖北女师形成了一支学生运动的先锋队。此后，读书会成员又在陈潭秋和刘子通、黄负生的暗中支持下，带领同学们出校游行，声援了施洋等人领导的武汉人力车夫罢工。

在董必武、刘子通、陈潭秋和蔡以忱等人的指导下，陈媲兰、夏之栩等女师同学后来还创办了妇女读书会的会刊《妇女旬刊》。这是中国共产党领导下的武汉市第一份革命妇女的刊物，它开辟了婚姻专题讨论，主张恋爱婚姻自由，宣传妇女解放与全社会解放紧密相关的思想，教育广大妇女摆脱封建压迫，争取自身解放。该刊一度发行到河南、湖南、南京等地。

在妇女读书会的影响下，反抗封建陈规，追求男女平等和婚姻自主的思潮开始在整个湖北女师蔓延开来。一次晚自习时，陈媲兰、徐全直甚至理直气壮地要求校方撤换思想顽固的女校监。在她们的带动下，许多同学纷纷要求解除由家庭包办的婚约。

相交相知

蔡以忱虽然不是女师的专职老师，但他在兼课期间，尤其是在指导读书会上，以平易近人，丰富的学养与开明的思想，成为"女师"学生的良师益友。蔡以忱的工作重点是联系那些对女师学潮还处于观望或低年级的女师同学，年龄最小的武昌女生丰俊英，正是在蔡以忱的关心与开导下，学习与思想出现了双飞跃。

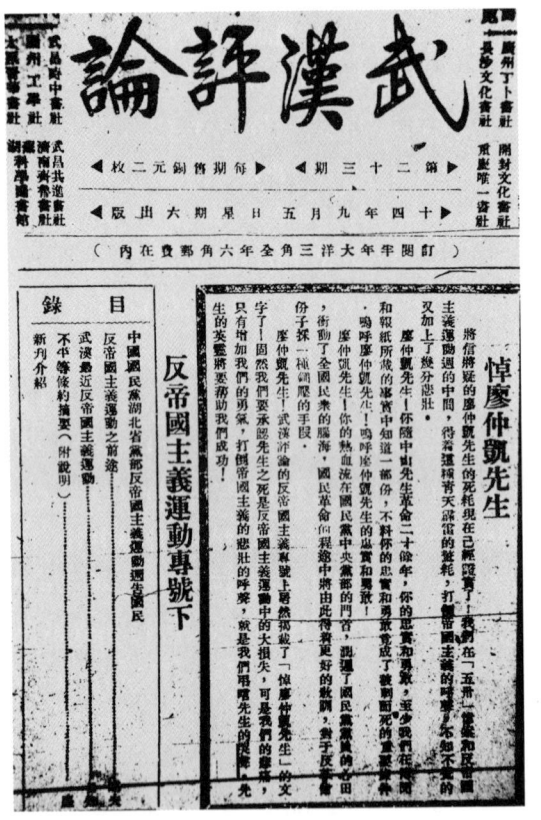

蔡以忱以"一尘"为笔名评论时事
《武汉评论》（1925 年 9 月 5 日）

丰俊英，1904 年 3 月生于湖北武昌军营。其父丰鸿斌，字筱廷，是湖北清军头号人物张彪的副官。张彪是一个贪婪成性的旧军人，因他是湖广总督张之洞从山西带来的亲信，并以丫鬟妻之，人称"丫姑父"。所以，他在湖北是要风得风，要雨得雨。丰筱廷在他手下当副官，自然沾光不小。不仅有田产与房产，还有两房妻室。发妻李氏，虽目不识丁，又未有生育，却善于持家。生于 1885 年 6 月的如夫人王氏，即丰俊英生母，她不仅美丽贤惠，还为丰家传宗接代立下了汗马功劳，生育了二男二女。其中长男丰三早夭，长女丰九九，文盲。丰俊英为次女，次子丰龙凌则于辛亥首义前夕即 1911 年 8 月 26 日生于武昌工程营旧居。

1911 年秋，武昌首义的一声枪响，打碎了湖广总督的国家机器，建立了亚洲第一个共和政体。丰鸿斌顺应历史潮流，弃暗投明，参加辛亥革命。民国成立后，从事航运业。先在安平轮船公司上担任管理员，后在船主赵伯英之普通拖轮上任经理。轮船往返于汉口至武穴之间客运，拖下水木材至江阴一带及拖上水淮盐至汉口之间。

丰俊英自幼聪明伶俐，又是幺女儿，被家人视为掌上明珠。而当时女子求学为一时风尚，故丰鸿斌就让丰俊英于 1912 年进入"女师"附小读书。小俊英也很争气，她的学业成绩总是名列前茅，尤其是国文更是一枝独秀。

1919 年初夏，五四运动席卷江城，时为"一师"进步学生蔡以忱，作为武汉五四运动的学联代表，活跃在武昌大中学校。此时已是 15 岁花季的丰俊英，曾在学校与街头听过其激情演讲。

作为中华大学的进步教员，蔡以忱一边指导武汉妇女读书会，一边襄助编辑中共武汉区委机关报《武汉星期评论》，并常到"女师"兼课或演讲。他因此与1922年春考入该校的进步学生丰俊英相交相知。在蔡以忱的循循善诱下，丰俊英后来居上，参加了"女师"的罢课斗争。

那是1921年底，刘子通在《武汉星期评论》上连续发表《改良湖北教育意见书》，猛烈抨击当时的教育制度，主张教育改革，提倡妇女解放，终于得罪了教育界当权者。当时有一老学究特撰一联攻击刘子通一行进步教师："仇父非孝之言，忍心倡导；均产共妻之说，信口訾谈。"

1922年2月春季开学，刚刚入学的新生丰俊英，看到了校长王式玉以"宣传赤化、贻害学生"为名，解聘教师刘子通的一纸告示。她不知何故，就向到该校演讲的中华大学教授蔡以忱请教。蔡以忱耐心地告诉她，这是校方搞的"文字狱"，路见不平，应该"拔刀相助"。

蔡以忱介绍说，刘子通（1885—1924）先生是湖北黄冈人（今黄州区）。1905年留学日本，攻读心理学专业，适逢孙中山创办中国同盟会，他率先加入。1908年归国，就任四川成都铁道堂任教习，组织领导成都学生运动。时郭沫若在成都读书，深受其思想影响，尊刘为老师。1910年11月初，组织学生请愿，遭四川总督赵尔巽的明令通缉。他化装到武汉，继续从事革命活动。1911年10月，辛亥武昌首义后，受鄂军政府派遣回黄州，组织革命人士内应外合，驱逐黄州知府璋琦、知县潘涌捷，组建起"鄂东军政支部"，出任政务科长兼交际。后因革命成果被袁世凯篡夺，思想郁闷，于1917年弃职，试图"教育救国"。

1918年，复回武汉。先后在湖北省立第一师范、中华大学、武汉中学任教，结识董必武、陈潭秋、恽代英等，思想上逐渐趋向马克思主义。1921年3月，参加武汉马克思学说研究会，开始系统地研读马列著作，探讨救国出路。同年8月，加入中国共产党，与黄负生等创办《武汉星期评论》。同年秋，以教师职业为掩护，与陈潭秋等在湖北女子师范进行党的秘密活动。在师生中发展党、团组织。带头破除女师学生只习文言文的旧传统，以白话文授课。

蔡以忱呷了一口茶继续说，刘先生还在你们同学中发起组织妇女读书会，讲解苏俄十月革命和妇女解放的道理，学习《共产党宣言》《新青年》《向导》等，这是你们人所共知的。他曾以子通、子栋之名在《武汉星期评论》上发表针砭时弊、宣传马克思主义的文章，曾被守旧刊物《江汉评论》对刘横加谩骂，视为异端邪说。与此同时，参加社会调查撰写《汉口苦力状况》调查报告，以"刘云生"笔名发表于当年9月号《新青年》杂志上。尤其他在《武汉星期评论》上公开发表《我们应有最低限度的三种觉悟》《改良湖北教育意见书》等文章，对湖北守旧教育现状进行了猛烈抨击，因而开罪了湖北教育当局而遭到打压。

同时，我与你们学姐陈媲兰的父亲陈德昭先生是同事与同乡，他是一位开明的教育家，从留学日本归来后，适逢其堂弟陈时父亲父子创办中国第一所私立大学——武昌中华大学，德昭先生受聘学监兼教授数学、物理与化学。有一天，他将陈媲兰所写家书给我看，我觉得陈媲兰同学是一位有主见、有正义感的时代青年。如今，她与徐全直、夏之栩等12名同学发起、要求学校改革教育、勉留刘子通的行动，是正义的、勇敢的！你应该团结你们年级的同学声援她们。经蔡以忱的激励与开导，丰俊英由心动到行动，邀约那些还在观望的同学跟随戊班的学姐陈媲兰、夏之栩、徐全直等进步学生，参加了勉留刘子通老师的罢课活动。

接着，蔡以忱配合董必武、陈潭秋等进步教师，以及中国社会主义青年团武汉地方委员会一直密切关注女师学潮。鼓励夏之栩、徐全直、陈媲兰、杨子烈、袁溥之等同学说："你们的斗争不是孤立的，只要坚持斗争，就一定能够取得胜利。"

1922年5月21日，经陈潭秋、包惠僧介绍，此次女师学潮中表现勇敢积极的夏之栩、袁溥之、杨子烈、陈媲兰、徐全直、李文宜、吴勇、丁仲松、袁之英、庄有义等学生，被批准加入社会主义青年团，并通过这批学生骨干，进一步把各班进步的同学团结起来，继续反对学校当局解聘刘子通的斗争。同时，地下党还积极联络武汉地区大中学校的学生举行同盟罢课，声援女师进步学生的斗争。

同年6月，《武汉星期评论》继

陈媲兰父亲陈德昭、中华大学校监

发行了"五一国际劳动节专号"之后,又出"妇女运动号"三大张,内容包括李汉俊的《第三阶级的妇女解放运动》《第四阶级的妇女运动》和陈潭秋的《我对于女子参政运动的两个危惧》。该刊在宣传马克思主义、推动组织的发展、促进工运、学运与妇运的发展等方面,均发挥了启蒙与推动作用。

到了7月16日至23日,中国共产党在上海举行了第二次全国代表大会。武汉党组织派代表出席了会议。这次大会第一次明确地提出了彻底反帝反封建的民主纲领,指明了中国革命的前进道路。不久,新的中共武汉区委正式成立,下辖武昌、汉口两个地委。在发动领导广大学生对封建教育进行斗争的过程中,董必武、陈潭秋会同武汉区委,成功地领导了轰动武汉的湖北省立女子师范学校的学潮,简称"女师学潮"。

这年暑假,女师校方一计不成,又生一计:对学生家长施加压力。校方给7名学潮领袖的家长写信,勒令几名同学转学。新学年开学后,只有袁溥之、袁震之姐妹被家长转往安庆读书。

尽管陈媲兰的堂叔陈时校长亲自出面做工作,女师甚至承诺保送陈媲兰去北京上大学,但她均不为所动;夏之栩、杨子烈、徐全直、庄有义等亦态度坚决,她们5人仍回教室上课。校方通知老师不给戊班开课,她们5人仍然据理抗争到底。相持一个多月后,校长王式玉下令,在学校礼堂前挂出了正式开除5名学生的木牌。

"开除牌"一挂出,丰俊英等众多女生在同学李文宜(后为中共长江局书记罗亦农的秘书与夫人)的带领下,来到校长室,强烈要求校长王式玉收回成命。校长毫不妥协,

丰龙凌撰胞姊丰俊英事略手稿

坚决拒绝。李文宜当机立断说："姐妹们，整队吧，我们找教育厅长说理去，我们一定要为五位姐妹讨回公道！"

教育厅长宗彝要袒护校长，不敢和学生辩论，只得采取唱空城计的办法，整个教育厅找不到一个人。这时，武汉学联号召武汉三镇中学以上学校全体罢课声援湖北女师，湖北一师、武昌高师、武汉中学等校学生均予以响应，举行了罢课游行，武汉三镇为之震动。

丰俊英跟随李文宜等请愿学生，在教育厅大厅里坐以待旦，不达目的誓不罢休。李文宜的家人知道此事后，专门买了两屉包子和两大壶开水，送到教育厅慰问请愿学生。次日，学联代表和其他学校的代表也纷纷声援，并送来许多饼干与糖果。女师的同学倍受鼓舞。

直到第三天，教育厅长宗彝才来到现场，让学生代表李文宜和蓝淑文到厅长室去，向她们宣布了教育厅与学校协商的决定：给5名被开除学籍的学生发给毕业文凭。但她们还差半年的学习时间和实习时间，校长同意为她们在校外办补习班。

通情达理的请愿同学认为，这项剥夺她们返校念书权利的决定，虽然使人反感，但能发给其文凭就等于恢复了她们的学籍。她们合议后，对这一折中方案表示同意。于是，同学们高唱凯歌回到了学校。

接着，中华大学校长陈时特交给文史教授蔡以忱一项任务：将上述被勒令退学的5名进步学生，接至中华大学，安排一个教室给她们居住，保护起来。并由董必武、陈潭秋、李汉俊、蔡以忱等给她们补课，直到她们半年后完成学业。

可是，到了10月14日，湖北教育厅公然以"行为乖谬，有妨教育"的罪名，将女师教师刘子通驱逐出湖北。迫使刘子通从此离开了武汉。同年11月，经李大钊介绍赴京，在民国政府教育部供职。此间，刘子通党组织关系转到北平，届时参加北平市党组织的活动。据中科院文献记载，当时曾有"南陈（陈独秀）、北李（李大钊）、中刘（刘子通）"之称。

接下来，蔡以忱襄助董必武、陈潭秋等，一面提出"反对腐败教育，反对解聘进步教师，反对无理开除学生，驱逐校长王式玉"口号，组织学生罢课、游行、请愿；一面请当时的社会名流中华大学校长陈时，武昌高师的教务长李廉方、教授李汉俊、《大公报》负责人袁达三、武汉中学校长刘觉民等社会名流出面调停。认为既然教师有疏失被开革，校长亦难辞其咎，最终迫使教育行政当局改弦更张，让王式玉卷铺盖走人。

此次"女师学潮",是由中国共产党推动和领导的进步力量与封建顽固势力的一场较量,使湖北封建教育的堡垒遭到沉重的打击,使丰俊英等进步师生受到鼓舞,得到了锤炼。"女师学潮"又有"湖北妇女运动的第一声春雷"之誉。

"女师学潮"后,丰俊英在蔡以忱的影响下,正式参加了革命。

"一师"风波

湖北女师学潮取得胜利后,董必武又领导了湖北省立第一师范学校的学生运动。事情的起因是,该校几个进步学生因反抗学校守旧势力镇压学潮而被开除,被开除的学生悲愤交加,均溺水身亡。作为师长,董必武含泪为这几个学生举行了追悼会,并在会上发表演说,猛烈抨击反动势力,揭露湖北第一师范学校实行旧教育对青年的毒害。迫使阳明派教育家、校长刘凤章离职。

从"一师"走出来的蔡以忱知道,刘凤章校长不是第一次辞职。早在新文化之风吹到了武汉,一批新派人物要破旧立新,把刘校长当作旧的大目标,由校外的攻击,渗入校内。他们说刘校长排斥新知之士,对学生管得太紧,妨碍了自由发展。刘校长为了缓和一下紧张气氛,也曾聘请了几位北京大学、武昌高师毕业的新派人物当教员,但因学术浅薄,更被学生瞧不起。攘扰渐次代替了和谐,刘校长愤而辞职,却又被大多数学生热烈欢迎回来。

可是,刘校长返校不到半年,激进派的攻击之声卷土重来,而且比上一次有过之而无不及。此次发生被开除学生溺水身亡事件,尽管是个案,刘先生在追悼会上声泪俱下地哀悼,但毕竟人命关天,新派人士正好借题发挥,岂能原谅他。就连一向佩服刘校长的学生,随着风潮的发酵,对刘的热情也渐渐冷淡下来。刘终因厌恶新旧之争,实际是厌恶饭碗之争,从此一去不复返。

"一师"的学潮风波惊动了远在天津当寓公的民国前大总统黎元洪,他专门发表了《湖北省立外国语专门学校与第一师范之纠葛电》[①],表示关注。

[①] 《北洋军阀史料·黎元洪》卷九,天津古籍出版社1996年版。

在处理刘凤章的方式方法上，蔡以忱建议，应该与处理谢石钦、王式玉区别开来。董必武正是采纳蔡以忱的建议，否定之中有肯定：理性地将刘凤章创办的"证人社"，改造为"人社"的读书革命团体。

刘凤章辞职后，先后由进步人士郭肇明、留法学生居励今任校长。董必武、钱介磐、陈荫林等继续在该校任教，使"一师"成为革命者的地盘，教学相长。

当年"一师"的弟子、后留学归国的艾毓英，在回忆"一师"新、旧教育家传道授业时如是说：

> 我曾在张之洞所建的"正学堂"楼下，先后接受前辈张春霆、刘凤章、蔡存芳、郭肇明、周之翰、居励今诸校长之教诲……诸位恩师传先圣之道，授汉儒之朴学，伸革命之正义，拯神州之陆沉。斯诚文教昌明，国运隆盛之肇瑞也。因仿《东塾读书记》之微意，略志菱湖的化雨春风。①

为彻底推倒旧教育会，董必武又联络湖北教育界知名人士，于1923年秋召开全省教育界师生代表大会，改组教育会，推选陈时、吴德峰等十余人为委员，陈时为会长，使湖北教育会的领导权掌握在进步的知识分子手中。

1923年春夏之交，经董必武介绍，蔡以忱正式加入了中国共产党后，他更是潜心于教育革新。曾代表陈独秀参加中共一大会议的包惠僧回忆道："大革命运动服中，蔡以忱在湖北教育界成为一名最活跃最有作用的人物。"②

面对湖北教育呈现出新旧两种格局，湖北教育行政当局无法应对，便怂恿当时湖北督军萧耀南创设国学馆。

正值得意之秋的萧耀南在高兴之余，于1923年正式在武昌设立湖北国学馆，并先后聘请知名学者王葆心与刘凤章为馆长。此时的湖北国学馆中，有内课生和外课生之分，内课生又分预科和本科。预科两年毕业，本科三年毕业；本科则分经、史、理、文四科；外课生被甄录者，按月应课，以一年为限，次年另行甄录。

---

① 艾毓英：《八十自述——菱湖的化雨春风》，《武汉文史资料》1994年第3期。
② 包惠僧：《回忆陈潭秋》，华中工学院出版社1981年版，第24—25页。

湖北省立第一师范学校与湖北国学馆在办学精神上有相通的意义，其中不少名师，如刘凤章、黄侃（季刚）等名师，同时在两处任教。1923年湖北省国学馆招考时，"一师"毕业的徐复观在3000考生中名列第一，当时负责招生的国学大师黄侃感到由衷的高兴。

当然，也有人说，此国学馆之办法不伦不类，本不合学校编制系统，之所以如此设立，乃为苟且调停而已。

"校花"绽放

身为史学教授的蔡以忱认为，辛亥首义的历史经验证明，唤起工农投身革命，首先需要一批新型知识分子进行启蒙工作。因为湖北是华中的政治、经济中心，文化教育历来比较发达。自张之洞督鄂，近现代教育日渐兴起，尤其在省会武昌，学府林立，人文荟萃。在中国的民主革命运动中，知识分子是首先觉悟的成分。内忧外患的刺激，西学东渐的影响，湖北的知识分子较早走上革命道路。辛亥武昌首义，便是当时的革命知识分子在新军中开展革命活动的结果。马克思主义在武汉的传播和对五四运动的响应，又揭开了湖北地区新民主主义革命史的一页。

蔡以忱襄助董必武和陈潭秋利用自身的办学或教学的有利条件，在武汉中学、湖北"一师"、房黄中学、中华大学、"女师"等大学、中学校吸收了一批优秀分子加入共产党和共青团。在部分县份的中学、小学中也建立了党、团组织。统一战线建立后，又积极地把进步知识分子吸引到国民党中来。一个团结在共产党周围的革命知识分子队伍的形成，为湖北农民运动的兴起准备了干部。其中蔡以忱则以自己熟悉的中华大学、"一师"与"女师"为基地，培养一批进步学生到厂矿、农村，发动群众，建立革命组织。

"二七"惨案发生后，蔡以忱受党组织委派多次回到黄陂，帮助中华大学中学部毕业的中国社会主义青年团团员、中共党员唐继盛，成立了黄陂县第一个党小组，使之成为领导黄陂农运工作的堡垒。

蔡以忱发现，经过"女师"学潮的洗礼，丰俊英是一个从事妇女运动不可多得的苗子。而且还可以通过她争取其家庭附和革命。所以，他开始让其做一些外围革命组织的工作。在丰俊英看来，这位蔡老师虽然仅年长自己5

岁，但他的博学、智慧、文雅与坚定的革命信念，永远是自己的良师益友。

投身大革命的丰俊英（左一）与弟弟及表姊妹

在直系军阀统治湖北期间，为了便于掩护身份，刚开始蔡以忱与丰俊英常常以师生关系从事地下工作。

1924年，丰俊英"女师"肄业后，正式在蔡以忱的直接领导下投身革命。他们两人经常穿梭于农村、工厂、学校，从事农运、工运、学运与妇运工作。接着，他们以夫妻的名义，便于掩护身份。随着天长日久，双方彼此心心相印，追求婚姻自由的他们正式成为革命伴侣。

那么，在黄陂《蔡氏宗谱》1921年版上，为什么只记载了蔡以忱的发妻吴金梅，而没有丰俊英的名字？这是因为1921年蔡、丰尚未确认革命伴侣关系。而且，旧时大都只有发妻在宗谱上记录。

其实，中共党史专家李婉霞，早年曾专程北上京城，访问了当年蔡以忱、丰俊英的同事、李硕勋夫人赵君陶（时任湖北妇女协会宣传部长），以及丰俊英的中共两湖党校同学、张闻天夫人刘英（时任中共湖南省委妇女部部长）等革命老人时，她们一致确认：蔡、丰是伴侣。蔡以忱在鄂、湘的同事罗章龙也回忆说："蔡以忱去湖南是有决心的，所以家眷都带去了。他的妻子姓丰，是党员，也同我熟悉。"①

据考订，1926年10月，中共武昌部委员会改组为中共武昌地方执行委员会。因当时中共湖北区（省）委机关设在武昌，武昌地委遂由湖北区（省）委兼任，但另设工作机构，地委机关始设武昌中和里，后迁武昌三道街。湖北区（省）委执行委员蔡以忱兼地委书记（1926.10—1926.12），地委委员还有马峻山（又名马俊三，组织部长）、李硕勋（又名李陶，宣传部长）、任开国（又名任造新，秘书）②。而丰俊英与赵君陶时均在湖北妇女协会工作。1927年中共五大后，蔡以忱先后任中共湖北省委农民部长、安源市委书记、湖南省委秘书长，罗章龙分别为中共汉口市委书记、湖南省委秘书长。蔡与李、赵、罗的同事关系昭著。

《武汉星期评论》于1924年初停刊后，蔡以忱又会同吴德峰于次年春创办崇实中学，继续以"读书会"的形式，对该校及"女师"学生继续进行革命启蒙。作为蔡以忱的助手，丰俊英以学校教员的身份，具体负责接待来自"女师"的"读书会"成员，颇受进步学生青睐。当年的历史见证人费侃如回忆说：

---

① 《安源路矿工人运动》下册，中共党史出版社1991年版，第1062页。
② 《武汉市志·政党志》，武汉大学出版社1998年版。

"铸剑"先驱 蔡以忱（修订本）

　　吴德峰与蔡以忱同志在崇实中学主持成立了一个读书会，规定的读物都是有关共产主义书籍，每周开会一次。当时参加最多的是湖北省立女子师范的学生，其中有不少同学被吸收加入中国共产党。这个会对于宣传马列主义、发展革命力量，都起了一定的作用。我作为读书会的成员，每次也参加了学习。①

　　与此同时，丰俊英嫡侄丰志民、丰晓菲父女，提供了丰俊英胞弟丰龙凌回忆蔡以忱给丰氏家书的第一手图文资料，进一步增强了说服力。缘于此，《武汉市志》《中共常德地方史》《石门文史》等两湖地区的党史资料，均明确记载"蔡以忱之妻丰俊英"。

　　当年的历史见证人郑超麟、黄慕兰等回忆，正是包括蔡以忱在内湖北地区中国共产党早期领导人的共同努力，"女师"的校花们在大革命运动中竞相绽放。

　　从1923年起，"女师"的一批进步学生相继加入中国共产党。尤其是在反对包办婚姻，追求婚姻自由方面在江城掀起了一股旋风。"女师"中的一批进步学生，先后与中共要员结为革命伴侣：徐全直（陈潭秋夫人）、夏之栩（赵世炎夫人）、庄有义（陆沉夫人）、袁溥之（广东省长陈郁夫人）、袁震之（吴晗夫人）、李文宜（罗亦农夫人）、丰俊英（蔡以忱夫人）、戚元德（吴德峰夫人）等人。女师还走出了人们熟悉的毛泽东的亲

蔡以忱编辑的《武汉星期评论》样报

---

① 费侃如：《崇实中学与吴德峰同志》，《武汉文史资料》第三辑·上，1981年6月，第32—34页。

家张文秋、陈毅的夫人张茜、徐向前的夫人黄杰、陆定一夫人唐义贞、彭述之夫人陈碧兰、张国焘夫人杨子烈、汪泽楷的夫人杜绲（杜叔林）等一批女杰。

1921年考入湖北女子师范的杜叔林，在投身进步学生的学生运动中，经蔡以忱、陈潭秋介绍，于1925年加入中国社会主义青年团，接着推荐赴苏学习。① 回国后，于1927年经罗亦农证婚，汪泽楷与杜叔林结为百年好合。

襄办"崇实"

在孙中山主持下，国民党第一次全国代表大会于1924年1月在广州召开，确定了联俄、联共、扶助农工的三大政策，第一次国共合作正式形成。

国共合作的实现，不仅促进了工人运动的高涨，也推动了农民运动的开展。由共产党人彭湃等领导的海陆丰农民运动更加扩大，成为全国农民运动的先锋。为培养农运干部，在共产党人彭湃、罗绮园、阮啸仙、谭植棠、毛泽东相继主持下，从1924年7月到1926年9月，广东革命政权在广州先后举办了六届农民运动讲习所。为广东和全国20个省区培训了700多名农运骨干，有力地促进了全国农民运动的发展。

蔡以忱会同陈荫林选派程鹤林等特派员，于1924年冬，在黄梅县多云镇蒋家嘴组织了农民研究会。这是湖北最早的农民革命组织。1925年3月，党组织将该会更名为农民进德会，并在会内成立中共党支部。

1925年春，受中共地下党组织委派，蔡以忱襄助吴德峰、费侃如等创办了武昌崇实中学，肩负着培养大革命工农运动青年骨干的重任。崇实中学由吴德峰任校长，蔡以忱任训育主任。为了建立各县农民协会，迎接北伐军到达武汉，崇实中学还派出了一批学生组成工作组与"南下宣达团"，大造革命舆论。费侃如于1963年6月回忆崇实中学时写道：

> 一九二五年，北洋军阀横行霸道，武汉人民革命情绪高涨，有许多革命同志为了更好地开展斗争，急需有个职业作为掩护；同时在教会学

---

① 汪向明：《劳人汪泽楷》，《百年潮》2005年第1期。

校中，有些进步学生因反对帝国主义及其奴化教育而退了学，没有学校读书。崇实中学就是在这种形势下创办起来的。

崇实中学位于武昌黄土坡（即今首义路）鄂园对面，一栋三开门的楼房。校长是吴德峰同志，训育主任是蔡以忱先烈，我当时任教务主任。

学校经费，是由吴德峰同志筹措的。他征得母亲的同意，变卖了七百多串钱的首饰，作为开办经费。学校教员，多是义务职，或仅拿交通费。只有职员（如会计、事务等）才拿少量薪金。教职员中，有的是共产党员，有的是进步的国民党员，或其他比较进步的人士。如革命先烈陈潭秋同志，就在校教授过资本主义入门这门课。

学校开始创办时，人数很少，经过一个学期后，学生激增到了近两百人，分为高中、初中两部，高中设师范、法律两科，初中只设了一个班。学生中有些加入了共产党；也有些加入了国民党。因为当时是国共合作，因此，革命空气极为浓厚。

自从中国共产党帮助孙中山先生改组国民党、并领导北伐战争以后，全国革命进入高涨。武汉地区所有革命力量，都团结在共产党的周围，一直与封建军阀和帝国主义展开了激烈的斗争；工厂工人和在校学生有不可遏止的革命情绪，经常罢工罢课，给军阀与帝国主义以沉重的打击。崇实中学在这个潮流中，是运动的中坚，差不多每个学校的革命风潮，都无不受着崇实中学的影响；而在每个运动中居中策划和指挥的，都是吴德峰同志和蔡以忱同志。

崇实中学也是革命宣传品的转发站，所有从广东寄来的宣传品，都是寄到崇实中学散发的。如为革命而牺牲的共产党员陈定一同志，就是经常到崇实中学领取宣传品后英勇地站在街头上散发的。发给各县农民协会的宣传品，则由担任湖北省农民协会负责人的蔡以忱同志经手转发。①

在蔡以忱、陈荫林等湖北共产党人的共同努力下，到1925年底，汉川、黄冈、黄安、黄梅、潜江、天门、远安、枣阳等县陆续建立起了农民协会。

---

① 费侃如：《崇实中学与吴德峰同志》，《武汉文史资料》第三辑·上，1981年6月，第32—34页。

至北伐军进入湖北前夕的1926年7月，全省已有农民协会会员7.2万人。这个阶段，湖北是在封建军阀的铁蹄之下，农民协会还处于秘密组织状态，会员较少。农会组织也不巩固。黄冈县的农民遇到早荒时就成立农民协会，一旦下雨农民就得到了满足，农会也就解散了。黄梅、汉川、枣阳的农会组织则经常受到土豪劣绅的摧残。

  一九二六年，北伐军已经到了湖南，武汉形势更加紧张。萧耀南死后，继任湖北督军的北洋军阀陈嘉谟，为了镇压革命，到处逮捕学生，造成了白色恐怖。崇实中学在党的领导下，集合了几十个学生，奋不顾身地跑到长街（现在的武昌解放路）警察分局，把一批被捕的学生抢救了出来。

  ……

  吴德峰和蔡以忱二同志当时还兼任国民党湖北省党部委员。国民党湖北省第二次代表大会开会时，由于北洋军阀到处逮捕革命分子，制止革命活动，因此，会议是在崇实中学举行的。出席会议的除吴德峰、蔡以忱二同志外，还有董老以及陈潭秋、刘季良等先烈。我被邀为大会记录。会后，军阀们已有所耳闻，曾多次派出、密探到崇实中学了解，并找校长和教务主任谈话，因无任何实据可凭，只好不了了之。[①]

[①] 费侃如：《崇实中学与吴德峰同志》，《武汉文史资料》第三辑·上，1981年6月，第32—34页。

第七章　迎接北伐

在董必武的领导下，蔡以忱继投身武汉地区的教育改革之后，又致力于策划与组织工人运动、学生运动与妇女运动，掀起反对帝国主义与军阀的高潮，同时开始筹建湖北农民协会组织，迎接北伐军会师武汉。

指挥学潮

1925年5月31日,五卅惨案的消息传到武汉三镇。中共武昌地方执行委员会和共青团,由蔡以忱以中国国民党湖北省党部和湖北青年团体联合会等名义①,决定6月1日召开武昌各大中学校学生代表大会,每个学校选出两名代表,研究决定实行罢课问题。6月2日,武汉三镇各校学生开始罢课,并举行大规模的游行示威。时为国立武昌商科大学进步学生的王明曾以诗纪事曰:

五卅惨案动青年,集会游行斥帝奸。
胸对刀枪忘生死,面临兵警勇宣传。
工人响应流鲜血,军阀恐慌暴厚颜。
放假提前何用耶?回乡同样闹翻天!

同时,蔡以忱还与董必武、吴德峰等三人根据国民党湖北省党部的决定,打入将军团发起的水陆大游行主席团。②

崇实中学作为此次学潮的策划与指挥中心之一,发挥了中流砥柱作用。费侃如在回忆录中写道:

一九二五年时期的武汉教育界,教职员工的生活极为清苦,曾掀起了一场加薪改现的运动,闹得火热。运动中居中策划和指挥的,都是吴德峰同志和蔡以忱同志。吴德峰同志还被推为请愿代表团的代表,他同其他代表一起去见了当时湖北省的督军萧耀南,不仅对教职员工痛苦的生活作了详尽而痛切的陈词,使萧耀南在原则上不得不接受要求;同时又质问萧耀南为什么要派人准备逮捕他本人,使萧耀南无言对答,只能极力辩解。这一事实表明,吴德峰同志不顾个人安危,敢于与军阀作面

---

① 戴茂林、曹仲彬:《王明传》,中共党史出版社2008年版。
② 《永远的丰碑·蔡以忱》,学习出版社2005年版,第192页。

对面斗争的崇高品质。①

在汉的英军为了镇压武汉的工潮与学潮，于 1925 年 6 月 10 日制造了震惊中外的"汉口惨案"。案发后，武汉学生联合会、商会、农会等群众团体连日集会、游行与示威。赢得了社会各界的同情与支持。

可是，当英国伦敦教会所办汉口博学书院的游行学生傍晚返校时，该校的英国人却将学生拒之门外。有的教会学校还开除了不少学生，蔡以忱会同中华大学校长陈时，迅速将这些被开除学生收入中华大学。

愤怒的教会学校学生则连夜开会，一致通过全体同学退出教会学校的决议。接着，湖北全省教会学校退学学生联合会成立，当学生代表请陈时前往教育局交涉时，他二话没说，偕同蔡以忱等有关人士，促成办理了 2700 名教会学校学生的转学证书。而且在陈时的支持下，很多学生都转入中华大学附中。

武汉学潮告一段落后，蔡以忱组织中共党员与共青团员，认真学习中共中央、共青团中央于 7 月 10 日发出的《告"五卅"运动中为民主自由奋斗的民众》书，明确农运的具体政策："限定享有田地之最高额，大地主愈额之田地颁给贫农及无田地之农民，限定田租之最高额。"以及中共中央 10 月份的北京扩大会议精神。明确党对农民的要求。紧接着，中共中央发表了第一个对农民公开宣传的重要文件《中国共产党告农民书》，进一步提出："解除农民的困苦，根本是要实行'耕地农有'的办法，就是谁耕种的田地归谁自己所有，不向地主交纳租谷，而只有革命的工农等平民得了政权，才能够没收军阀官僚寺院大地主的田地，归耕种的农民所有。"

7 月 11 日在汉案周月纪念追悼大会上，蔡以忱会同董必武、陈潭秋领导了武汉三镇 20 余万工人群众，分别在汉口、汉阳、武昌三镇召开声讨英兵屠杀武汉工人的罪行，董必武、蔡以忱为武昌会场的主席，陈潭秋组织调查团赴阳逻调查"浮尸"，吴德峰是汉口会场的负责人。示威游行中，革命群众高呼"收回汉口英租界""取消领事裁判权""废除不平等条约""打倒帝国主义"等口号。武汉三镇"全埠震动，民气之盛，不可一世"。通过汉案斗争，扩大了反对帝国主义的统一战线。

---

① 费侃如：《崇实中学与吴德峰同志》，《武汉文史资料》第三辑·上，1981 年 6 月，第 32—34 页。

9月3日至7日，国民党湖北省党部发动民众，开展"反帝国主义运动周"的活动。他与同志一道组织《武汉评论》出反帝运动专号上、下两期，《湖北妇女》亦出反帝运动专号。省党部印发各类传单、小册子共10万余份，向工人、农民、商人、妇女等全体国民宣传反帝国主义的意义。

9月7日，湖北全省国民外交大会集会游行活动在武汉三镇同时举行。董必武、蔡以忱、吴德峰等分别为武昌、汉口会场的负责人之一，国民党湖北省党部散发了40余种宣传品。会后，10万余人民群众高举各种标语旗帜，举行了抗议英国侵略者暴行、反动政府投降媚外的水陆大游行。①

筹建农协

1925年7月15日至20日，蔡以忱出席了在武昌都府堤国立武昌大学附属小学举行的、国民党湖北省第一次代表大会。大会听取并通过了临时省执行委员会的大会报告，通过了关于组织及纪律、教育及宣传、农民运动、青年运动、妇女运动、工人运动、商人运动、一般国民运动等议决案，发表了大会宣言。会议号召湖北全体民众努力于民族革命的工作，破坏帝国主义和军阀彼此勾结以屠杀我民众的阴谋，解除帝国主义者奴隶我民众屠杀我民众的护符——一切不平等条约，进而完成较辛亥革命更新的历史使命。根据对沪、汉、粤血案的观察，大会分析了农民、学生、工人、中小商人、军阀及其附属物大商人、上层知识分子等各阶级阶层的阶级属性，鲜明地提出了"谁是我们的友？谁是我们的敌？"的问题，表现出湖北地区的共产党人已在斗争实践中探索新民主主义革命的一些基本问题。

21日，国民党湖北省党部正式成立，蔡以忱与董必武、陈潭秋、李子芬、刘季良、钱介磐、吴德峰、徐全直、张培鑫、胡彦彬、刘昌绪等共产党人和国民党左派张国恩、张朗轩、郝绳祖当选为执行委员。其中，董必武、张国恩为国民党湖北省党部常委；蔡以忱、钱亦石、吴德峰、向忠发分别任农运、宣传、青年与工运部长。共产党人在国民党湖北省党部占主导地位。②

---

① 《武汉各界"九七"水陆游行》，《晨报》1925年9月11日。
② 中央档案馆：《中共中央文件选集》第一册，中共中央党校出版社1989年版，第246页。

蔡以忱（中排左一）董必武（中排左三）与国民党湖北省
第一次代表大会代表（1925 年 7 月 21 日）

早在 1924 年 10 月 11 日，在董必武的领导下，蔡以忱襄助省党部宣传部主任钱亦石创办了《武汉评论》周刊。

《武汉评论》是中国国民党湖北省党部秘密时期的机关报，其宗旨是宣传反帝反封建的民主革命，使其成为国共合作的舆论阵地。蔡以忱常撰写时评，并与邓初民、罗贡华、胡秋原等一道参加《武汉评论》的编辑工作。1961 年 4 月 20 日，董必武在钓鱼台国宾馆三楼对身边工作人员沈德纯、田海燕说，大革命期间，"在湖北最得力者，除陈潭秋外，还有黄陂人（湖北省一师毕业）蔡以忱，很穷，搞宣传"[①]。

在中共党团的组织和影响下，武汉地区的先进知识分子创办了许多刊物。除上述报刊外，当时武汉地区有 20 余种报刊，都不同程度地宣传过马克思主义的革命思想。如《真报》《劳动周报》《青年旬刊》《反响旬刊》《妇女旬刊》《朝晖旬刊》《武汉学生会周刊》《全民通讯》《湖北青年》《武汉工人》《武汉妇女》《湖北农民》《励学旬刊》等，直接负责这些报刊编辑工作的大多是中共武汉党团组织的骨干。如陈潭秋任社长的湖北人民通讯社，林育南任《真报》编辑，刘昌群任《全民通讯》编辑等。此外，他们

---

① 安源纪念馆藏档案第 2341 号之《董必武同志谈蔡以忱同志情况》。

还以职业记者的身份，通过各种关系，逐渐掌握了武汉部分民营报刊的编发权，发表革命的消息和言论。从而，促进马列主义思想在湖北的传播，推动了武汉地区的学生运动、工人运动、农民运动与妇女运动的发展。

1925年9月，中国共产党在北京召开了第四届中央执行委员会第二次扩大会议。会议通过了《中国现时的政局与共产党的职任议决案》《中国共产党与中国国民党关系议决案》等文件，发表了《告农民书》：重申工农联盟的重要性，并提出制定农民问题的"政纲"，"其最终的目标应当没收大地主、军阀官僚、庙宇的田地交给农民"。明确指出："如果农民得不着他们最主要的要求——耕地农有，他们还不能成为革命的拥护者。"这是中共中央决议中第一次提出农民土地问题。

为了贯彻四届二次会议精神，泛舟长江秘密召开的中共武汉地方代表大会进行改组，蔡以忱与陈潭秋、许之桢、许白昊、陈荫林当选为委员。其中陈潭秋任书记，许之桢任组织部长，蔡以忱任宣传部长兼秘书，许白昊任职工运动委员会书记。

同时，武汉地委与共青团武汉地委合组农民运动委员会和妇女运动委员会，分别由陈荫林、秦怡君任书记。其中蔡以忱与陈荫林、李子芬、刘子谷、刘季良等5人组成湖北省第二届农民运动委员会。① 负责发展湖北农民运动。

此外，蔡以忱还被指定为出席共青团武汉地委会议的党代表，负责指导团的工作。②

接着，蔡以忱参与领导了反对军阀吴佩孚强制发行军需券、"盐斤加价"的群众大示威运动。③

在12月15日那天，湖北全省工团联合会、湖北妇女协会、湖北青年团体联合会等100余团体7万余人在武昌阅马场召开国民大会，声讨帝国主义及军阀吴佩孚、萧耀南之流在汉犯下的罪行，议决重要文件4项21条。

同月，蔡以忱会同陈荫林召集黄冈、黄安、黄梅等十余县农民协会代表会议，筹建湖北省农民协会。

1926年1月3日，湖北省临时农民协会在武昌抱冰堂召开成立大会。黄

---

① 《湖北省农民运动实况》。
② 《永远的丰碑·蔡以忱》，学习出版社2005年版，第192页。
③ 《永远的丰碑·蔡以忱》，学习出版社2005年版，第192页。

冈、黄安、黄梅、枣阳、汉川、应城等十余县三十多名农民协会代表与会。因蔡以忱于1925年12底就赴广州参加国民党"二大",故他未出席会议。但他与陈荫林、李子芬、刘子谷、王平章、聂鸿钧、陈建民、华耀庭、刘季良9人仍当选省农协临时执行委员会,陈荫林为主席。此次会议通过了农民经济组织等十几个决议,发表了大会宣言。[1]

临时执委会由常委执行会务,与国民党湖北省党部农民部合署办公。同时决定1926年1月创办《湖北农民》杂志,作为湖北省临时农民协会机关刊物,指导全省农运工作。由省农协宣传部长张学武牵头成立编委会,创刊时暂定半月刊,每期印行4000份,每份零售两枚铜元。哪知,发行仅两期,省农协临时机关被直系军阀湖北当局破坏,直到5月才复刊并公开发行,每期印行5000份,全国各大书店销售,各县农协则四处张贴,广而告之。《湖北农民》的具体事务由农协干事丰俊英负责。

作为中共湖北区委的宣传部长,蔡以忱虽然在省农协正式成立后出任组织部长,但仍然领导省农协的宣传工作。在《湖北农民》宣传形式上,他会同张学武一道,让其尽可能贴近现实、贴近农民。诸如刊物拥有故事、笑话、戏曲、歌谣、对联、把戏等丰富多彩的文艺形式,生动活泼。同时,又刊发时事、论文、农运消息与特别记载等类主题内容,体现其政策性与战斗性。

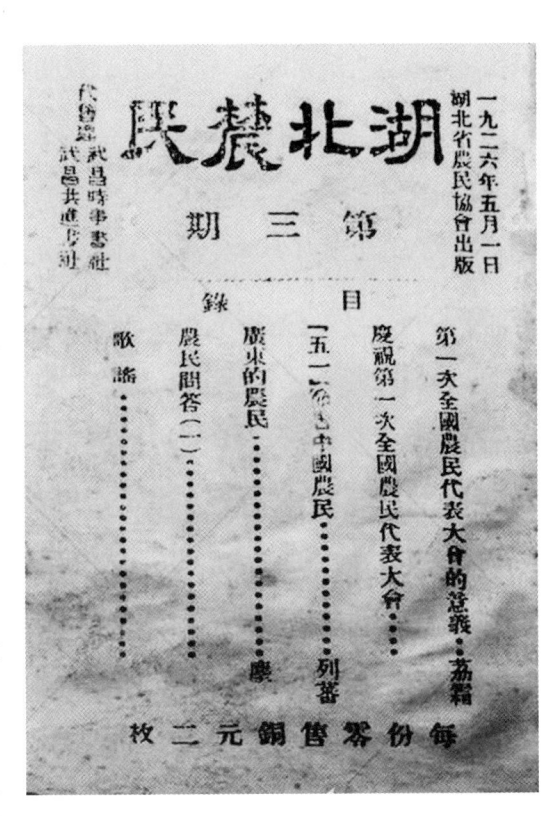

蔡以忱参与创办的农协刊物《湖北农民》

---

[1] 《湖北省成立农民协会》,《上海民国日报》1926年1月16日,3月25日。

广州赴会

"一人之辩,重于九鼎之宝;三寸之舌,强于百万之师。"第一次国共合作之时,共产党处于低潮,且势单力薄,而国民党右派极力又反对国共合作,是故中共需要挑选精兵强将舌战群儒。所以在国民党"一大"前夕的1923年12月25日,中共中央发出第13号通告:"吾党在此次国民党全国大会代表中,希望每省至少当选一人,望各区会与地方会预商当选之同志,此同志必需政治头脑明晰、有口才者,方能在大会中纠正国民党旧的错误观念……"于是,口才好的中共党员,成为推选国民党全国代表大会代表的硬件之一。国民党"一大"如此,国民党"二大"也是这样。

蔡以忱身为中华大学教员,又具有从事学运、工运与农运的实际经验,他因此成为大革命时期董必武的左右手。记得蔡以忱刚刚从事地下工作不久,董必武就向他介绍与之背景相似的毛泽东到安源煤矿工人夜校给工人上课的情形。当毛泽东讲到"工人"的"工"字时,便临场发挥道:"'工'字上边一横代表天,下边一横代表地,中间一竖代表我们工人,我们工人可以顶天立地!"顿时掌声四起,群情振奋。蔡以忱深受启发,当他给武汉铁路工人夜校讲到"工人"二字时,先在黑板上写了"工人"二字,然后颇富创意地说:"我把'工'字放在'人'字上面,大家看看变成什么字了?"工人们异口同声地说:"天!"蔡以忱激情满怀地大声说:"大家说得对!只要我们铁路工人联合起来,就有回天之力,驱散笼罩在我们头上的乌云,展现出一片明朗的天了!"顿时,工人们的掌声经久不息。随后开展的湖北大型游行示威与农运工作中,蔡以忱的演讲才能发挥到了极致。所以,在湖北推选国民党"二大"正式代表时,蔡以忱与董必武等7名当选为湖北省党部的代表。在全国258名正式代表中,蔡以忱的编号为"第九十一号"。

虽然国民党"二大"正式会议是1926年元月在广州举行,但在1925年12月下旬就要召开谈话会与预备会议。所以,在12月下旬,丰俊英就为蔡以忱清点行装,选配礼帽、围巾与长衫。月底,蔡以忱就提着小皮箱,会同董必武、钱介磐、袁溥之代表湖北省党部,刘伯垂、向忠发、谭芝仙代表汉口特别市党部,秘密分批登上了粤汉铁路的南行火车,赴广州参加中国国民党"二大"。

一抵达广州，蔡以忱就投入会议的相关筹备工作。在12月31日举行的预备会上，他就会议的宣言发表了自己的意见。①

1月4日，中国国民党第二次全国代表大会上午十时正式开幕，蔡以忱以第九十一号正式代表出席。在第一日第一号议案中，他与吴玉章等10人是附议者。在1月6日下午2—5时的会议上，蔡以忱提出临时动议："抗议法国在广州扣留的逆军军械，应即索还。"② 1月9日下午，蔡以忱与陈公博、侯绍裘、李国煊等被推选为青年运动报告审查委员会委员。

1月12日，大会讨论选举办法，蔡以忱发表了自己的见解："本席以为，二种太不慎重，所以宜用四种。"

1月15日是讨论主席团修正案。在讨论代表大会举行的时间间隔时，蔡以忱说："为应付政局，发展党务，应一年一次为好。召集紧急临时大会，于事实上不易办到。因要有三分之一以上的省党部的要求，所费手续太繁，非半年不可。故本席主张容纳主席团之意见，但最迟不超过两年。"在讨论候补执行委员的表决权时，他认为候补委员的与会人数不应超过正式执行委员的三分之一。③

与此同时，蔡以忱参与起草了《青年运动决议案》和修改《农民运动决议案》。1月16日上午，蔡以忱向与会代表报告了《青年运动决议案》，并说明起草的原意（第十一日第廿一号）。在18日审查《农民运动决议案》时，蔡以忱指出："这个议案大体是不错的，但是偏于广东方面，因为在本党统治下，和各省有点不同，本席主张再多派几位代表为审查委员，将该案再审一次，明天上午再提出来大会讨论。"他的发言无异议地被通过。④ 于是，在下午的讨论中，经主席团指定蔡以忱、毛泽东、唐际盛、丁君羊、侯绍裘、韩麟符6人审查，形成议案，再交大会通过。

会议期间，董必武给蔡以忱讲述了有关"联俄、联共、扶助农工"三大

---

① 《中国国民党第一、二次全国代表大会会议史料》（上），江苏古籍出版社1986年版，第140页。
② 《中国国民党第一、二次全国代表大会会议史料》（上），江苏古籍出版社1986年版，第204页。
③ 《中国国民党第一、二次全国代表大会会议史料》（上），江苏古籍出版社1986年版，第331—332页。
④ 《中国国民党第一、二次全国代表大会会议史料》（上），江苏古籍出版社1986年版，第370页。

政策的提法之争的一段佳话：

蔡以忱（第五排中）等中国国民党"二大"全体代表于广州（1926年1月）

那时，国民党右派不主张"联"共的提法，要求改为"容"共。这一字之差，虽差之毫厘，却谬以千里了。"联共"说明国共两党是平等的合作，而"容共"则使共产党附属于国民党，失去了独立自主性。因为事关国共合作的本质问题，作为中国共产党的代表，李大钊坚持原则据理力争。孙中山也非常开明，主张提"联共"，不能因妄改一字而影响到国共平等合作。对那些顽固反对国共合作的国民党右派，孙中山曾生气地说："如果你们都反对与共产党合作，那我作为国民党的领导人，就自己去加入共产党，你们觉得怎么样?!"这样，才算把右派的错误主张压了下去。

此次会议的基调是贯彻孙中山先生先前确立的路线。通过了如下决议：继续执行孙中山遗嘱和联俄、联共、扶助农工三大政策；谴责国民党右派的反革命活动，给"西山会议"几个顽固分子以开除、警告的纪律处分；由共产党人提出的联络世界各被压迫民族、开展工农运动等决议案。选举产生了36名中央执行委员，候补执行委员24人。其中有李大钊、林伯渠、吴玉章、恽代英、毛泽东、董必武、邓颖超等14名共产党员当选。

作为当时国民革命的中心，中共广东区委在此次大会上发表宣言，指出大会的责任，"是要规定发展工农运动的计划，确定对于工农运动的正当态度及决定对于破坏工农运动的党员给予严厉的处罚"；希望大会"能使国民党在左派领导之下发展为一个群众的政党，能使广东的革命基础扩大到全国"。

濡墨交流

会议期间，蔡以忱十分活跃，运用多种形式与国民党人士交朋友。其中，拥护孙中山先生"三大政策"的"翰林将军"谭延闿就是其中之一。谭延闿时任广州国民政府常务委员兼军委会委员、常委，军事部部长，也在大会期间蝉联国民党中央执行委员。

说到谭延闿，蔡以忱与此君还有一段渊源。那是民国成立之初，蔡以忱的长兄蔡极忱历任黎元洪副总统、大总统幕僚处文牍。1913年，孙中山发动"二次革命"倒袁，湖南都督谭延闿奋起响应，宣布独立。

"二次革命"失败后，袁世凯以大总统命谭入京听候处置，副总统黎元洪特派副秘书长黎澍与秘书蔡极忱持亲笔函前去大总统府疏通，袁氏听众黎之劝告，对谭予以"特赦"，但褫夺其军权及陆军上将衔。

当谭延闿离京启程前往青岛时，黎元洪又让蔡极忱代他前去送行，谭不禁感激涕零。此次蔡以忱与毛泽东一起审查农运议案之余，他顺便向毛提及长兄与谭氏旧事。毛泽东对他说，早在1920年9月9日，自己在长沙潮宗街创办的文化书社正式营业时，时任湖南省督军的谭延闿为其题写匾额，并自前往道贺。到了1923年，中共中央机关办公处一直设在广州。陈独秀、李大钊、毛泽东等所住的春园24号二楼，同谭延闿的公馆简园是邻居。均属"东山花园洋房"建筑群。毛泽东曾多次到简园找老乡谭延闿，争取他支持国共合作。好客的谭延闿经常接待毛泽东，还同他进行濡墨交流。于是，毛泽东就热情地给蔡以忱引荐了"翰林将军"谭延闿。

一天晚上，谭延闿特设家宴招待昔日恩人的胞弟蔡以忱，并请与蔡极忱、蔡以忱兄弟稔熟的董必武作陪。见面时，谭延闿无不感慨地回忆起与袁世凯分道扬镳的新生之路：

那天，他专程来到上海在环龙路4号孙中山官邸，向孙中山一表心迹，并重新加入了国民党,投身国民革命。1922年6月16日广州叛乱后,谭先是变卖家产,将蒙难的孙中山迎往上海,随后他又组织湘军两万余人讨伐叛军。孙中山返粤重组广州政府需巨额资金,谭则卖掉在上海唐山路之住宅,并发电长沙,请亲友代筹,凑足大洋五万,悉数捐作军饷。

1923年3月,孙中山在广州成立大元帅府后,谭延闿历任内务部长、建设部长兼大本营秘书长,国民党第一、二届中央执行委员、广州国民政府委员,所部湘军改编为国民革命军第二军,仍由谭兼任军长。

谭延闿不仅是中国现代史上的风云人物,还是翰林世家,家学渊源深厚,其父钟麟出身翰林、官至总督,他自己28岁点翰林,与陈三立、谭嗣同并称"湖湘三公子"。翁同龢见之曾对谭父说:"令郎伟器也,笔力殆可扛鼎。"陈锐在《裒碧斋集》中亦云:"谭组庵(延闿)幼有神童之称。及长,五官并用,从先子读书,所学益进。中光绪甲辰会元,朝考第一,得馆选。终满清之世,湖南会元,仅谭一人耳。辞章本其所长,独喜言经世之学,诗文鲜有存者。"

而且,谭延闿、泽闿兄弟均是民初的著名书法家。其中,谭延闿书法运笔流畅,结体宽博,尤以颜体楷书誉满天下。谭善诗联,擘窠榜书、蝇头小楷均极精妙。堪称民国书坛"四大金刚"(其他三位即于右任草书、吴稚晖的篆书、胡汉民的隶书)之首。

无独有偶,蔡以忱也是书法世家。其三伯父蔡宏谱(字润金,号兰陔)就是著名书法家,尤其是以柳书闻名遐迩,其得意门生金永炎(字晓峰),日本陆军士官学校毕业后,历任民国南京临时政府军官学校

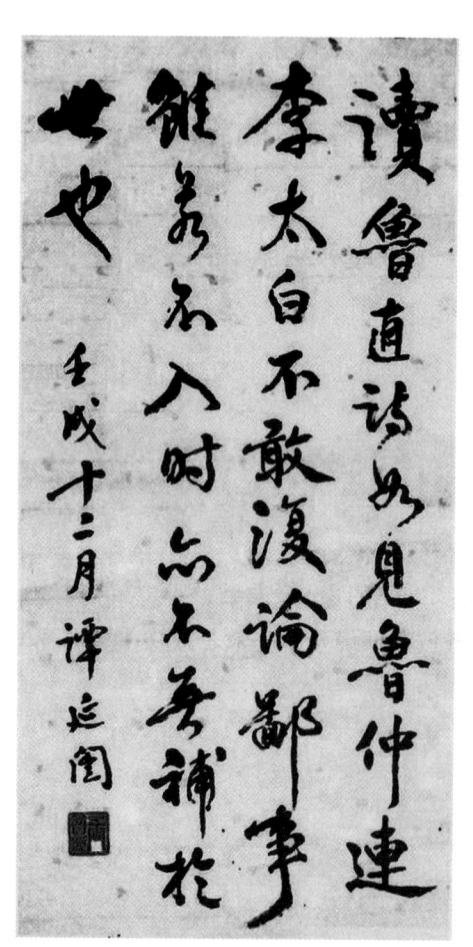

谭延闿题赠蔡以忱条幅

校长、广西陆军讲武堂堂长、鄂军都督府参谋长、民国大总统府幕僚处处长、北洋政府陆军部次长等职,他与身为湖南督军谭延闿也稔熟。蔡以忱自幼受父辈心传口授,其书法刚健遒劲,朴厚俊逸。

晚宴后,蔡以忱就以诗联唱和的方式与谭氏泼墨交流,平添了一段佳话。谭延闿书赠给董必武与蔡以忱对联各一副后,还特意讲述了苏轼针对王安石否定李白的人品识度而写下的《仇池笔记》一文,并抄录文中盛赞黄庭坚(字鲁直)、李白(太白)的高洁脱俗和"不用之用"的一段话,书赠给蔡以忱:"读鲁直诗,如见鲁仲连、李太白,不敢复论鄙事;虽若不入用,亦不无补于世也。"这段话既是对蔡以忱才识与胆识的称赞,也有讥讽国民党右派反对孙中山国共合作主张的弦外之音。

蔡以忱则引用苏轼创作的一首七言古诗《书丹元子所示李太白真》中的两句"西望太白横峨岷,眼高四海空无人"回赠。诗中借赞颂李白不受名利羁绊和傲岸清介的精神面貌,褒赞谭延闿不畏袁氏权势,毅然追随孙中山,以及慷慨解囊资助国民革命的高风。

蔡以忱将谭延闿书赠的条幅放入小皮箱内存放。因从广州归来,正值农历腊月,蔡以忱返乡过春节时,就将小皮箱及对联带回老家,由发妻吴金梅妥为收藏。

武汉国民政府时期,谭延闿作为国民党中央代理主席驻汉,蔡以忱系国民党青年运动委员会委员,又是东道主(时任中共湖北区委宣传部主任,相当于省委宣传部长)。所以,蔡以忱特设家宴欢迎谭延闿、并请董必武作陪。彼此重叙旧谊,并濡墨交流,颇有情趣。其中谭延闿集唐代诗人韩翃诗句书赠蔡以忱一联云:"溢城诗赠鱼司马,汝水人逢王右军。"寓意他们从广州相识到武汉重逢。蔡以忱则回赠一集句联:"多情明月邀君共,无主荷花到处开。"表达大革命"红都"武汉,百花齐放欢迎谭延闿到来之意。

蔡以忱嫡侄、湖北省美术院著名画家蔡迪安回忆,他们昆仲曾看到,那两幅立轴分别挂于蔡以忱的二哥蔡襄忱与六弟蔡继忱家里。蔡迪安说,谭延闿字亦如其人,有顾盼自雄的气象。遗憾的是,后来被毁坏了。蔡以忱书赠给谭氏的立轴也不知下落。

不过,蔡以忱的这只皮箱及其铜锁,如今作为革命文物由武汉革命博物馆珍藏。

参与决策

再说1926年2月14日，正值农历春节，湖北督军萧耀南暴卒，湖北各界掀起了省政自决运动。在老家过完春节回到省城后，蔡以忱就以省农协的名义发表对本省政治主张宣言，提出了13条主张，要求农民有权参加各级行政机关，有权武装自卫，要求废除苛捐杂税，豁免灾区钱粮，改善农民生活。

3月11日，直系军阀统治的湖北当局以"煽动惑乱"的罪名，查抄了省党部农民部和省农协临时执委会办公处，农民部干事、农协委员聂鸿钧被捕。省农协临时执委会由武昌转移至汉口，恢复活动。

1926年2月21—24日，中共中央在北京召开了特别会议，会议确定我党应从各方面准备北伐战争，推翻帝国主义和封建军阀的统治。为此，会议决定党在北伐必经的湖南、湖北、河南等地开展群众工作，还决定重建军委，以加强党的军事工作。

为积极贯彻这次会议精神，立即着手进行准备，以策应即将到来的北伐。2月25日、26日，在董必武主持下，国民党湖北省第二次代表大会在武昌举行，大会健全了省党部的工作机构，蔡以忱等11人正式当选执行委员。会议增设了商民部、妇女运动委员会和临时指挥部。

出席此次大会的有全省15个县、市的37名代表。国民党中央候补执行委员董必武、汉口特别市临时党部代表黄立生、刘一华、秦怡君，国民党江西省党部的代表冯任，以及省党部执监委员、农民部和妇女部的特别委员共33人列席了大会。大会选举出共产党员、共青团员陈潭秋、刘季良、蔡以忱、钱介磐、吴德峰、徐全直等11人为执行委员，刘昌绪、陈荫林、刘子谷、袁溥之等7人为候补执行委员，黄镜、李子芬、王平章、陈卫东、谢远定等7人为监察委员。

为配合宣传，蔡以忱要求这年5月1日出刊的第三期《湖北农民》提出了响亮的口号："现在唯一的希望，是要请广州国民政府从速出兵北伐；唯一的工作，便是要替广州国民政府建筑北伐的基础。"

同年5月，蔡以忱在中共武汉地委召开党员代表大会上当选为中共湖北地方执行委员会执行委员，兼任武昌部委员会书记。①

此次会议到会代表 45 名。会议将武汉地委改组为湖北地委，陈潭秋仍继续担任书记，蔡以忱任组织部长，宛希俨任宣传部长，董必武任军委书记（后由吴德峰代理），许白昊任工委书记，袁溥之为妇委书记。

此间，蔡以忱偕丰俊英，不顾军阀独裁的恐怖统治，发动人民群众举行纪念五卅运动周年，悼念上海、汉口死难烈士的反帝爱国集会，带领武昌中共党员、团员和国民党员对国民党右派、国家主义派、工贼进行斗争；参与领导香烟厂、人力车、纱厂工人的罢工斗争。经过斗争的反复考验，由徐全直、袁溥之介绍，丰俊英正式加入了中国共产党。

7 月 13 日和 15 日，蔡以忱以大会秘书主任的身份，在武昌召开的国民党湖北省第三次代表大会。出席这次大会的共有来自 20 个县、市的 40 名代表。与会者集中讨论了支援北伐的问题。一致认为北伐是完成国民革命使命的特殊工作，尤其是湖北民众出于水火的唯一救星。大会选举蔡以忱、何翼人、钱介磐、郝绳祖、邓初民、周延墉、张国恩、陈潭秋、袁溥之、罗贡华、张朗轩等 11 人为执行委员，陈荫林、刘子谷、江子麟、石炳乾、陈卫东、吴德峰等 7 人为候补执行委员。武汉党组织成员及国民党左派在其中占绝对优势。

到了 8 月，根据中共中央的决定，中共湖北地委改组为中共湖北区委。彭泽湘任区委书记，蔡以忱、陈潭秋、林育南、陈荫林、董必武、袁溥之等为委员。②

蔡以忱与丰俊英做地下工作的皮箱（现存武汉革命博物馆），图为蔡以忱嫡孙蔡亚生

---

① 《武汉市志人物志》，武汉大学出版社 1999 年版，第 53 页。
② 中共武汉市委党史办公室：《中共武汉党大事记》（1926），武汉大学出版社 1989 年版。

里应外合

为贯彻执行会议精神，蔡以忱配合董必武指导国民党湖北省党部、汉口特别市党部，为促进北伐开始了准备工作。具体表现为"内外结合"：

在"外"的方面，董必武以国民党中央候补执行委员和国民党湖北省党部、汉口特别市党部代表的双重身份，于3月25日秘密抵达湖南长沙，会同陈铭枢、白崇禧策反原赵恒惕部第四师师长唐生智，以及夏斗寅转向革命。终于促成唐部于5月下旬改编为国民革命军第八军，唐任该军军长，成为北伐军先遣军。

而蔡以忱与陈潭秋等同志，则主要是练内功，负责组织、宣传与培训骨干，为北伐军进行舆论与人才准备。

7月1日，广东国民政府发表了《北伐宣言》，9日，国民革命军正式出师北伐。同时，国民党中央决定成立直属其领导的湖北特种委员会，统一领导湖北迎接北伐军的政治、军事工作。

为此，7月11日，湖北正式成立了以董必武为主席，刘赓藻（孝澄，应为笑澄）、潘康时（怡如）、董必武3人为委员的湖北特种委员会。由董必武负责对外联络、军事和民运工作，配合北伐军攻打武汉。7月下旬，董必武率领湖北各部代表团，再次前往长沙迎接北伐军先头部队。

湖北特种委员会正式成立后，7月13日和15日，中国国民党湖北省党部在武昌召开第三次代表大会，蔡以忱任大会秘书处主任。会上的中心议题是为迎接北伐军作准备。通过了多种决议案、宣言和通电，正式选举蔡以忱、钱介磐等11人为正式执行委，还选出候补执行委员7人，正式监察委员7人，候补监察委员5人。在国民党省党部新任的18名正式与候补执行委员中，蔡以忱与董必武、陈潭秋、刘季良、钱介磐、吴德峰、徐全直、张培鑫、胡彦彬、李子芬、刘昌绪11人均为中共党员。

北伐军进入湖北境内时，吴德峰、蔡以忱主持的崇实中学按照党的指示，立即派出一批学生南下做宣传工作，迎接革命军的到来。费侃如回忆说：

第七章　迎接北伐

北伐军逼近武汉了，斗争达到了新的高潮，所有在武汉的共产党员，都投入了紧张的战斗。共产党员陈卫东同志擅长刻章，于是刻了一方"国民革命军"的大印，撰写了"革命军的先头部队已有三千多人进了城"等布告。这项张贴布告的危险工作，就在吴德峰与蔡以忱同志的指挥下，由崇实中学的四名学生来担任。他们巧妙地由两个同学伪装打架，吸引住警察的注意；而由另外两个同学敏捷地将布告张贴在墙上。这样，使军阀们乱了阵脚，动摇了军心，为北伐军顺利进入武汉创造了有利条件。①

另一方面，蔡以忱不仅配合董必武指导国民党省党部军事运动委员会成员，以军事特派员的名义，分别前往鄂南各县，发动组织农民联络民团援助北伐军。还会同陈荫林、吴光浩、张培鑫等同志一道，又以省农协巡视员或特派员名义分别前往黄梅、黄冈、黄安、黄陂、孝感、应城、汉阳、汉川、咸宁、嘉鱼、通城等地，做好京沪汉铁路与武（昌）长（沙）铁路（即今京广线孝感至长沙段）沿线县城的宣传组织工作。

1926年9月，中共中央即开始从各地抽调大批干部来汉工作。张国焘被任命为中央驻汉代表，12月又兼任湖北区委书记。

不仅如此，蔡以忱协助两位同乡前辈、湖北特种委员潘康时与刘赓藻，及时、准确地为前线提供武昌城军事布防情报，为北伐军制订先攻汉阳、汉口，再攻武昌提供了依据。

董必武则亲自挂帅，进行了卓有成效的统战政治攻势，率先成功策反了汉口冠军将领陈尧鉴。② 接着，又由辛亥志士李基鸿（子宽）与耿丹（仲钊）分途策反汉阳守军将领刘佐龙成功。③ 从而使北伐军顺利光复汉阳、汉口。

同年8月31日至10月间，守城军阀刘玉春、陈嘉谟负隅顽抗，据城死守，并搜捕革命党人。在围城40天中，蔡以忱及夫人吴金梅、长子蔡惠安，在粮食断绝、居无定所的艰险情况下，与反动派展开了坚决的斗争。

有一天，蔡以忱与陈潭秋正在高师附小开会讨论反饥饿斗争。突然有人

---

① 费侃如：《崇实中学与吴德峰同志》，《武汉文史资料》第三辑·上，1981年6月，第32—34页。
② 胡传章、哈德雄：《董必武传记》，湖北人民出版社1985年版，第81页。
③ 《李子宽先生传略》，台北《湖北文献》1972年第22期。

报告：外面进来一队荷枪实弹敌军，进门就吼："乱党集会，搜！"因事发突然，突围与撤退均来不及。陈潭秋看到一袋米后，急中生智，立即与蔡以忱装作分米的样子。当敌军团长吩咐抓人时，陈潭秋有气无力说："长官，我们都是这个学校的教员，实在饿得不行了，忽然在伙房角发现半袋米，大伙儿正在分。"敌团长拆开一看果然是米，饿狼似地伸手就抢。陈潭秋与蔡以忱哀求道："长官，米可不能拿走，这是我们的救命米呀！"敌团长骂道："老子为你们守城，也快饿死了！"就这样，躲过了一劫。

为了瓦解敌军士气，蔡以忱频繁发动宣传攻势，曾多次遭军警搜捕，不是频繁搬家，就是跳窗逃跑[①]。但他想尽一切办法与敌人周旋，如书写约四米长的白布条幅："武昌群众求生不得、求死不能！"此条幅由城内丢出城墙外，传到汉口，革命志士高举此横幅游行示威。

当进攻武昌城受挫时，中共湖北区委通过聂世声联系到曾参加辛亥革命、孙中山任命的反袁军官、武昌守军团长贺对庭。贺顺应时势，表示不愿生灵涂炭，并经他说服师长倒戈。[②] 最终第四军第十师陈铭枢部入城，俘顽敌刘玉春、陈嘉谟，10月10日武昌克复，吴佩孚的主力基本上被消灭，北伐军在两湖战场取得决定性胜利。

北伐军光复武昌后，蔡以忱作为中共湖北区委执行委员兼中共武昌部委员会书记，会同国共两党同志认为"人饥犹已饥，人溺犹已溺"，迅速组织工、商、学、妇等团体抢救武昌城内的饥民，以及开展拥护北伐军的活动，深受军民称赞。

10月10日那天，以董必武、蔡以忱、宛希俨、向忠发等共产党员为主席团成员[③]，组织武汉各界群众集会庆祝"双十节"。大会根据中共湖北区委提出的基本思想，通过了八条提案，即要求政府保障人民集会、结社、言论、出版、罢工之绝对自由；取消盐斤加价，停止复验红契，废除一切苛捐杂税；颁布工会法和工会条例，实行八小时工作制，制定最低限度的工资，严禁厂主压迫工人，帮助并保护商民协会、农民协会及工会之发展；严厉惩治附逆分子，不许附逆分子加入任何机关；确定农民最高限度租额，禁止地主重利剥削及以任何暴力摧残农民；确定教育经费，提高小学教师的生活。

---

① 蔡惠安1977年12月29日致武汉文物管理处的书信，现藏武汉革命博物馆。
② 刘剑儒：《武昌城二次光复与贺师长对庭》，台北《湖北文献》1973年第27期。
③ 中共武汉市委党史办公室：《中共武汉党大事记》（1926），武汉大学出版社1989年版。

大会号召汉口市民发展农工商学各界组织，进一步建立联合战线，保护北伐的胜利果实，巩固国民政府在武汉的基础；应尽快召开市民会议，促进省民会议，并准备参加市政组织，以解决自身一切问题。

10月20日，武汉地区40多个团体及数万市民，在武昌公共体育场举行欢迎国民革命军大会。会上，追悼死难将士与民众，公审陈嘉谟、刘玉春及死党，顿时军民群情激奋，将活动推向高潮。

此时的武汉三镇，顿时成为中国革命的中心，而邓演达被认为是这个中心的有力支柱，是实际上的中心人物。此时的邓演达除担任总政治部主任外，还兼任武汉行营主任，在武汉方面行使总司令职权；同时，湖北省政务委员会也在汉口成立，邓演达当选政务委员会主任，主持湖北省政务。

蔡以忱兄弟与家人合影（家属提供）

与此同时，同年9月至12月，中共中央先后调彭泽湘、项英、林育南、罗章龙、陆沉、汪泽楷、聂荣臻、李硕勋等，充实湖北区委领导力量。

这年10月，中共武昌部委员会改组为中共武昌地方执行委员会。因当时湖北区委驻地在武昌，地委遂由湖北区委兼任，但另设工作机构。区委执委蔡以忱兼地委书记，马峻山（俊三）、李硕勋（李陶）、任开国分别任组织部长、宣传部长与秘书。①

在此期间，李立三、刘少奇、毛泽东、吴玉章、恽代英、张太雷亦按照中央指示相继抵汉，以加强工运、农运、统战和军校工作的领导。加上湖北区委工作的董必武、陈潭秋、蔡以忱、许白昊、陈荫林、李求实、吴德峰等，党在武汉已形成颇为强大的阵容，各项工作也开展得轰轰烈烈。年底，湖北农协在武昌三道街旧道尹公署正式挂牌办公。此后，中共中央农委、中华全国农协也迁此办公，指挥湖北及全国农运。

蔡以忱还手把手地教丰俊英怎样拟写标语口号，怎样草拟妇女协会筹备委员会的章程。在边干边学中，丰俊英参与发动群众运动与筹备成立妇女协会的工作。袁溥之回忆说："丰俊英当时年龄最小，但斗争性强，做事很能干。"

与此同时，设立于武昌黄土坡崇实中学（今首义路鄂园）的中央两湖党校也于斯开课。丰俊英加入党组织后，即被选送到两湖党校培训。她参加的那一期培训班，只有她与刘英、赵君陶等4名女生。且丰是年龄最小、党龄最短的一位。她们上课的时间是晚上7—9时，每次两小时。蔡以忱讲各国革命史，李立三讲中国工人运动史，陈潭秋讲党史和革命形势，宛希俨讲反对"妇女主义"等。

这年底，根据中共中央的《三省党务决议案》，湖北区委兼汉口地委即两块牌子一套人马。并对原区委委员进行了调整。新的区委委员的分工情况为：张国焘任书记，汪泽楷、项英主管组织工作，蔡以忱、陈潭秋主管宣传工作，李立三主管职工运动，陆沉主管农民运动，聂荣臻继任军委书记，周慰真任秘书。②

随着北伐战争的胜利和工农运动的迅猛发展，培训革命干部迫在眉睫，为此蔡以忱配合董必武在武汉筹建了湖北省中小学教师党义研究所，董必武任校长。党义所于1927年1月开学，开设军事、政治两大课程。主管宣传的蔡以忱主讲当前革命形势、工农革命运动及共产党的性质、纲领和奋斗目标。他还在武昌农讲所、黄埔军校湖北分校讲授世界革命史。

---

① 《武汉市志·政党志》，武汉大学出版社1998年版。
② 中共武汉市委党史办公室：《中共武汉党大事记》（1926），武汉大学出版社1989年版。

第八章　扶正祛邪

"枪炮可以攻城，艺术可以攻心。"

北伐军在军事进攻武汉前夕，中共湖北区委宣传部主任蔡以忱会同汉口市同志组织文艺界人士，进行"艺术攻心"工作。湖北剧学总会委员长傅心一响应湖北区委与总工会号召，组织武汉艺人配合北伐开展文化宣传活动。

"花鼓"正名

　　北伐军攻克汉阳、汉口后,着手整顿与振兴文化建设,进行"艺术攻心"。自从汉口开埠后,以黄陂与孝感艺人为主体的民间黄孝花鼓戏班也进入大汉口,成为汉口文化市场的一朵奇葩。北伐军到达汉口前夕,黄孝花鼓戏艺人就着手成立了工会组织——湖北进化社,并应邀加入湖北剧学总会。

　　1926年8月4日,参加剧学总会的黄孝花鼓戏名角李百川、王若愚、陶古鹏等,对旧政府把黄陂花鼓戏划属"花部"(妓女行业)进行登记,非常气愤,立即找傅心一诉苦:"把我们艺人打到妓女行业登记,你说这该多丑!"

　　"真是岂有此理!"出身梨园世家的汉剧名角傅心一听后,也义愤填膺。同时,他突然想起李百川、章炳炎于1922年间在上海演出时,曾用过"楚歌社"的名字。他稍停片刻,计上心来,立即说:"你刚才说'丑'提醒了我,花鼓戏中不是也有'小丑'吗?还有过'楚调'之说,以及你们的'楚歌社',我们不妨将'丑'就'楚'(丑),把黄孝花鼓就叫'楚剧'如何?"经傅这么一说,在场者转忧为喜,连声称道:"这个建议好!文源,古有'惟楚有材';戏源,昔年汉剧也叫过楚调。"于是,剧学总会于1926年8月4日开会讨论时,傅心一正式提出,黄陂花鼓戏进化社应该定一个剧种的名字才好登记。他说,昔年楚国首都在湖北,称湖北为"楚",历代众人口碑"惟楚有才",黄陂花鼓戏叫"楚剧"比较好。

　　有一天,傅心一特地就此向蔡以忱汇报。蔡以忱知道,黄孝花鼓戏演员原是黄陂农村自娱性质的"家园班",他们农忙种田,农闲卖艺。由于花鼓戏以通俗的演唱方式,反映平民的生活和社会问题,受到劳苦大众的欢迎,使"家园班"逐步演变成了向职业化过渡的民间"草台斗戏班"。木兰山麓是孕育黄陂楚剧名角的"戏窝子":一个"戏窝子"是木兰山西、黄孝河东的泡桐店。诸如,首先到汉口英租界美观茶园组班演唱楚剧的男伶江秋屏(1886—1945),艺名小宝宝;另一个"戏窝子"木兰山西的梅店王家长冲,以五代世袭的"王家班"而闻名武汉城乡。还有黄孝河两岸的李百川、王若愚、章炳炎、关啸彬等,都在湖北乃至全国戏剧界享有盛誉。辛亥革命成功后,"王家班"为庆祝黄陂人氏黎元洪当选中华民国第一中央大都督演出专场,一时间轰动武汉三镇,黎都督还亲笔题写条幅"梨园名角"相赠。

可是,旧日的花鼓戏地位低下,常被封建的卫道士和官府斥之为"伤风败俗"的"淫戏",从清代至军阀时期,皆明令禁止其公开演出。花鼓戏班进入汉口后,只能到外国租界里,或在底层中国劳苦人民中间演出,或者被达官贵人请到府上唱堂会,不能登大雅之堂。平时也喜欢黄孝花鼓戏的蔡以忱明确表示:黄孝花鼓是平民的艺术,也是民间的文学。如今,我们在国民革命的大潮中为其正名为"楚剧",从此,就可名正言顺地弘扬这一平民文艺了。

蔡以忱肖像

1926年9月7日,北伐军攻入汉口、汉阳后,于9月10日在汉口积庆里口大华西药房三楼召开湖北剧学总会。会上,傅心一提议将黄孝花鼓戏更名为"楚剧"[①]的话音刚落,顿时响起了雷鸣般的掌声。

北伐军会师武汉后,位于中山大道民生路上首,一个娱乐、商业兼备的综合性游乐场所——"汉口新市场"(今民众乐园),国民革命军总政治部将其更名为"中央人民俱乐部",由北伐军总政治部文工团副团长李之龙为主任。一代文豪郭沫若则借用辛亥元老赵声的诗句"茫茫血海怒翻花",为俱乐部起了一个响亮的名字"血花世界"。意谓以革命烈士之鲜血,浇开民主主义之花朵。时至1927年2月,又将北伐军总司令蒋介石用杏黄纸亲笔所书"血花世界",制作为精致的牌匾,高挂于园门正中。

李之龙刚刚接管"血花世界"后,蔡以忱就楚剧登堂入室与之达成共识:楚剧为广大劳动人民所喜爱,颇有市场和价值,值得推广。蔡以忱进一步指出,其实从"戏窝子"黄陂走出来的汉口巨商韩惠安,此前已经将黄孝

[①] 皮明庥、涂文学主编:《武汉通史·中华民国(下)》,武汉出版社2006年版,第281页。

花鼓戏从"草台"推上了大雅之堂——"汉口大舞台"。那是清末京汉铁路的枢纽站——汉口大智路火车站建成后,韩氏发现火车站周边人口稠密,外地游客甚多,尤其以喜爱京剧与黄孝花鼓戏者居多,而且离粤汉码头也不远,水陆交通便捷,这一带是一块不可多得的演出宝地。于是,他于1914年(一说为1912年,一说为1917年)集资筹建了一座表演戏剧的剧场,取名为"汉口大舞台"(今汉口友益街103号之人民剧院)。这是一座两层楼的建筑,楼上楼下共有观众座位1000个,可供人饮茶、观看戏曲演出。观众一进剧院就可看见对面是演出戏剧的舞台。剧院开业之初,主要是上演湖北黄陂、孝感流行的地方剧——"黄孝花鼓戏"。

黄孝花鼓戏为"大舞台"打下名号后,韩氏又派人到京、津、沪等地邀请京剧名角前来演出京剧,使"大舞台"逐渐形成以演京剧为主和其他各剧种进行艺术交流的演出场所,在全国颇负盛誉。1917年,他又聘请汉口戏剧界知名人士傅一心为经理,傅氏广交朋友,受到戏剧界人士的推崇,从而首创在汉口大舞台京剧、汉剧、新剧(今为话剧)同台演出的先例,在艺术上进行交流和革新尝试,受到广大观众的欢迎。1920年,韩惠安将"汉口大舞台"更名"共和升平楼"。次年,又将剧场进行粉刷装修,复改名为"汉口共舞台",因当时上海亦有"共舞台",故冠以"汉口"二字,经理为从黄陂走出的黄孝花鼓戏名角王若愚。

随后,蔡以忱又对黄孝花鼓戏名角李百川、王若愚说,李之龙自幼喜欢花鼓戏,有时甚至粉墨登场,客串一把。希望他们联袂沔阳派花鼓戏代表黄后周具体与李之龙商谈楚剧进"血花世界"演出事宜。

果然,他们一拍即合。在李之龙的安排下,1927年2月2日春节那天,以陶古鹏、李百川为首的天仙班,以"楚剧进化社"的名义正式在"血花世界"二楼进行首场公演,三镇戏迷纷纷前往观阵,当场不仅座无虚席,通道也挤满了观众。

为了纪念这个特殊的日子,蔡以忱会同主管宣传的国共要员亲自参加首演式。而且,由李之龙亲自粉墨登场,顿时产生了轰动效应。至此,历代官府对楚剧艺人的禁锢正式被打破了。"这也是中国戏曲与中国共产党人建立联系的开端。"[1]

"王家班"的传人王若愚(1890—1964),也是推动将黄孝花鼓戏更名

---

[1] 《中国大百科全书·戏曲曲艺》,中国大百科全书出版社1988年版,第503页。

楚剧，以及楚剧改革的杰出代表。他原名元宝，长轩岭街道方家潭人。初始工旦角，艺名小桂清，改丑行后更名若愚。幼读私塾5年，喜玩灯戏。光绪三十四年（1908）拜陈浩伢为师，在汉口德租界美利茶园搭班演出。1912年转入法租界共和升平楼，饰演《游春》《龙凤环》等剧中的彩旦，他边跑圆场边梳头的表演，受人称道。1925年任共和升平楼老板，聘高月楼、金大力等排练武功戏。王热心公益活动，有正义感和斗争精神。

1926年北伐军会师武汉时，王若愚为花鼓戏争取合法地位而奔走，被选为楚剧进化社委员兼交际组组长，并以楚剧代表身份参加湖北剧学总会。大革命失败后的1928年，汉口市公安局召开禁演楚剧会议，王代表楚剧界据理力争，申辩被禁剧目的社会价值，但仍有69个剧目被公安局禁演；同年，他带领楚剧同人向戏园老板提出增加工资，将包银改用银圆支付，使大批演员收入增加。1929年，楚剧训练班主任李一风贪污公款，王等领头控告，致使李被撤职。1930年任共和舞台后台经理。1934年任第三期楚剧演员训练班教务、经济委员，次年任楚剧同学会主席。

全面抗战爆发后，王若愚积极动员楚剧艺人投入救亡运动，组织劳军义演和救济难民、难童，并热情参与各地来汉进步人士的社会活动。1937年底，王被选为中华全国戏剧界抗敌协会常务理事，并在周恩来、郭沫若、田汉等主持的国民政府军事委员会政治部第三厅领导下，率队赴孝感等地宣传演出。1938年，与沈云陔、高月楼等参加战时歌剧演员讲习班学习，组成问艺楚剧宣传二队，王任队长，辗转于四川重庆、泸州等地，坚持八年抗战。抗战胜利后的1947年，他还写成《楚剧奋斗史》，记述楚剧界人士艰苦创业的历程。1951年任武汉市楚剧工作团副团长。1956年在湖北省第一届戏曲观摩演出大会上，获省人民委员会奖状。

土地革命

"唤起工农千百万，同心干，不周山下红旗乱。"

北伐军到达武汉后，武汉一跃成为世界东方耀眼的"红都"，南方的国民革命气势如虹。

为了领导湖北以及红都武汉的革命运动，1927年1月，蔡以忱协助董必武在武昌召开了中国国民党湖北省第四次代表大会。在大会主席团主席董必武的主持下,大会发表了宣言、通电、告民众书,通过了政治报告、党务报告,省民会议、中央联席会议代表报告,对英问题、农民运动、青年运动、禁烟问题等决议案,选举产生了以共产党人和国民党左派为主的新的省执行委员会和省监察委员会。为充实国民党左派进入省党部,蔡以忱主动请辞不再担任省党部执行委员,把主要精力放在中共湖北省委与农运工作上。

董必武肖像

从小在农村长大的农民之子蔡以忱,一直积极支持毛泽东在武昌开办湘鄂赣农民运动讲习所的建议。

那是1926年底,毛泽东以中共中央农委书记的身份,亲赴湖南、湖北、江西三省国民党党部协商,建议在武昌合办"湘鄂赣农民运动讲习所"。国民党湖北省党部执行委员蔡以忱得知后,亦积极向董必武建言,得到了董必武等三省党部领导人的支持。1927年1月15日,湖北省党部召开第一次会议,议决推定张眉轩、陈荫林、李汉俊3人为湘鄂赣农民运动讲习所筹备员,并议定拨经费1.6万元。1月16日,成立了"湘鄂赣农民运动讲习所筹备处",计划招收学员600名,其中湖北200名,湖南、江西各150名。为适应全国农运发展发展形势,又招河南40名,安徽、江苏各20名。

湘鄂赣农民运动讲习所筹备处成立后,蔡以忱作为东道主积极配合选定所址。当时广州国民政府已迁至武汉办公,中央机关林立,房子很紧张,想找一处能安排600名学生上课、住宿的所址很难。经他与多方协调,先后选定省立第一小学第二部、武昌县孔庙为临时所址,实地查看后大家觉得不合适,最后选定武昌北城角(今红巷13号)为所址。

讲习所原是清末湖广总督张之洞兴办的北路高等小学堂旧址,时为湖北高级商业学校,是一个占地面积1.2万多平方米的幽静院落。院内一、二、四栋为平房,砖木结构,灰瓦青墙朱柱红檐,屋檐下四廊贯通,系典型的晚清学宫式建筑，三栋为二层青砖小平瓦楼房，具有西式建筑的风格。四栋房屋建筑面积4703平方米，两两结合，中间有走廊贯通。两组建筑之间有一面积为2800平方米的操场。整个建筑群坐北朝南，布局合理，排列有序，在几十种不同的苍翠树木环绕映衬下，显得格外庄严肃穆。

经蔡以忱与毛泽东等人共同努力，根据国民党中央决定，农讲所最后定名为中国国民党中央农民运动讲习所，以邓演达、毛泽东、陈克文为常务委员，学制4个月。1927年2月至3月初，武昌农讲所进行了招生考试，3月7日正式上课，4月4日举行开学典礼，学生来自全国17个省共800余名。

为了让学生在短期内学到较多的理论知识，农讲所在课程的设置上颇具匠心。在农讲所的整个教学活动中，毛泽东是实际的主持者。在蔡以忱看来，毛泽东主讲的《农民问题》《农村教育》等课程，讲得通俗生动，幽默风趣，有声有色，引人入胜，最受学生欢迎。

毛泽东给学生讲授《湖南农民运动考察报告》，讲到"矫枉必须过正"的时候，用粉笔在黑板上画一根向右弯的杆子，随即向左又画成一个弯，最后在正中画一直线，一边画一边说，要把这根杆子搞直，必须先向相反的方向狠扳几下，才能使它直起来，这就是"矫枉必须过正"的道理。浅显的例子，说明了深刻的道理。通过他的讲课，农运中许多根本问题，得到明确的解释，一些混乱的思想，得以澄清。

蔡以忱除在农讲所担任兼职教员外，还利用党义研究所、崇实中学、中共中央两湖党校、黄埔军校武汉分校等讲坛，向进步青年系统地讲述了中共在建党之前和建党以来，党的创始者们探索解决农民土地问题的新观点——

1919年2月，李大钊在《晨报》发表《青年与农村》一文，认为"中国农村的黑暗，算是达于极点"，"我们中国是一个农国，大多数的劳工阶级就是那些农民。他们若是不解放，就是我们国民全体不解放；他们的苦痛，就是我们国民全体的苦痛；他们的黑暗，据是我们国民全体的黑暗；他们生活的利病，据是我们政治全体的利病"，因此城市青年"应该到农村里去"，去"开发农村"，使"知识阶级与劳工阶级打成一气"。

1920年底，刊载于上海《共产党》月刊的《告中国的农民》一文，公开号召农民"自己动手"，"抢回"自己"靠着吃饭的田地"，并说共产主义者一定支持他们的要求。文章号召说："同志们呀！我们要设法向田间去，促进他们的这种自觉呀！"1921年7月23日至8月初，中共在第一次代表大会上通过的《中国共产党纲领》中正式提出："消灭资本主义私有制,没收机器、土地、厂房和半成品等生产资料,归社会公有。"

不仅如此,中国共产党在建党之初,它的成员和它领导下的社会主义青年团员,还在有些地方发动了农民运动和减息运动。

1921年9月,参加过上海建党活动的沈定一,在其家乡浙江省萧山县衙前地区,领导农民成立了中国最早的农民协会,公开声明与地主"立于对抗地位",议决减租,规定会员每年完纳租息的成数,"以收成及会员平均的消费所剩余的作标准",并宣称"世界上的土地是应该归农民使用","土地该归农民所组织的团体保管分配"。在衙前农民斗争影响下,附近农民纷纷响应,绍兴、曹娥等县附近三四百里内的农民纷纷响应,很快建立了80多个农民协会。但是,这里的农民斗争于当年12月被地主阶级和省县军警所镇压。农协负责人李成虎被捕后,英勇不屈,惨死在狱中。后来,人们在他的墓道上刻下了这样的对联:"四山坟墓堆里,找不到第二具;中国农运史上,这位推第一人。"

1922年1月,共产国际召开了远东各国共产党及民族革命团体第一次代表大会。列宁在会上会见了中国代表,指出中国必须先进行反帝反封建的资产阶级民主革命,中国共产党的主要任务是认清"组织农民之重要",没收大地主大军阀的土地分配给农民,并指出中国共产党与孙中山领导的国民党联合的可能性。

根据列宁和共产国际的上述精神,1922年6月15日,中共中央在《中国共产党对于时局的主张》中,提出了反帝反封建的斗争目标以及与国民党等革命党派组成联合战线的主张,并说目前的奋斗目标是"肃清军阀,没收军阀官僚的财产,将他们的田地分给贫苦农民",同时要"定限制租课率的法律"。7月16日至23日召开的党的二大,在宣言中明确提出了反对帝国主义、反对封建主义的民主革命纲领,强调"中国三万万的农民,乃是革命运动中的最大要素",并第一次分析了农村的阶级,指出它包括"富足的农民和地主""独立耕种的小农""佃户和农业雇工",其中小农、佃户和雇工占农民总数的95%,他们要解除穷困和痛苦,"必须与工人握手进行革命",打倒帝国主义和封建统治。其中再次提出应规定限制租课率的法律,并把它作为最低纲领的一部分。

随着农民运动的迅速发展,中国共产党的农民土地主张也有了明显发展。1925年1月召开的第四次全国代表大会,明确提出了农民是工人阶级的同盟军的思想。大会通过的《对于民族革命运动之决议案》说：农民运动"已表示他们是中国革命中的重要成分，并且他们因利害关系，天然是工人阶级之同盟者"。在《对于农民运动之决议案》中，还指出了宣传组织农民的方法，强调要建立农民协会和农民自卫军，特别要保障贫农及雇农的特殊利益。

1925年5月，在上海爆发了轰轰烈烈的"五卅"运动。在这一运动和各地农民运动蓬勃发展的形势下，中国共产党提出了没收大地主的土地等主张……

作为当年的历史见证人，董必武在中华人民共和国成立后回忆说："蔡以忱、陈荫林、董觉生等先搞群运、农运，后在党中一直搞农运"，"蔡以忱、陆沉、陈荫林等为（农运）领袖"。[1]

任教"黄埔"

1926年11月，中央军事政治学校武汉分校，又称黄埔军校武汉分校，在清朝湖广总督张之洞创办的两湖书院内成立。蔡以忱以国民党湖北省党部执行委员（同时任中共湖北区委执行委员兼武昌地委书记）的身份，参与了筹备工作。

军校前临大江，后枕蛇山，右抱黄鹤楼，左前方与古战场赤壁遥遥相对，风景开阔，形胜天然。

军校大门粉刷两条醒目标语："第一步使武力与国民团结；第二步使武力为国民武力。"大门正对着的门墙上，写着国民政府建国大纲二十五条。

武汉分校由国民党左派和共产党人管理，学校招考委员会均是国民党左派和共产党要人：邓演达、陈公博、郭沫若、李汉俊、董必武、包惠僧、王乐平等。代校长邓演达是最坚定的国民党左派领袖之一，代党代表顾孟余，教育长张治中。政治部除主任周佛海以外，政治教官以国民党左派和中共党员为多，如高语罕、谭平山、徐谦、施存统、吴文祺、梅思平、甘乃光、沈雁冰等，政治总教官恽代英更是著名的共产党人、蔡以忱

---

[1] 安源纪念馆藏档案第2341号之《董必武同志谈蔡以忱同志情况》。

的战友。

一次，黄埔军校元老、校友包惠僧亲口告诉蔡以忱，他本人是怎样走进黄埔军校的：

那是1925年2月，黄埔军校广州本部政治部主任周恩来奉命率教导团随校长蒋介石发动第一次东征，校本部暂时成了真空，学生无人管理。国民党校党代表廖仲恺十分着急，数次发电报给蒋介石，要周恩来回校主持工作。蒋介石皆回电说，前方战事吃紧，周恩来不能回校。于是，廖就以党代表的名义，破例任命了时年31岁的包惠僧做军校政治部主任。这样一来，黄埔军校在同一个时期，就有了两位政治部主任，前方是周恩来，后方是包惠僧。6月，军校参加东征的学生全部回校复课，周恩来调国民革命军第一师任党代表。此时，不但整个黄埔军校的政治工作全部由包惠僧负责，而且他还兼任黄埔军校高级政治训练班主任。

1926年9、10月间，包惠僧随北伐军抵达武汉，被国民革命军总政治部主任邓演达委任为武汉新闻检查委员会主席。包惠僧接任后，立即着手拟定新闻检查办法，召开记者招待会解决存在的问题，但工作还没有全面铺开，又被委任为武汉中央军事政治学校筹备处主任。1927年1月，包惠僧出任独立第十四师（师长系曾参加辛亥首义、后为反共将军夏斗寅）国民党党代表兼政治部主任。

武汉分校的学生，特别是第六期的学生多是共产党人和国民党左派。生源主要来自武汉政府所能管辖的区域湖北、湖南、江西。不久，广州黄埔军校本校的政治大队整个迁来，炮兵大队、工兵大队亦由南昌西线迁来，全校学生共有6000多人。

在传统的军事教育中，士兵精神历来不被重视。黄埔军校倡导政治与军事并重，这在中国近代军校史上前所未有。

军校开设的政治课程，包括社会科学概论、世界各国革命史、无产阶级政党史、帝国主义侵华史、阶级斗争学说等。

学校创办初期，既没有桌椅，也没有固定的课室，上课时，蔡以忱与其他教官都是站在桌上如同集会发表演讲一样讲授，学生则围在桌子周围听课。教师出身的蔡以忱主讲的世界各国革命史，结合解说列强侵略与不平等条约，阐明国民革命的本质与意义，生动有趣，颇受学员欢迎。

武装骨干

正当国民革命在九省通衢如火如荼发展之际,在国民党内部却发生了"迁都之争"。

本来,迁都之议是国民革命军总司令蒋介石提出来的,把武汉作为临时首都也是其选定的,并在1926年11月26日广州召开的国民党中央政治会议上,正式做出了迁都武汉的决议。12月13日,国民党中执委和国民政府在武汉成立了一个联席会议,作为迁都前的临时党政最高权力机构。可是,在1927年1月3日,蒋介石出尔反尔,突然宣布召开中央政治会议第六次临时会议,决定国民党中央党部和国民政府暂住南昌。会上,国民革命军总政治部主任邓演达据理力争,反对这一提议。但蒋介石并不为所动,在南昌成立中央党部临时办公处,与武汉联席会议分庭抗礼。

为了分化和说服武汉联席会议,蒋介石于1月底约请邓演达到庐山会谈。尽管在长谈中邓演达晓以大义,无奈蒋介石早已水泼不进。从庐山下来后,邓演达对郭沫若说:"我和蒋介石共事多年,如今不能不分手了。"

与此同时,关于农民运动与土地革命,不仅国民党左派与右派意见相左,在共产党内部也存在着激进派与缓进派。

身为国民革命军总政治部主任的邓演达,虽是国民党左派,但他的观点有时比共产党还要激进。1926年6月23日在总政治部战时政治工作会议上,邓演达就强调:"农民问题是中国革命的根本问题……北伐的军事行动,如果不把握着农民问题这个中心,纵然在军事上得到胜利也会落空!"

湖北农民运动在直系军阀吴佩孚、萧耀南的高压之下,发展极为艰难缓慢。虽然1925年12月成立了省农民协会,但有农会组织的不过黄梅、黄冈、黄安、汉川、枣阳数县,会员不过3000人。省农会成立不到3个月,即被直系军阀封闭。至1926年7月,农会会员也只有3万余人。

北伐军占领武汉后,湖北农民运动得到突飞猛进的发展,有农会组织的县达40余个,会员增加到40多万人。1927年1月,董必武主持召开的国民党湖北省第四次代表大会,通过了《农民运动决议案》,大力发展农民运动。这次大会是湖北农民运动大发展的新起点。

这时，邓演达在总政治部专门设立了农民问题讨论会，聘请恽代英、李达、毛泽东、郭冠杰、施蛰存等为委员。

作为中共湖北区委宣传部主任（部长），蔡以忱一方面协助董必武创办了湖北省中小学教师党义研究所，开设政治与军事课程。蔡以忱主讲了政治课，内容包括世界各国革命史、中国革命史、三民主义、中国国民党的教育政策、当前革命形势、工农革命运动及共产党的性质、纲领和奋斗目标。党义研究所每期三个月，共兴办了两期：第一期培训师生200人；第二期培训了200名工人、农民与知识分子。①

蔡以忱编辑的《反帝国主义运动专号上》，
《武汉评论》第二十二期，1925年8月29日

---

① 《汉口民国日报》1927年1月25日。

另一方面，蔡以忱还在武昌中央农民运动讲习所、妇女运动讲习所、黄埔军校武汉分校讲授世界各国革命史、中国革命史与报告湖北农民运动概况。为大革命输送了一批从事工、农、妇、青运动的骨干。

1927年6月18日，蔡以忱参加农讲所举行了的毕业典礼。这些学生毕业后，大部分由各省农民协会委任为省农民协会特派员，深入农村，领导农民进行革命斗争。他们犹如星星之火，在中国这块古老而广袤的大地上燃烧起熊熊大火。

阳新断案

湖北农村大革命的兴起，动摇了帝国主义、封建势力在中国的统治，引起了反动势力的仇恨和反对。革命与反革命之间，统一战线中的无产阶级和资产阶级，党内的马克思主义者和机会主义者，围绕着农民问题展开了激烈的斗争。

于是，土豪劣绅、不法地主、国民党右派与北伐军里的反动军官，互相串联勾结，联合攻击污蔑农民运动是"痞子运动""惰农运动""糟得很"。他们组织"白化党""保产党""左社"等反革命团体，和农民协会对抗；指使流氓、走狗组织伪农会，篡夺农村政权，发动反革命暴乱。湖北的阳新、监利、麻城、黄梅、麻城、黄安等县，都发生了土豪劣绅纠集地主民团武装，勾结流氓土匪，捣毁农会和国民党县党部，杀害干部和会员的恶性事件。其中"阳新惨案"就是典型之一。

那是1927年初春，武汉三镇军民同庆，刚刚度过了北伐军光复江城的第一个元宵节。不料，3月2日，正在加紧筹备湖北省第一次农民代表大会的中共湖北区委执行委员蔡以忱，接到湖北阳新县的两纸状子：一是国民革命军第八军总佛教会转来的电报：阳新城隍庙的多名和尚，联名状告中共阳新县与国民党县党部人员烧死和尚案[①]；一是中共阳新县委书记罗伟会同曹大骏、刘熙等，到汉控诉阳新商会会长朱仲炘与伍修举、阮星明等人，制造了惨无人道的屠杀湖北省农协特派员成子英等9名干部案。

[①] 《中央日报》1927年4月17日。

曾任国民党省党部农运部长的蔡以忱，对鄂东农运了如指掌。为了查明案情，他向国民党省党部主要领导人董必武建议：应该迅速派遣特派员率省警卫连前往阳新，调查"阳新惨案"真相，震慑反动势力。

3月6日黄昏，董必武采纳了蔡以忱建议：指派由省政务委员会特派员王慧文、省党部工人部长周延墉、省济难会代表蒋宗文组成"阳新惨案"查办小组，并率省警卫一团一个连的武装到达阳新查办该案。但因连长与土豪劣绅暗中勾结，从中百般阻挠，致使重要人犯逍遥法外，首次查处草草收场。王慧文回忆说：

> 当晚，我们便提审了两个和尚（报案者）和县商会会长（朱仲炘）。第二天或第三天，我们在阳新处决了两个和尚，县商会会长则带回省里交省司法厅审理。①

3月9日，在全省农民代表大会上，阳新代表刘熙报告了"阳新惨案"的经过与发生的原因：县知事无能，农协解散其警备队而结怨；公安局长因筹款遭农协反对而仇视；省党部领导的商民协会与旧商会冲突。于是三股势力纠合起来向农协进攻。这位代表报告完后，大会举行讨论并形成七点议案：

为死难烈士举行追悼会；请省政务委员会对阳新县长、公安局长实行枪决；对首犯朱仲炘建议在追悼会上枪决；以大会名义宣布阳新县长、公安局长罪状；没收诸凶财产，以其一部分抚恤死难烈士家属；建立死难烈士纪念碑；大会通告各县农协举行追悼会，并募捐抚恤烈士家属。②

10日，农协代表大会派六名代表赴国民党中央党部请愿，要求处决阳新惨案凶手。于是，在同日举行的国民党二届三中全会上，中央执委丁超五临时报告了"阳新惨案"详情，詹大悲、恽代英、邓演达等先后发言，痛斥敌人犯下的血腥暴行。全会通过了《阳新惨案处理决议案》，组委会决定指派邓演达、吴玉章、毛泽东3人为委员，与湖北省党部、湖北省政务委员会、湖北省农民协会召开联席会议，迅速再次处理"阳新惨案"。

3月16日《汉口民国日报》载《阳新惨案的前因后果》报道惨案目击

---

① 王慧文：《援救阳新》，《回忆董必武》第一辑，第129页。
② 《湖北省农协代表大会之第五日》，《汉口民国日报》1927年3月10日。

国民党二届三中全会人员在汉口南洋大楼楼顶合影（1927年3月10日）

者的现身说法：原因包括县长张鹏翊为旧官僚，就任之初便与土豪劣绅勾结；公安局长艾道生，欲将警察所经费由400元/月提高到700元/月，遭到县党部与农协反对而怀恨在心；劣绅朱仲炘曾勾结吴佩孚反对北伐军。首次查办因张连长姑息养奸使凶手除朱犯外，大都逍遥法外。

3月31日，毛泽东、吴玉章、邓演达指令国民党中央农民部特派专员黄书亮，湖北省农协代表蔡以忱，北伐军某团党代表刘镜清、第十一军叶挺师所属的刘绪福营长及两个连的官兵，再赴阳新查办此案。

蔡以忱受命连夜随叶挺部两个连乘船出发，赴阳新后一边明察暗访，一边受命重组"阳新县查办二·二七惨案委员会"，查找人证、物证。

蔡以忱知道，共产党员成子英，是1926年底在省农协与省农民运动委员会举办的农运干部训练班结业后，作为省农协会特派员，前往阳新组织和领导农民运动。早在8月，正值北伐军在鄂南激战之际，成子英回到家乡组建了农民协会。至11月，阳新全县农协会已发展到七八万人，正式成立了县农民协会与农民自卫武装——农民自卫军。在全县范围内镇压一批罪大恶极的土豪劣绅。

与此同时，县总工会领导人民群众发动了对"十三行"（指阳新土豪劣绅朱仲炘等十三家反动商户开办的商行）、"三庙"（城隍庙、华光庙、东岳庙）、"三堂"（天主堂、慈堂、福音堂）的斗争。

蔡以忱调查发现，随着工农革命运动的高涨，湖北阳新反革命势力总头目朱仲炘与伍修举、阮星明等人，日夜图谋消灭共产党和工会、农会。

在国民革命军第七军北伐攻占阳新前夕，朱仲炘积极为军阀吴佩孚部的马济军筹饷万余串，以阻止北伐军入境。北伐军进入阳新后，他又指使"红门会"的会徒们到处造谣说："北伐军要抢光、烧光、杀光。"当由中共人士主持的国民党阳新县党部为欢迎和支持北伐军进行筹款时，朱竟以商会会长的名义，阻止商户捐款。

其后，朱仲炘以伍修举为首的"红门会"、以易筱舫为首的烟贩子、以冯杏斋为首的土匪恶棍、以刘滚子为首的流氓地痞、以黄国南为首的反动警备队、以澄清为首的反动和尚、以姜馨山为首的湖霸等，组成反革命暴乱集团。他们不仅在群众中大肆造谣，叫喊"农民协会的人要共产共妻，挖祖坟，劈祖宗牌，火烧六十岁以上的女人"等，企图混淆视听，煽动不明真相的群众起来反对共产党、反对工农革命。还串通反动县长、公安局长秘密收买土匪恶棍和流氓地痞充当打手，加紧准备屠杀共产党员和革命工农。

1927年2月26日，是新春元宵节后第十天。罗伟（汉杰）、曹大骏、曹庆云等阳新县国共领导人，及时召开了由国民党阳新县党部执委和工农青妇负责人参加的联席会议。会议决定，27日即分头上街宣传，散发传单，张贴标语和辟谣公告。同时决定，由省政务委员会派来的北伐军军官、共产党员石树荣接替县警备队队长职务，掌握武装，以防万一。

为把联席会议的决定迅速付诸行动，曹大骏、柯松涛、赵雪梅、陈珍等工农青妇主要领导人，立即分别召开骨干分子会议，落实具体任务。胡占魁、邹有执、李发炬、程炎林等积极分子，连夜赶写标语、传单和辟谣公告。

革命党人严阵以待，敌人也在磨刀霍霍。当日深夜，朱仲炘侦知革命党人的行动方案后，就在组织百余名反革命暴乱集团成员，在阳新柯家祠堂密谋：趁城里工人回家欢度元宵节之际，对中共阳新党部实施突然袭击。

危险，灾难，正在一步步向革命者们逼近。

27日清晨，天阴沉沉，下着毛毛细雨，寒气袭人。"哐……哐……"酒徒余老三的鸣锣声，打破了阳新古城清晨的宁静。

接着，余老三边敲锣边叫嚷："大家注意！共产党要造反，快捉拿共产党人，捉拿工会和农会的人！"

话音刚落，在朱仲忻暗中操纵下，百余名匪徒，手持各种凶器，按预定计划，分三路向革命者猛扑而去。

县农协内，21 岁的湖北省农协特派员、共产党员成子英一夜未睡。天刚亮，他正准备率领县农协宣传队上街开展宣传活动。不料，李朝贵带领一伙匪徒突然袭击，成子英左臂被打断，血流如注。

国民党县党部书记罗冠国、县农协执行委员兼秘书谭民治、枫林农民协会委员长王得水同时被抓。押解途中，匪徒们对 4 人拳打脚踢，乱棍齐下，一直将他们拖到县城隍庙前。

在下关庙一带张贴标语、辟谣公告的工会组长胡占魁、工会会员李发炬、县总工会组织部长兼秘书长曹树光、青年团员邹有执、程炎林，也先后落入魔掌。

原定当日上午接任县警备队队长职务的共产党员石树荣，紧急赶到县政府，要求县长张鹏翊派兵解救，结果反中县长奸计，被敌人抓获。

匪徒们在城隍庙前将罗冠园杀害，把其余八人脱去衣服，捆绑手脚，包以棉絮，浇上煤油，烧以劈柴点天灯，八烈士被活活烧死。

次日，复集土匪流氓 4000 余人，组织反革命暴乱，在全县农村大肆焚烧抢劫。在生命的最后一刻，共产党员成子英等人仍大声高呼："打倒土豪劣绅！打倒贪官污吏！共产党万岁！"当年的《汉口民国日报》曾这样记载：

> 我们勇敢的成子英同志，手上脚上的绳子都被烧断了，但是还没有烧死，还想用他最后的一点力气，来和土豪劣绅搏斗。他就英勇地从大火里跳出来，大呼"打倒阳新的土豪劣绅"，直向土豪劣绅扑去。土豪劣绅让开，未曾扑着，却扑到水里去了。可恨的土豪劣绅，见我们勇敢的成子英同志站起来，当头一棒，打得他鲜血直冒，然后又丢到火坑里。
>
> 年仅 16 岁的青年团员邹有执，也从熊熊的烈火中跳出来，死死抱住一个匪徒不放，想在生命的最后一刻与敌人同归于尽。但因他遍体鳞伤，全身无力，很快又被匪徒抛入火中。
>
> ……

惨案发生后，敌人企图掩盖罪行，并嫁祸于人。他们连夜把九位烈士的遗体裹上和尚服，偷偷地埋了。随后，又造谣说："共产党烧死了几个和尚。"并威胁群众："只准说共产党闹事，烧死了九个和尚，不准说杀了共产党。"还要群众"父戒子、兄戒弟、夫戒妻"，不准道出真相。

接着，朱仲炘、姜馨山等恶人先告状：一边发电报给国民革命军第八军，一边唆使城隍庙和尚，于2月28日具名诬告中共阳新县委与国民党县党部烧死和尚。

他们哪里知道，中共阳新县委、国民党县党部与群团的主要负责人罗伟、曹大骏、曹卿云、刘熙等，机智地冲破敌人封锁线，日夜兼程，于3月2日赶到武汉，分别到国民党湖北省党部、湖北省政务委员会、湖北省农民协会、中央农民部及国民革命军第八军司令部报案，并向媒体说明"阳新惨案"的真相。

惩办凶手

国共两党人士邓演达、宋庆龄、何香凝、毛泽东、董必武、吴玉章等闻讯后，异常气愤。当蔡以忱迅速将查处案情方案，向邓演达、董必武等人报告后，一系列镇压反革命的措施纷纷出台。

案发后的第三天，"阳新惨案"的消息在《汉口民国日报》报道，立即传遍武汉三镇，震惊全国。

3月2日，以董必武为首的国民党湖北省党部，着邓初民、孔文轩等人连夜起草了《惩治土豪劣绅暂行条例》，并呈国民政府司法部批准施行。[①]

4日上午，湖北省农民协会第一次全省代表大会在武昌"红楼"（国民党省党部）前召开，184名代表代表着全省41个县、81万农会会员与会。

作为中共湖北区委宣传部长与农运领袖，蔡以忱在会前就大造舆论，诸如在《汉口民国日报》等革命报刊上，连篇累牍地发表宣传大纲，系统介绍湖北省农民协会的历史、大会的意义、省区乡三级农协的关系。强调农民是国民革命的唯一基础，农民协会是农民求解放的唯一道路，省农协代表大会

[①]《汉口民国日报》1927年3月5日。

第八章　扶正祛邪

蔡以忱在湖北省农民协会第一次代表大会演讲场景

是全省农民协会的最高机构，乡村的事由农民做主等。

　　大会主席台搭建得十分气派。尤其是悬挂的白竹布大幅标语"保障农民的势力""打倒土豪劣绅，实行乡村自治""速开国民会议，省民会议""农民是人类的衣领父母，国家的主人翁……"让人们对代表大会的主旨一目了然。

　　此次大会由陆沉主持。邓演达、毛泽东、林祖涵、徐谦、李维汉等被聘为大会名誉主席，邓演达、董必武、蔡以忱等相继发表演讲。大会通过了扩大反英、土地、地租、雇工、县政、工农联合、没收逆产、禁止烟赌、取缔高利贷、查办土豪劣绅等35个决议案，成立了湖北省农协，选举邓演达、陆沉、蔡以忱等17人为省农会执行委员，蔡以忱为大会拟定了《告湖北农民书》。

　　4日下午，在陆沉的主持下，武汉各界30万人齐聚武昌阅马场，在这里隆重庆祝省农协全省农民代表大会的召开，蔡以忱代表中共湖北区委在会上发表了热情洋溢的演说。① 董必武、李汉俊代表国民党，王子煦代表共青团等也作了演讲。

9日，湖北省总工会发表了《为阳新土豪劣绅惨杀党员通电全国》的通电。14日，国民党二届三中全会通过了《关于对"阳新惨案"处理的决议案》，成立了以邓演达、吴玉章与毛泽东为委员的"阳新惨案查办委员会"，会同湖北省党部、湖北省政务委员会、省农民协会召开联席会，迅速处理该案。② 同时，邓演达还被选为国民党中央农民部部长。

24日下午，省农协举行了第一次执委会，推选陆沉、陈荫林为正副委员长，下设组织、宣传、教育、自卫、建设、调查各部，蔡以忱任组织部长，丰俊英为总干事。

按照省农协统一部署，特派员蔡以忱于会后迅速率领运动骨干回到黄陂县，组织成立了黄陂县农会。会后，湖北农运迅猛发展，黄陂县、黄冈县成为全省较大的县农民协会之一。

26日上午8时，武昌中央农民运动讲习所的800名学员，前往国民党中央党部请愿，要求肃清制造"阳新惨案"的凶手。下午，在农讲所大操场上，蔡以忱协助毛泽东等人，为阳新与赣州的死难烈士主持了万人追悼大会。晚上，农讲所师生举行了"追悼阳新、赣州死难烈士游艺晚会"，其中现编现演的剧目《阳新惨案》引起了共鸣。蔡以忱与毛泽东、恽代英、吴玉章、宋庆龄等应邀出席。

再说4月1日蔡以忱抵达阳新后，会同中央特派员黄书案，出席了由阳新县党部、县总工会、县农协等组成的"阳新县查办二·二七惨案委员会"联席会议，就撤销张鹏翙的县长职务、拘捕公安局长艾道生，逮捕凶犯并组织法庭进行公审等，征求和听取各界人士的意见。

4月6日，由查办委员会根据《惩办土豪劣绅暂行条例》，对凶犯进行了8个小时的预审。次日开庭正式公审，在大量的人证和事实面前，各犯无从抵赖。审理从上午10时开始，一直到晚上10时结束。最后审判决定将朱仲炘、伍修举等7名首犯判处死刑，其他从犯依法判处有期徒刑或保释。③

4月8日，哀乐低回，花圈密布，幡幛飘飞，追悼死难烈士大会在阳新

---

① 《汉口民国日报》1927年3月5日。
② 《汉口民国日报》1927年3月16日。
③ 《中央日报》1927年4月17日。

阳新惨案九烈士墓

县城儒学广场召开，6万余名来自全县各界人士将会场挤得水泄不通。灵台中央挂着"阳新二·二七惨案死难烈士追悼大会"巨大横幅，两侧高悬着蔡以忱题写的挽联："七尺之躯，一炉而冶；千秋不朽，九根灵芝。"整个灵台摆满了花圈、挽联、挽幛与标语。

成子英等9位烈士的忠骨，裹上白布重新入殓，九副棺木并排摆在儒学大厅里。庄严肃穆的追悼大会由省政务委员会任命的新县长佘辉田主持。曹大骏代表"阳新惨案处理委员会"宣判匪首朱仲炘、伍修举、阮星明等7人死刑，并立即执行，以公祭烈士。

接着，蔡以忱代表省农协致悼词，国民党县党部与各界代表亦纷纷志哀。继而，蔡以忱等与会干群举行了声势浩大的示威游行，队伍前面高举着烈士的大幅画像，队伍两旁则由全副武装军、警、民卫队护航。

游行结束后，将9名烈士在天主堂后面的一座向阳坡上入土为安。墓前竖立着一方巨石墓碑，碑上镌刻着烈士的英名。墓碑两旁各树石碑一块，碑上铭刻着烈士的事迹。墓的四周栽种了常青松柏和鲜花。在烈士就义的城隍庙与县政府门前也各树纪念碑一座。

三年后，何长工、李灿率领红五军光复阳新县城时，阳新人民为纪念成子英等"二·二七"烈士，特作了这样一首《追悼歌》：

烈士死难已三春。回首阳新城，踞满了豪绅。勾贪官司结地痞，任意逞凶横。捣毁工农会，烧杀革命人。空前未有，惨不忍闻。群情激愤，个个痛恨。血花流富水，色彩变风云！"二·二七"烈士，虽死犹生。同胞们快起来，一致来雪恨。百折不回志，革命真精神。前赴后继，坚持斗争。死难烈士未竟事业，我们来完成。推翻诸帝国，杀尽土豪绅。革命风云涌，共产主义靠斗争。①

时至2010年8月，成子英烈士当年用过的《诗经读本》《左传句解》，以及唐诗教材和字典等，在通山县被重见天日，再次勾起了人们对烈士的深切怀念。

---

① 《阳新人民革命史》，华中师范大学出版社1991年版，第58—59页。

第九章　筹备"五大"

美国著名记者安娜·路易斯·斯特朗在《千千万万的中国人》一书中写道："全世界都知道，1927年的汉口是'红色的汉口'。"一位浪漫主义诗人当时曾这样抒情："武汉是我的爱人/我甘愿为她牺牲生命//赤化的黄鹤楼/要永远屹立在江滨。"

舆论引导

1927年,中国共产党走过了六年艰难崎岖的征程,中国革命进入一个更加风起云涌和复杂严峻的历史新阶段。

这年2月,中华全国总工会由广州迁至武汉,李立三为代理委员长,刘少奇为秘书长。据《第一次国内革命战争时期的工人运动》载,"为时不及三月,湖北工人之有组织者,遂由十万增至三十万"[①],武汉成了全国工人运动的中心。在武汉的工农和青年群众组织中,中共居领导地位,蔡以忱等是组织工运的领导骨干之一。

此时经常往返武汉长江两岸的蔡以忱,看到革命观念与标语已经深入各阶层感到由衷的高兴。诸如,过江轮船上张贴有"中国革命是世界革命不可分割的一部分"彩色标语,工商老板们在演说时,也会高呼一句"世界革命万岁"!至于武汉的热血青年,更是豪情万丈:"我们简直成为世界革命的中心区,可以左右世界革命的成败","只有革命才是我们的出路"……

蔡以忱也敏锐地发现,随着国民革命军控制江南诸省,国民政府与国民党高层却出现了分裂。此次分裂的导火索,是北伐军总司令蒋介石出尔反尔,反对国民政府迁汉,蒋介石与武汉的国民党左派、共产国际代表、中共等方面人士组成的武汉政府,渐行渐远。

1927年1月3日,在南昌召开的中央政治会议第六次临时会议上,张静江、谭延闿反对迁都武汉,邓演达、宋子文、朱培德、陈公博主张迁都武汉,而蒋介石却强硬作出结论说:"多数都表示国府留赣,那么国府就不迁汉罢!"

同日,在武汉的共产党人,团结国民党左派和中派,召开了武汉临时联席会议第九次会议,并决议:"因革命势力之发展,中央党部及国民政府迁移武汉,有立即召集中央执行委员会全体会议之必要。临时联席会议拟在中央执行委员会政治会议提议,于政治会议未在鄂开会前,由临时联席会议先行非正式的通知现不在鄂之中央执行委员,即刻首途来鄂,以省正式召集之

---

① 《第一次国内革命战争时期的工人运动》,人民出版社1954年版,第400页。

时间"。并发出正式通告。

蒋介石为了争取国民党左派的支持，于1月9日亲自从南昌轻装来汉游说。在筹划欢迎蒋抵汉的宣传口径上，蔡以忱襄助董必武十分注意斗争策略，作最后的努力，积极争取蒋顺乎民意。

在蒋介石未到武汉之前，省党部代表大会就发了通电，欢迎（实际是督促）蒋氏及其控制的那些中委一起到武汉来。在欢迎大会上赠送蒋介石一面凯旋旗，上书"党国柱石"四个大字。欢迎大会主席董必武在欢迎词中也讲得很策略。他说，欢迎蒋总司令，并非欢迎他个人，而是因为他贯彻总理遗教，实行农工政策……将国民革命进行到底。同时强调，国民革命不仅是要打倒北洋军阀，还要从社会基础上进行革命，要吸取辛亥革命失败的教训等。

在欢迎大会及《汉口民国日报》上的口号与标语，既有"欢迎蒋总司令"，也有"打倒西山会议派"及"昏庸腐朽分子站开"等；会上更突出了"恢复党权""提高党权"的呼声，这是对蒋介石的严重警告。国民党湖北省党代表大会闭幕那天，又专请蒋介石讲演，而由徐谦任主席。这些大事原则上由董必武掌握，蔡以忱等人具体实施。

此次与蒋氏同行的何香凝、顾孟余决定留在武汉。蒋原想把已在武汉的国民党中委拉到南昌去，但他在武汉所到之处都是一片"迁都武汉"的呼声，而且有不少的代表在发言中还要他当面答复，他也不得不表面应付一番。再加上在南洋大楼招待会上，鲍罗廷用教训的口吻对蒋讲话，蒋视为"生平之耻无逾于此"①。会后遂连夜悄然乘自备小艇悻悻而去。

自3月11日蒋介石在赣州主使杀害陈赞贤后，武汉"反蒋"开始公开化。3月12日，黄埔武汉分校学生不仅参加国民政府召集的反蒋动员会，还在军校的大操坪召开声势浩大的反蒋大会，全体同学加上武汉学兵团共3000余人与会。一时间，教室内外、礼堂、操场、大门全都贴满了反蒋标语。《汉口民国日报》发表了题为《民众联合起来，推翻蒋介石》的社论。曾一度是孙中山"信徒"的蒋介石，顿时成为国民革命的"叛徒"。

有一次，蒋介石的说客前来武汉游说邓演达助蒋，蔡以忱见证了邓演达回敬说客的一席话：昔日的蒋校长如今"完全背叛了孙总理的三民主义，半民主义都谈不上"。所以，要实现三民主义，"只有奋勇前进，踏着烈士们的

---

① 杨天石：《蒋氏密档与蒋介石真相》，社会科学文献出版社2002年版，第191页。

血迹前进,打倒蒋介石!"

4月10日,被共产国际和共产党人视作国民党左派领袖的汪精卫抵达武汉,4月中旬到武汉的还有中共中央总书记陈独秀。中共中央机关也随陈独秀从上海迁到武汉,一时间江城聚集了国民党左派和中共中央的核心力量,革命气氛骤然上升。

"革命"一词一时间成为国民党左派与右派领袖相互攻讦的时髦口号。汪精卫面对欢迎他的10万民众高声疾呼:"中国革命到了一个严重的时期,革命的往左边来,不革命的快走开去!"蒋介石则与之针锋相对,他说:"我只知道我是革命的,倘使有人要妨碍我的革命,反对我的革命,那我就要革他的命!"

天真的共产国际代表罗易于4月13日致电劝蒋:"一切革命力量的团结是最大的需要。"罗易未曾料到在此前一天蒋介石已先下手为强,在上海发起一场大规模的武力"清党"运动,大肆屠杀共产党人,史称"四·一二"事变。政变后第六天,蒋介石控制的南京政府发布了"秘"字第一号令,通缉知名共产党人及包括邓演达在内的国民党左派192人。

"四·一二"政变后,蔡以忱陪同国共两党人士欢迎从上海脱离虎口,回到武汉的郭沫若、叶剑英等人时,邓演达激动地说:"今天蒋介石镇压革命,是'三二〇'事件①的继续。那时的姑息纵容,埋下了今天的祸根。蒋最崇拜的是曾国藩,日夕将《曾国藩家书》作为必读的'圣经'。而曾国藩是屠杀人民的刽子手,叫做'曾剃头';蒋介石代表封建势力屠杀人民,勾结帝国主义,也应该叫'蒋剃头'。"②

4月17日,中共湖北省委在武昌阅马场广场举行声讨蒋介石大会,社会各界10余万人到会。会上,一位身材魁硕的国民党中委高某登台演讲,声如洪钟,痛斥蒋介石反革命罪状,顿时群情激奋。

作为中共湖北区委宣传部主任(部长),蔡以忱特让省委宣传部秘书刘子青编写并刊印了《蒋介石裸体跳舞》的宣传册,产生了空前的轰动效应。该宣传册历述自1926年3月20日事变(即"三二〇"事件)起,到"四·一二"反革命政变,蒋介石破坏革命的种种劣行,分析透彻,痛快淋漓。

---

① 1920年3月20日,蒋介石逮捕海军局代理局长、共产党员李之龙,制造了"中山舰事件",亦称"三二〇"事件。

② 梦渊:《邓演达生命中的最后六年》,《人物》杂志2007年8月号。

邓演达阅读了《蒋介石裸体跳舞》后，大为动容，即派政治部科长章伯钧速找蔡以忱取去底稿，速印10万册，遍发各军。其他机关亦纷纷翻印，一时间，此宣传册不胫而走。蒋介石得知后，极为震怒，曾下令悬重赏通缉刘子青①。

另一方面，蔡以忱得知苏联的第一大报纸《消息报》1927年4月21日的《父与子》一文中，摘录刊载了正在苏联留学的共青团员蒋经国谴责其父蒋介石，并脱离父子关系的公开信《严正声明》后，立即要求武汉三镇报纸加以转载。利用这一现身说法的活典型，让社会各界了解蒋氏众叛亲离的真相。其中，汉口《人民论坛报》于4月24日在第一版全文刊发。蒋经国的公开信这样写道：

介石，我不认为你会听到我要说的话，你也可能根本不想读到它们。但是，不管你读不读得到，我都要写出来。今天，我要重复你曾经在信里告诉我的话。谨记住"革命是我所知道的唯一要务，我愿意为革命赴汤蹈火"。现在我要说，革命是我所知道的唯一要务，今后我不再认你为父。②

苏联的国家通讯社、国际性通讯社之一的塔斯社获悉后，立即予以转载，一时间蒋经国的公开信迅速传遍世界各地。时为中国国民革命中心的武汉报刊，也是纷纷予以转载。

解救妓女

再说1927年3月8日，中共湖北区委代表蔡以忱，与国民党湖北省党部的代表李汉俊，一同出席在汉口举行的20万人纪念三八国际妇女节大会，并在会上就解放妇女发表了热情洋溢的讲话。③

---

① 罗章龙：《第一次国共合作的风雨历程》，《中共党史研究》1998年第4期。
② 裴高才：《胡秋原全传》，中国文联出版社2008年版。
③ 《中共武汉地方历史简编》，湖北人民出版社1989年版，第72—73页。

会后，蔡以忱率领妇女队伍举行了大游行。其中最值得一提的是"红色娘子军"队伍。她们都是黄埔军校第六期在武汉开办分校时，首次招收的女生学员。游行前，她们穿着军装，雄赳赳、气昂昂地高唱各种革命歌曲，以整齐的步伐，在主席台前面正步走，接受蔡以忱、李汉俊等国共要员检阅，成为会场的一道靓丽的风景。

曾为黄埔分校兼职教员的蔡以忱知道，这些杰出的黄埔女兵中，有来自北京女子师大的才女、《女兵日记》的作者谢冰莹，还有以时尚俏女郎登上过《良友》画报封面，并著述《在狱中》的胡兰畦。后来她们被国民政府军委会授予少将军衔。其中胡兰畦被苏联文豪高尔基称赞"是一个真正的人"！高尔基去世，胡兰畦入选高尔基治丧委员会，曾为高尔基执绋。她也是茅盾小说《虹》中的人物原型。

这批红色娘子军，不仅为三八国际妇女节游行增光彩，后来还参加教导团出征讨伐夏斗寅叛军。

革命浪潮气势如虹，反动派亦蠢蠢欲动。在这次妇女大游行中，反动派预先花钱买通一群十二三岁雏妓，光着上身，只穿着短裤，冲进游行队伍捣乱。妓女们一冲进游行队伍，就被纠察队发现，抓了起来。但因反动派早有预谋，当半裸体的妓女们冲进游行队伍的一刹那，他们就抢拍下了游行队伍的照片，并四处刊印散发，污蔑共产党领导的妇女运动"举行裸体大游行"。

事后，蔡以忱会同李汉俊等国共要员，一方面责成公安机关查明策划这场丑剧的反动机构，对其严加查办。同时，研究标本兼治之法，查封武汉三镇妓院、解救妓女。

为了以正视听，在开庭审理"裸体游行案"时，邀请各界派代表参加会审。当年会审人之一的黄慕兰回忆说：会审前，公安局、妇女部与妇女协会开了一次联席会议，除了澄清事实真相、揭穿反动派造谣污蔑的阴谋之外，还商定取缔武汉市内妓院。会上议定由妇女部承担收容教养妓女的责任。

因为当时武汉的地方政权和军权都在革命左派的手里，所以取缔工作进行得很顺利。首先把有执照的妓院封闭，把所有明的妓女和暗的"野鸡"都抓起来，进行强制性的收容。成立了专门收容改造妓女的"新人习艺院"，由妇女协会的汪华贞担任院长。[①]

新人习艺院专门为患有性病的妓女们治病，教她们学习缝纫、手工等自

[①] 黄慕兰：《黄慕兰自传》，中国大百科全书出版社2012年版。

力更生的劳动技艺，还把她们每个人的照片和姓名、年龄等张贴在院内大厅的墙上，帮助她们自由择偶结婚成家。这些妓女中的多数人都是贫苦人家出身，被迫卖身求生，并不是心甘情愿地从事这种出卖肉体的职业，因此很快就接受教育改造，决心寻找新的生活道路。那时，店员工会和搬运工会里有很多因为贫穷而娶不起老婆的光棍汉，就让他们到习艺院去看照片和简历，双方互相挑选。如有男女双方都中意的，就帮助他们自由婚配成家。后来这些人家生了孩子，还认汪华贞为"外婆"呢！

另一方面，蔡以忱在3月8日至19日于武昌举行的湖北省妇女解放协会第一次代表大会上，以上述事例现身说法，澄清真相，强调妇女解放的紧迫性。恽代英、彭漪兰、黎沛华、李汉俊等，也在会上发表了讲演。同时，经武汉地区报刊进行连续报道，妇女解放工作赢得了社会舆论的同情、支持与理解。

初晤秋白

这时，共产国际根据中共代表蔡和森的建议，同意中国共产党适时举行第五次全国代表大会（以下简称"五大"）。

瞿秋白作为负责筹备"五大"的中心人物之一，于上海第二次暴动至第三次暴动之间——1927年3月中旬抵汉，中共中央机关报《向导》也迁移到汉口。这也是瞿秋白一生中的第三次来汉。1916年12月，17岁的瞿秋白第一次到武汉；1926年12月，中共中央汉口特别会议在汉召开。此时作为中央委员，瞿秋白随同陈独秀从上海来汉口参加了这次会议，这是他第二次来汉。

此次由于陈独秀在上海指挥第三次暴动不得脱身，按照共产国际的指令，不等陈独秀来到，抵汉的瞿秋白与谭平山、张国焘组成中共中央临时委员会，主持中央工作，取代原来的上海中心与广州中心地位。

4月4日，作为湖北区委委员，蔡以忱参加了由共产国际代表、在汉中共中央委员与湖北区委委员组成的联席会议。[①] 会议的中心议题，是讨论中

[①] 姚守中、马光仁、耿易编著：《瞿秋白年谱长编》，江苏人民出版社1993年版。

"铸剑"先驱蔡以忱（修订本）

共"五大"召开的具体时间，如何贯彻共产国际执委会第七次扩大全会所做出的《关于中国形势问题的决议》。

湖北区委宣传部长蔡以忱，首先与主持中宣部工作的瞿秋白取得联系。他们首次单独见面，是在瞿秋白下榻的汉口英租界辅义里27号的一栋二层楼居室，也就是临时中央中宣部所在地。

他们一见面，瞿秋白就风趣地对蔡以忱说："以忱兄，我们之间可是亲上加亲啊！"接下来，他深情地回忆了瞿、周二家亲上加亲的过往：

瞿秋白与黄陂的亲缘可追溯到叔祖父瞿赓甫。瞿赓甫（廷韶、舜石），同治庚午举人，在湖北为官三十余年。先在武昌盐法道兼督江海关、铁政枪炮各局总办，后任湖北按察使、布政使，是张之洞施行新政的能吏之一。秋白的祖父贞甫（廷仪、酉同）则跟随赓甫担任文案，授"奉政大夫"五品衔；惜天不假年，中年早逝。

因瞿赓甫与同寓武昌的清朝能吏、前山东巡抚与漕运总督、黄陂人氏周恒祺，经常走动，志趣相投，天长日久，便莫逆于心了。不久便结下门当户对的至亲。即周恒祺之孙、翰林院编修周世鼎（福孙），与瞿赓甫亡兄贞甫之次女（即秋白的二姑妈）瞿婕青（又名阿多）喜结连理。接下来，又经瞿婕青张罗，周家又与瞿家亲上加亲。周世鼎的长子周均量（君亮，189—1989）又与瞿世珪（秋圃）的五女、瞿秋白的堂姐瞿兰冰（懋陛）结为百年好合①。

"亲到贫时不算亲，滥衫添得泪痕新。饥寒此日无人管，落上灵前爱子身。"瞿秋白17岁那年，家庭发生变故，母亲英年早逝，一家飘零星散。他背井离乡，寄居于家庭殷实的湖北黄陂姑母家之周家大屋。在这里学习、生活了三四个月，留下了许多诗情画意的趣话。

有一次，秋白根据自己从常州溯江西上武汉，尤其是被沿途的波涛汹涌与烟波湾（即武湖烟瘴）雾气升腾的万千景象所吸引，他立即把自己一腔郁结，用画笔抒写在江涛、白云与树木之间，作成一幅《江声云树图》②。擅长山水写意的黄陂青年伙伴李笠看后赞曰：整个画面既气势恢宏——滚滚的江流奔腾；又形象生动——江水间有巨石当流，波涛冲激而过，浪花怒溅！此画现收藏在瞿秋白的故里常州博物馆内，并注明1916年冬作于湖北黄陂。

---

① 裴高才：《瞿秋白在黄陂的诗情画意》，《无陂不成镇·名流百年》，长江出版社2009年版。
② 苗体君：《瞿秋白的业余爱好》，《人民政协报》2008年12月30日。

这也是瞿秋白存世的仅有的两幅画之一。

1917年的黄陂县城元宵节之夜，风清月朗，满城锣鼓喧天，鞭炮轰鸣，十分热闹。周家表兄弟邀秋白前去赏灯看热闹，他却提出到远离闹市的"铁锁龙潭"去赏月。

"夜月扬鬐森似戟，春涛起蛰振如鼙。冥飞铁柱空留锁，幻出琼泉渐作溪。"铁锁龙潭是旧时黄陂人文景观——"西陵十景"之一。据民间传说，大禹治水，把一条龙锁在潭里，潭中铁柱拴一铁链，下垂潭底，因此，称为铁锁龙潭。明嘉靖年间黄陂县志即载有《建文昌祠碑记》。铁锁龙潭靠近城墙，一座通往文昌阁古庙的石拱桥，呈东南向，点缀在潭水之上，清静冷僻。

面对寒空的月色，清澈的潭影，瞿秋白高吟着苏东坡的诗句："明月几时有，把酒问青天……"以及杜甫的诗："思家步月清宵立，忆弟看云白日眠……"声调越来越低沉，不禁怀念远在杭州的弟妹了。周家兄弟问他潭中锁着龙吗？他微笑着说，对这种传说，何必认真，随即把《史记》孔子见老子后，对门人说的一段话念给大家听："鸟，吾知其能飞；鱼，吾知其能游；兽，吾知其能走。至于龙，吾不能知，其乘风云而上天。"

后来，周君亮在回忆录中，也记述了当时的情景：瞿秋白聪明沉静，为姑父母所宠爱。他们表兄弟都好读书，都学诗词，兴趣相投，感情很好。薛家湖与铁锁龙潭都是他们经常钓游的地方。此次元夜，他们踏着月色，穿过万户红灯的小街小巷。但见每家门前挂油灯一盏，月色与万户红灯掩映，景致特美。当时周氏吟咏《深浣溪沙》中的"万灯红拥一轮清"之句，即写此景。

走到铁锁龙潭，坐在潭旁大石上面。瞿秋白善吹箫，以所携玉品箫吹之，声音呜咽宛转，不可卒听。那里月色甚明朗，照在潭水上反映回来。潭上三面都有高墙，水面反映月色映在墙上，涟漪晃动，别有风趣。铁锁龙潭不傍大街，是夜更无人到，在潭边低声细语，都有很清晰的回声。瞿秋白的箫声从墙上撞回来，叠为双声，更是幽怨。瞿秋白吹箫完毕以后，周君亮便与他在潭旁大石上口占联句，写成《减字木兰花·铁锁龙潭》一首。词云：

"一泓潭水，铁锁老龙潜不起。莫漫哀吟，听我悲箫宛转声。华年坐送，如电如云还如梦，珍重心期，休待秋霜入鬓时。"

瞿秋白是一位性情中人，对这段经历，记忆深刻，他不仅吟诵起上述诗句，还题签给蔡以忱《饿乡纪程》一书，指出书中回忆在黄陂岁月的段落。他这样写道："母亲去世，一家星散，我只身由吴而鄂，由鄂而燕。黄陂铁锁龙潭的清波皓月，也曾使我低回留恋，心灵上渐渐得到了一个安顿的境界……"

经瞿秋白如此介绍，双方的距离一下子拉近了。瞿秋白希望蔡以忱积极配合中共中央组织好即将召开的中共五大。蔡以忱也立即表态，将在人、财、物上听从中央调配，努力当好东道主。

为加强舆论导向，在汉主持中央宣传部工作的瞿秋白，于1927年4月，将共产党员、著名作家沈雁冰（茅盾），从黄埔军校武汉分校调任《汉口民国日报》总编辑。上任前，瞿秋白对他作了三点指示：一是揭露蒋介石的反共与分裂阴谋；二是大造工农运动声势；三是为再次北伐进行舆论动员。

沈氏也激情满怀地到《汉口民国日报》走马上任，迁至汉口歆生路德安里一号楼上居住。该报名义上是国民党湖北省党部的机关报，但社长是董必武，经理为毛泽民，实质上是中共中央宣传部直接领导的一份全国性日报。茅盾其时主要工作是审定稿件，写作思想述评和社论，用文字做革命鼓动和宣传。

"《汉口民国日报》是董老创办的，约在北伐军占领武昌后创刊。……当时董老抓的工作很多，忙不过来，对这份日报中宣部抓得多一些，但董老也管。"茅盾曾在《我走过的道路》上卷中回忆："在董老的领导下，报社有主笔和经理。主笔先是宛希俨（中共中央军委机要处主任秘书和警卫

茅盾回忆主编《汉口民国日报》的《我走过的道路》书影（人民文学出版社1981年版）

团政治指导员），1927年3月是高语罕，4月至7月才是我。当时没有记者，由主笔领导一批编辑人员。我们搞编辑工作的不过十人。报纸的消息来源，主要不是靠派人去采访，而是由各有关单位提供：工运消息由全国总工会和湖北全省总工会提供；农运消息由全国农协和湖北省农协提供；军事、政治的消息由武汉国民政府提供，都是主动供稿。当然，北洋军阀、蒋介石右派不会向我们提供，都是我们党、工农群众组织和国民党左派向我们提供。内容编排分国际国内要闻、本埠新闻、工运、农运、军事等项。各版由谁负责编辑已记不清了。我任主笔时，所有要发的稿件我都要看，社论很短，多是我写的。我记得副刊是由马哲民负责编辑的。经理是毛泽民，总管报社事务，管印刷发行。"

可是，他刚刚到任后却遇到了一件尴尬事：报社发生了罢工事件，造成报社印刷厂全部停顿。曾经在上海发动商务印书馆员工罢工的沈雁冰，没想到如今自己成了被"罢"的对象，眼看报纸就要脱期，他顿时急得团团转。

那天，正好在汉口的蔡以忱，接到报告后立即赶到报社，他与总编辑沈雁冰商量对策。二人商议：由沈雁冰立即召集工人开会，讲明革命道理，蔡以忱出席。但见沈雁冰在工人大会上慷慨陈词："本报是革命的宣传机构，怠工就是反革命……"再经蔡以忱在肯定大家的革命热情的同时，讲明工人罢工的对象，提醒大家提高警惕，防止被人利用。果然，他们的一席话成为拯救报社的灵丹妙药，工人们散会后立即复工了。

从4月到7月初，茅盾为该刊撰写了《五五纪念中我们应有的认识》《二十一条与一切不平等条约》《蒋逆败象毕露了》《武汉市民怎样解除目前经济的痛苦》等三十余篇社论和述评。汪精卫叛变后，茅盾辞去日报主编职务，于7月23日离开武汉赴上海。自1927年8月至次年6月，他写出了自己的第一部长篇小说《蚀》三部曲《幻灭》《动摇》《追求》。这个三部曲以湖北大革命前后为背景，也是这个时期作者在武汉的一段血火交织的斗争生活的记录。

出席"五大"

经过认真筹备，共产国际执行委员会驻华首席代表、主导中共五大筹备工作的罗易，同从莫斯科回来蔡和森、谭平山，以及汤曼、多里奥等，于1927年4月2日抵达江城武汉。

肩负筹备"五大"重任的秘书长蔡和森，为"五大"准备材料。在4月13举行的中共四届三中全会上，讨论"五大"政治报告及组织委员会、职工运动、农民土地问题等文件，初步决定大会主席团及各委员会的组成。

此间，蔡和森希望一笔难写的蔡以忱，就筹备"五大"的具体事宜进行磋商。蔡以忱表示，将竭诚尽地主之谊。随后，蔡以忱会同一班人经过认真筛选，在武昌与汉口各提供了一个候选会址供中央选择。

4月20日，中共中央在汉召开中央全会，正式决定25日召开中共五大。但因陈独秀要求延期召开，最后经罗易干预，于于27日开幕。① 同时决定中共中央临时委员会在10天后撤销，成立由共产国际代表、在汉中央委员与湖北区委组成的联席常务会议，瞿秋白、谭平山与张国焘当选为常务委员。根据罗易建议，成立了三个委员会：由瞿秋白、毛泽东负责农民土地委员会，由李立三主持职工委员会，张国焘主持组织委员会。

4月22—26日召开的第四届中央执委会全体会议，讨论确定中共五大的议事日程和中央执委会向大会的报告等事项。蔡和森被选为主席团成员、农民问题委员会与职工运动委员会委员，并大会秘书长。

武昌的候选会址为武昌第一小学（原武昌高等师范第一附属小学，位于今武昌都府堤20号），在武昌江滩与农讲所附近，是一片清末民初风格的建筑群。1925年7月，国民党湖北省第一次代表大会曾在此成功举行。

中央经过慎重研究决定，会议分两步进行。即首先于4月27日在武昌高等师范第一附属小学"风雨操场"（一栋两层楼房，曾为教工宿舍楼），举行第五次全国代表大会开幕式。当年会议代表郑超麟回忆说：

> 第一日开幕礼是在武昌第一小学举行的，校长王觉新是同志，他穿着西装招待来宾和众代表。这日，我奉了使命，领国际代表团过江到武昌去，老汤曼，曾见过马克思，当时他还是小学徒哩，如今头发都白了。他不懂法国语。鲁易懂得法国语，多里奥自然懂得。到武昌汉阳门起坡，雇了黄包车去第一小学，那时正在拆城，砖头满地，黄包车不好，老汤曼又肥重，半路上翻了车，擦破了手腕一块皮。

---

① 《联共（布）、共产国际与中国民主革命运动（1926—1927）》第三卷，第209页。

第九章 筹备"五大"

这一日大会完全是仪式。陈独秀当主席，致开幕词。国际代表团各人致祝词，徐谦代表国民党中央致祝词，工会，学生会，青年团，童子军代表致祝词。湖北总工会纠察队队长项英（即项德隆）领了一队纠察队进会场来行礼。国民党，除徐谦外，还有谭延闿和孙科，他们坐在主席台上不说话。

选举主席团是很有意义的事情。刚刚宣布开会后，湖北省代表团主席罗章龙就站起来提出主席团名单。我不记得人数和人名，但记得除陈独秀外都是反对派（即反对陈独秀的人），一切忠实执行上海中央路线的人都不在名单之内。这个名单通过了，蔡和森当选为大会秘书长。①

中共五大开幕式会址，现为纪念馆

黄陂会馆

参与会议筹备工作的湖北区委委员兼武昌地委书记蔡以忱，以及负责会议安全工作的武汉市公安局长吴德峰一致认为，鉴于当时形势险恶，被蒋介石通缉的共产党"首要分子"几乎都在这里开会，且大多数代表均住在汉口，乘轮渡过江开会需两三个小时，既不太方便，又不安全。

于是，蔡以忱会同湖北区委一班人报请大会筹委会秘书长蔡和森同意，

---

① 郑超麟：《郑超麟回忆录（上下）》之五，安徽人民出版社2004年版。

会议仅在武昌举行开幕式，随后转移到汉口举行。其会址即是事先上报给中央预案的黄陂会馆——旅汉湖北黄陂同乡会联络黄陂同乡的会所。

　　会址之所以选择黄陂会馆，主要是这里安全、便捷、适用。因当时局势复杂，会议是秘密进行，安全是重中之重，所以采取了"三保险"措施确保万无一失。

　　第一保险是驻汉口的国民革命军的威慑。在与黄陂会馆毗邻的一片荒地上，是国民革命军北伐名将唐生智所部的练兵校场。天天有兵士在此荷枪实弹地操练。校场与兵营不仅树有"军事重地，闲人免进"的牌子，还有全副武装的军人站岗放哨，闲杂人等难以接近会馆。

　　第二保险是武汉市公安局的警察部队的布岗。不仅武汉市公安局副局长兼第一分局局长吴德峰亲自领导中共五大的安保，而且他手下有一批共产党骨干的可靠同志，还有汉口总工会工人纠察队队长、黄陂人范正松，率队化装成便衣布置在各个岗位。

　　第三保险是黄陂帮会等民间进步人士，以维护黄陂会馆财产安全为由，进行暗中保护。

　　因为黄陂人在汉口雄踞一方，乡帮会所举足轻重。早在明弘治年间始，黄陂人作为开发汉口的先驱，陆续在汉口建成集商贸、民间工艺与地域文化于一体的黄陂街。黄陂街最繁华时拥有"八大行"即盐行、茶行、药材行、什货行、油行、粮行、棉花行、牛皮行。相当于现在的汉正街。至鸦片战争前，随着四面八方商贾云集汉上，汉口乡帮商会多达36个。而黄陂会馆、黄陂行帮公所则分门别类，还附设黄陂小学……自清康熙年间起，黄陂人陆

中共五大于汉口黄陂会馆召开（1927年5月）

续在汉设有铜匠、铁匠、泥瓦匠、木匠、鞋匠等各行公所。乾隆年间于汉口大郭家巷所建的袜业公所，就是黄陂织袜业集会议事之所，也是全国最早的手工业行会组织会所之一。咸丰年间重修的老君殿，则是黄陂烟袋帮之公所，坐落在广益桥港边正街。

随着行帮的发展与码头的繁荣，相应地黑社会组织也应运而生。黄陂横店籍的"江汉闻人"杨庆山与周汉卿，就是当时武汉黑帮的两大头目。他们虽是黑社会大老，但颇讲义气、讲乡情，更不允许别人在他们的地盘捣蛋，有时还有几分正义感。

在辛亥首义的过程中，黄陂人不仅创造了诸多之最：首义大都督黎元洪、首义"大总管"蔡济民、点燃首义第一把火李鹏升、"首义金刚"吴醒汉……而且黑帮老大杨庆山与周汉卿也是支持民军、抗击清军的一支不可小视的力量。

作为参加中共五大的代表，黄陂籍人士除蔡以忱外，还有一位名叫刘昌群的同志。

刘昌群比蔡以忱小三岁，还有师生之谊。刘父是德高望重的辛亥首义志士刘赓藻，早年以举人考入京师大学堂，复以官费留学日本早稻田大学，并加入同盟会，参与创办《新译界》。回国后，先后任提学使署科长、省议会常驻议员，在武昌首义成功后的首次联席会上，他率先主张推举黎元洪为军政府都督。而蔡以忱长兄蔡极忱也是首义志士，曾与刘赓藻同事，可惜后在护法战争中殉难。

1924年，经董必武、吴德峰介绍，刘赓藻于武汉秘密加入中国共产党，又与蔡以忱同事。1926年，北伐军攻克武汉前后，曾任湖北省特种委员会委员、政务委员会委员兼民政科长，汉口市政府审计处处长。

刘昌群在武昌私立中华大学读书时，即1921年12月参与发起武昌社会主义青年团。后历任武汉社会主义青年团书记、委员长兼劳工运动委员会委员长，主编团中央刊物《中国青年》，以及《全民通信》与《反响》等进步刊物。

蔡以忱虽是刘昌群中华大学的老师，但刘的中共党龄却比蔡早一年。1922年7月至1924年秋，刘昌群曾任中共武汉区执行委员会委员兼武昌地委宣传委员、青年团武昌地方执行委员会兼湖北区执行委员会委员、国民党湖北省临时党部执行委员、共青团中央候补委员、武昌地方执行委员会委员、湖北反基督教大同盟大会总务股主任、湖北青年团体联合会执行委员，共青团非基督教部主任与书记、学生运动委员会书记、宣传部主任。1925年至次年初任青年团上海南市部委员会书记,中共上海高级党校学习班学习。

瞿秋白伉俪1927年4月28日,中共五大于武昌

"四一二"后,刘昌群随共青团中央回到武汉,并与蔡以忱一道当选为中共五大代表。

此外,还有一批在汉的黄陂籍辛亥元老、国民党左派潘康时、潘正道等。其中潘康时是湖北省特种委员会委员。

蔡以忱会同刘氏父子与辛亥元老利用同乡的关系,说服黄陂旅汉乡绅与帮会老大为老乡捧场,同时配合武汉市国民政府常委兼公安局长吴德峰,迅速让会议安保人员进驻黄陂会馆,确保在会议期间不节外生枝。

在得到乡绅与帮会的保证后,中共五大于4月28日休会一天,29日正式将会场转移到汉口济生三马路黄陂会馆(今汉口自治街41号武汉市第七十五中学)举行。

第九章 筹备"五大"

非常十日

就汉口黄陂会馆的设施而言,不仅是当时汉口比较豪华的会所,而且场地宽敞,设备配套,正好适应做中共五大会场。

兴建于20世纪初的汉口黄陂会馆,全称为"旅汉黄陂同乡会会馆"。1930年的《武汉三镇实测详图》标明:"黄陂同乡会。"会馆坐落于汉口济生三马路(1930年汉口市政府改称"府北一路",今自治街)与京汉铁路之间,同中山报馆、仁厚里相邻,在双洞口门附近。黄陂会馆是一幢当时比较流行的西式风格的两层楼建筑,呈长方形,一头开着派头很大的大门,有两

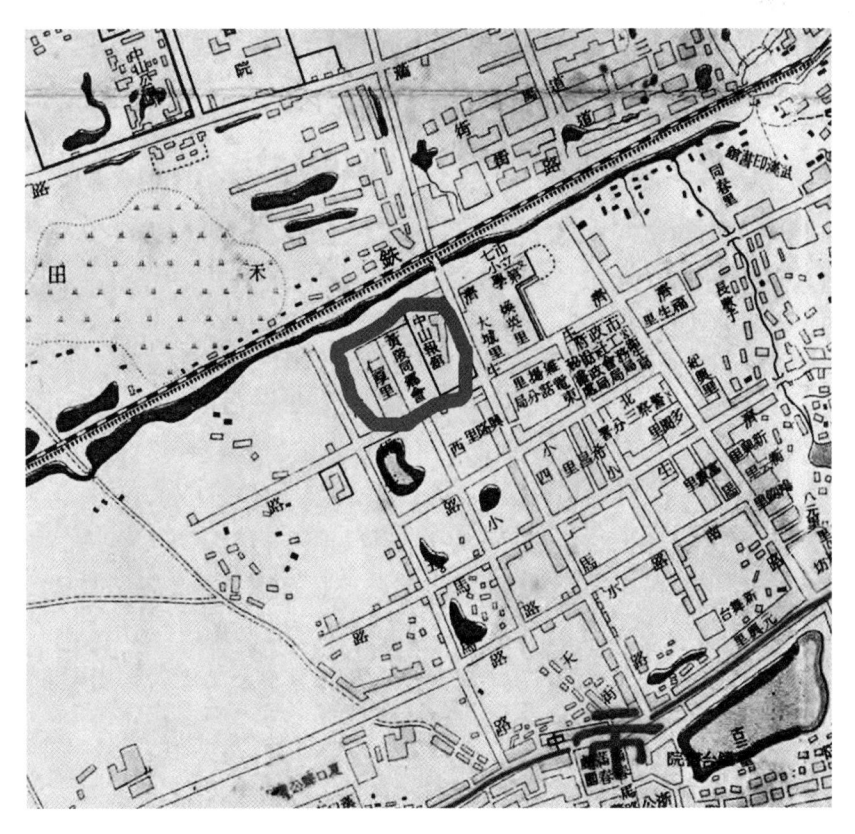

《武汉三镇实测详图》中的"黄陂同乡会"(1930年)

扇大铁门；一头立着三开间平房，中间是气势宏伟的大厅；大厅架着门板的戏台，布置为大会主席台，台后翻轩为休息讨论处。台下可容纳数百人的观众席为一般代表席位，正式代表的座位是当时学生上课所用大长凳长靠椅与课桌，旁听人员只能站立；右边房间是秘书处办公的地方，文件油印也设于斯，左边房间留作备用。从大厅至大门隔着一个长方形院子，当中一条石路，两旁为草地，草地之外就是围墙。大门旁边有两间房子，那里住着几名便衣卫士，每天三班轮换24小时执勤。并与门外的便衣利用暗号保持联系。

据与会者郑超麟、张金保回忆，会议主席台上方并排挂着马克思和列宁的肖像，旁边墙上张贴很长的红标语，都是大会秘书长蔡和森的杰作。标语的大意是："工农小资产阶级联盟"，"争取非资本主义前途"一类的话。这些标语的宣传口径，是以前未曾有过的。

台下座无虚席，约有300人，其中很多着军服，挂皮带，缠绑腿的人。会后，共青团代表的那些小孩子，模仿上海小报体裁，写了许多字条传观，报告会场种种笑话。例如某某女代表"目不转瞬对着美男子李求实"，某同志"正在向油印处一个小姑娘进攻"，等等。

大家对于大会都视为一种宗教仪式，仿佛进教堂听牧师宣讲或看神甫做弥撒，并不视为决定革命命运的会议。事实上，真正的决议是在大会以外做的，大会不过是宣布和登录决议的机关罢了。演说的人不起劲，争论的人不热烈。瞿秋白的演说并没有他4月30日在会场散发的小册子《中国革命之争论问题》里，那样锋芒所向，彭述之的答辩使人觉得他与瞿秋白的意见相差不多。代表们如果对于当时迫切的问题有兴趣，在大会上是得不到解答的。

会上，陈独秀作了长达六个多小时的《政治与组织的报告》。与会者既有中共代表，又有以罗易为首的共产国际代表团、中国国民党代表团，英、法、美、德等国的共产党代表，中华全国总工会、中华全国农民协会、中国共产主义青年团、中国少年先锋队的代表和其他来宾等120余人。①

"五大"开幕后第三天，尚未"分共"的汪精卫突然要亲临会场祝贺，大会秘书长蔡和森等，赶紧撤去墙上的旧标语，换上"国共合作，革命必胜"一类意思的话。主席台上马克思和列宁的像挂到旁边去，孙中山的像挂在正中，还挂有中国共产党早期党旗"C.C.P"（即"中国共产党"的英文缩写）图案和中国国民党的青天白日旗。汪精卫上台发言"非常革命"，迷

---

① 苏联《真理报》1927年5月4日。

惑了不少党内同志，顿时掌声雷动，比陈独秀享受的分贝还高。

5月1日，与会代表参加了武汉各界隆重举行的国际劳动节纪念大会，5月2日、3日为大会发言，6日休会一天。

正是包括蔡以忱在内的多方共同努力，大会于5月9日选举新的中央委员会和中国共产党的第一个中央级的纪律检查机构——中央监察委员会之后，在黄陂会馆胜利闭幕。

大会选举产生的第五届中央委员会正式委员共31人：陈独秀、李维汉、瞿秋白、蔡和森、李立三、邓中夏、苏兆征、项英、向忠发、张国焘、罗亦农、赵世炎、张太雷、陈延年、谭平山、周恩来、刘少奇、任弼时、恽代英、彭湃、夏曦、贺昌、易礼荣、彭述之、杨之华、罗珠、罗章龙、李涤生、顾顺章、杨其珊、陈乔年；候补委员14人：毛泽东、郭亮、黄平、吴雨铭、陆沉、刘伯庄、袁达时、毛科文、陈潭秋、薛六、林育南、庄文恭、李震瀛、王亚璋。

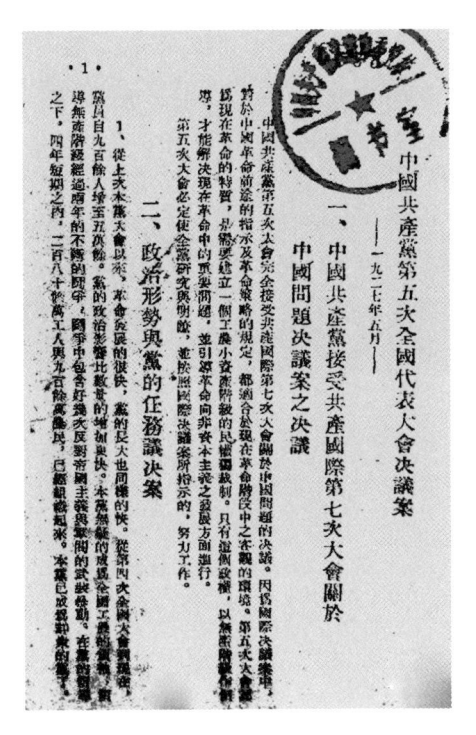

中国共产党第五次全国代表
大会决议案，1927年5月

蔡以忱当选中央监察委员画像

中共五大还第一次选举产生了蔡以忱等 10 人组成的首任中央监察委员会。其中，中央监察委员 7 人：王荷波、张佐臣、许白昊、杨匏安、刘峻山、周振声、蔡以忱；候补中央监察委员 3 人：杨培森、肖石月、阮啸仙。王荷波为主席，杨匏安为副主席。

在随后举行的五届一中全会上，选举陈独秀、蔡和森、李维汉、瞿秋白、张国焘、谭平山、李立三、周恩来 8 人为中央政治局委员，苏兆征、张太雷等为候补委员，陈独秀、张国焘、蔡和森（后增补瞿秋白、谭平山）为中央政治局常务委员会委员（周恩来曾代理常委）。陈独秀蝉联中央委员会总书记。

第十章　江城"铸剑"

中共首次设立中央监察委员会，成为媒体关注的热点，作为中央监察委员会新科委员、"红都"湖北武汉宣传工作负责人，蔡以忱与同人一道，为中共监察制度的理论构造与实践，作出了杰出贡献。

理论构建

中国共产党监察制度的出台，必须理论先行。蔡以忱作为中华大学教授与中共湖北省委主要领导人之一，既有理论基础，又有丰富的实践，所以他将其高度概括为"中西合璧"特色。

早在1921年，蔡以忱在编纂《蔡氏宗谱》时发现，中国古代就建有完善的监察制度——谏官制度。相对于欧洲中世纪的分封制，当时中国封建社会的文官制度，可以说是非常先进的。中国所独有的科举入仕的制度自不必说，单就是专门设有对各级官吏考核、监察的衙门，就很具有近代政府的性质。更何况就连至高无上的皇帝，也不能不对专门谏言的文官有所顾忌，从而受到一定的约束，行为有所收敛。这是"东方专制"不同于西方君主的一个特色。

在媒体见面会上，蔡以忱自己宗族的"清廉堂"进行现身说法。作为创修于明代的《蔡氏宗谱》，就记载了蔡以忱的八世祖蔡完于明嘉靖年间出任"八府巡按"的史实。蔡以忱负责编纂《蔡氏宗谱》时，曾专门查阅了明清的监察御史制度。发现其先祖蔡完逝世后，因其为官清正廉明，嘉靖帝朱厚熜特追赐"清官第一"称号。从此，蔡氏一族以"清廉堂"为堂号。而且，蔡完的行状还收入明清国史与方志。在中国历史上，从中央到地方政府均为监察官员蔡完树碑立传，足见监察制度深入人心。

接着，蔡以忱又报告了自己在广州参加国民党"二大"期间，与国共人士探讨"五权宪法"的成果。着重阐释孙中山的"五权宪法"——中西文化在政治上达成的一个"合璧"。并引用孙中山的原话："立法、司法、行政三权，为世界国家所有；监察、考试两权，为中国所独有。""各国宪法只有国家政权分作三部，叫做三权，从来没有分作五权。五权宪法是兄弟创造出来。"[①] 加以佐证。

蔡以忱在拜访辛亥首义湖北军政府首任司法部长张知本时，张如是说：

---

① 《孙中山选集》，人民出版社1981年版，第572页。

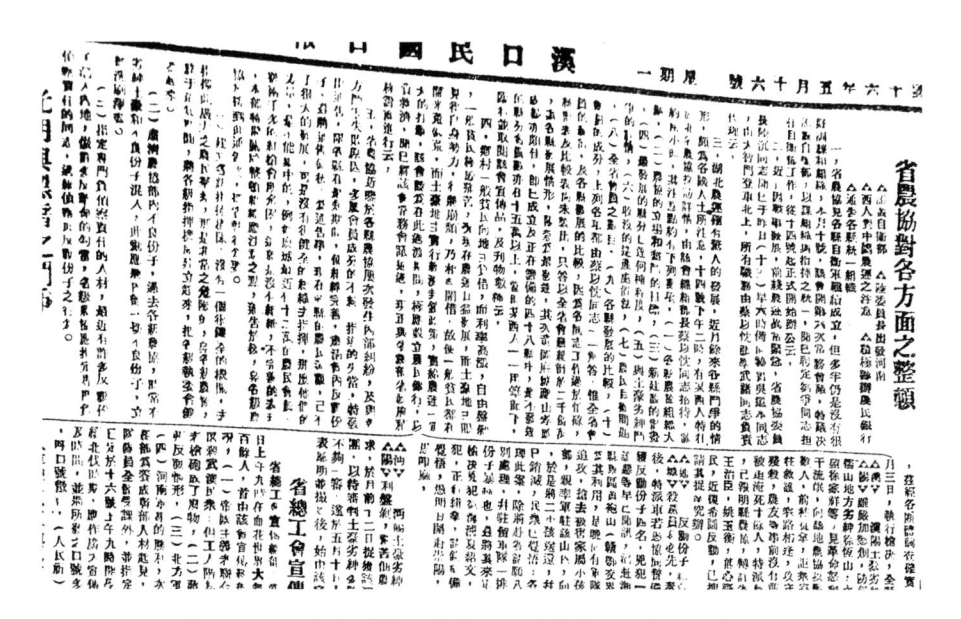

《汉口民国日报》载蔡以忱接受西方媒体记者专访两个小时

民国七年到广州追随国父，国父知道我是学法律的，于是指示我和高振霄、谢英伯、叶夏声等四人对他创造的五权宪法作深入的研究。我们四人分工合作，将欧美各国及日本的政治制度与五权宪法作有系统的分析和比较，最后由我向国父提出研究报告。①

最早提出"五权宪法"学说，是孙中山于1895年广州起义失败后，在流亡欧美各国期间，通过系统研究世界各国的宪法，并与中国进行比较之后，率先提出的。到了1905年，孙中山再次来到欧洲，在中国留学生中"揭橥吾生平所怀抱之三民主义、五权宪法以号召之，而组织革命团体焉"②。这是他第一次公开打出"五权宪法"的思想旗帜。

《中华民国临时约法》无论是关于责任内阁制的规定，还是关于三权分立制度的规定，既非孙中山的本意，也不可能体现他的宪法思想。孙中山如是说："如果不管自己的风土人情怎么样，便像学外国的机器一样，把外国

---

① 尚明轩等编：《孙中山生平事业追忆录》，人民出版社1986年版。
② 《孙中山全集》第六卷，中华书局1986年版，第237页。

管理社会的政治照搬进来，那便是大错的。"①

　　孙中山认为，风行于世界的三权分立建政原则，虽然有很多优点，但是，长期的实践也表明这一原则存在很多缺陷，其中比较明显的就是它不能保证"最严密、最公正地选拔人才，使优秀人士掌管国务"，同时也无法确保人民有效地去"监督国家政治，以纠正其所犯错误。"因此，要弥补共和政治的这些不足，就不仅要发扬三权分立原则的优点，还应该复活"中国固有的两大优良制度"——考试制和监察制。

　　蔡以忱指出，孙中山通过仔细考察西方民主政治的发展发现，欧美各国在选拔官员方面，无论是选举制，还是委任制，都有很大的流弊。就选举制而言，貌似公平，其实不然，因为在选举的过程中，"那些略有口才的人，便去巴结国民，运动选举；那些学问思想高尚的人，反都因讷于口才，没有人去物色他"；就委任制而言，更是弊端丛生，特别是每逢政党轮换或总统更迭之际，大批官员"同时俱换"，不仅不胜其烦，而且还容易导致政治"腐败散漫"。鉴于欧美国家在选拔官员方面漏洞百出，孙中山借鉴中国古代的科举制，主张实行考试权独立，认为中华民国宪法将"设独立机关，专掌考选权。大小官吏必须考试，定了他的资格，无论那官吏是由选举的抑或是由委任的，必须合格之人，方得有效。这法可以除却盲从滥举及任用私人的流弊"。

　　关于监察制，抑或纠察制，孙中山一针见血地指出，虽然欧美各国的议会对政府都有监督和弹劾的权限，但是这种权力总不独立，不仅因国家不同有强弱之分，而且还因此生出无数弊病，如议院专制、总统无权等。鉴于此，他主张监察机关独立。他认为，监察制度在中国历史悠久，自古以来便有"御史台主持风宪"，历史

蔡以忱画像（许立志绘）

---

① 《孙中山全集》第九卷，中华书局1986年版，第320页。

上的御史，"官品虽小而权重内外，上自君相，下及微职，儆惕惶恐，不敢犯法"。因此，为了更好地监督政府，他主张以中国古代的监察制度为参照，实行监察权独立，"如我中国，本历史习惯弹劾鼎立为五权之监察院，代表人民国家之正气，此数千年制度可为世界进化之先觉"。

孙中山认为监察机关附属于立法机关的结果是流弊滋生，监察权也应独立。他说："现在立宪各国，没有不是立法机关兼有监督的权限，那权限虽然有强有弱，总是不能独立，因此生出无数弊病。比方美国纠察权归议院掌握，往往擅用此权，挟制行政机关，使他不得不頫首总命，因此常常成为议院专制。"① 他认为，从道理上来说"裁判人民司法权独立，裁判官吏的纠察权，反而隶属于其他机关之下，这是不恰当的"②。所以监察机关也要独立。

一波三折

蔡以忱说，1917年的苏俄十月革命和1919年的中国五四运动，使孙中山受到了鼓舞和振奋。他在经过对国民党进行一番整顿后，重新投入了革命运动，1920年命粤军总司令陈炯明讨伐桂系，占领广州。11月28日，孙中山回到广州，重新建立了护法军政府。

孙中山在广州开始的第二次护法斗争，与以前已有不同。在上海修正、公布的《中国国民党总章》，除了原有的规定"本党以三民主义为宗旨"（第一条）之外，还规定了"本党以创立五权宪法为目的"（第二条）。将"创立五权宪法"规定为中国国民党的革命目的，这是孙中山思想上的一个重要转变。至此，孙中山成为中国历史上第一个使用"监察权"范畴的人。

1922年4月下旬，因北伐改道，孙中山自桂林返回广州。当时，直奉战云密布，直系军阀拉拢国会议员，"动以制宪欺诱国人"。4月26日，孙中山向国会议员、北伐大本营秘书长叶夏声等人"面询"国家大计。叶夏声说："确立正式政府之根基，其要莫先于制定宪法"；五权宪法为国民党建设

---

① 《孙中山全集》第一卷，中华书局1981年版，第331页。
② 《孙中山全集》第一卷，中华书局1981年版，第320页。

国家之大计划，"正宜乘此时机，以非常手段，产生五权宪法，以号召天下"。

孙中山听后说，"以为五权宪法，确系今日之急务，其关系之重要，胜于30万大军。应即由国会本于三民主义之宗旨，化国为家的真理，从速制定公布"。① 于是命叶夏声起草，随时"禀承办理"。叶受命后即准备提议案，于次日提交国会非常会议秘书处。提议者叶夏声，连署者高振霄、王鸿宠、符梦松、孔昭晟、谢英伯等数十人。

5月6日，广州国会非常会议举行谈话会。叶夏声提议"由我非常会议，下大决心，作一根本主张，议决五权宪法，以大总统武力拥护，较为得力，请大家讨论"。在国会中表现活跃的凌钺，先是表态

高振霄与张知本、谢英伯、叶夏声研究撰写五权宪法报告后由叶夏声起草提交

隶籍国民党，能以党义制定五权宪法，"欢喜莫名"；然后话锋一转，认为北伐进军，统一在望，"与其由非常会议议决五权宪法，不如俟将来召集正式常会之日，开宪法会议，以三分之二之出席，四分之三之表决通过，何等郑重"，② 乃"请叶君加以慎审"。丁骞等附和此议，并指斥叶氏提案有"违法之嫌"。③

叶夏声无奈，乃退而求其次，要求将提案列为日后国会议事日程，但主

---

① 王宠惠：《五权宪法》，国民图书出版社民国三十三年（1944）版。
② 王宠惠：《五权宪法》，国民图书出版社民国三十三年（1944）版。
③ 欧阳湘：《叶夏声承命起草"五权宪法"》，《南方都市报》2011年9月8日。

持会议的议长林森说：叶议员提案，"虽系建议案，然内容为制定宪法"，恐难以列入。就这样，《草案》在非常国会搁置。

5月底，叶夏声因事赴韶关大本营，向孙中山报告此事。孙中山一番慰勉后，再嘱叶夏声"姑试起草"。二次受命后，叶"归而按图玩索，冥思终宵。翌日，乘端午（5月31日）之暇，穷一日之力而成斯草"。[①] 6月初，孙中山自韶关回广州后，叶夏声将草案进呈，孙中山留阅。6月12日，孙中山审定后复书予以"慰勉"，并题写书名"五权宪法草案"[②]。

孰知，6月16日陈炯明手下叶举之流炮轰总统府，对非常国会议员支持孙中山，尤其是高振霄积极提案选举非常大总统，耿耿于怀。是故在炮轰总统府的同时，也不惜动用武力驱逐国会议员，将《五权宪法草案》付之一炬。国闻通讯社报道了6月16日当夜非常国会议员高振霄目击记：

> 晚夜三点钟，叶举兵谋叛，攻取总统府及各机关。本人自当议员以后，两受暴力解散，两受流离之苦，顾不过为大势所逼，个人身家，仍得安全退去。乃不图在粤安居，反受向称护法之叛军之直接迫害，至于仅以身免，并受押解之辱。此真自有人类以来所未见之横暴，自有代议制以来所未见遇之浩劫。此等无法无天之举动，纵有苏秦、张仪之舌，实无辩护之余地。同时表示誓死护法、与军阀斗争到底！

议员们蒙难脱险抵达上海后，孙中山亲切接见与慰问，还于同年9月3日写了一封热情洋溢的亲笔信，向高振霄致意。信中写道：

> 兄等间关流离，不堕初志，至可钦佩。……自必为诸兄后盾，务期合法者战胜非法，统一乃可实现……[③]

所幸，叶夏声的底稿与孙中山的题名尚存，叶在北京铅印后再呈孙中山。《五权宪法草案》劫后余生。

于是，在1923年1月2日公布的《中国国民党党纲》中，首次明确提

[①] 王宠惠：《五权宪法》，国民图书出版社民国三十三年（1944）版。
[②] 叶夏声：《五权宪法草案·序言》，岑德彰编：《中华民国宪法史料》，上海新中国建设学会，1933年版。
[③] 原件藏台北"中国国民党"党史馆。

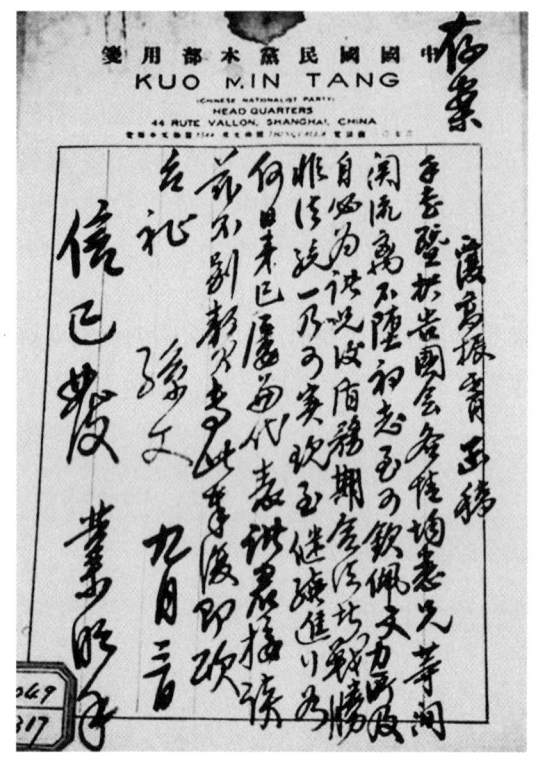

广州蒙难后孙文覆高振霄函稿
（中国国民党党史馆藏）

出"监察权"。而此前则多用监督、考察、弹劾、纠察等概念。在国民党"一大"期间，孙中山起草、手订《国民政府建国大纲》二十五条，规定"国民政府本革命之三民主义、五权宪法，以建设中华民国"。中央政府当完成设立五院，以试行五权之治："行政院、立法院、司法院、考试院、监察院，各院院长皆归总统任免并督率之。"①

蔡以忱最后指出，从《中华民国鄂州约法》《中华民国临时约法》《中华民国约法》至《五权宪法草案》，历时风雨12年，一路走来倾注了孙中山、宋教仁、高振霄、张知本、叶夏声、谢英伯等众多先行者的智慧、思想和心血，为中国借鉴西方法制开创先河。尽管孙中山生前没有真正实行过"五权宪法"，但在一定范围内确实试行过。孙中山在大元帅府内设立过法制局、大本营、大理院、考试院、监察处五个机构，实际上与立法院、行政院、司法院、考试院和监察院相当。因此，他的监察体系，在其生前，在一定范围内试行过。

苏联模式

毋庸讳言，中共中央监察委员会在机构设置、职能与人员编制等方面，

---

① 《孙中山全集》第九卷，中华书局1986年版，第126—129页。

也借鉴了苏联"老大哥"的模式。

蔡以忱通过研究发现，十月革命胜利后，俄共在列宁的领导下积极探索和实践共产党监察制度。

那是1920年9月，在俄共（布）第九次全国代表会议上，决定改变检查委员会的性质，赋予检查委员会"检查各级组织的工作实质，检查中央委员会指示和代表会议决议的执行情况，检查各级党委员会是否迅速地处理事务以及办事机关是否正常地进行工作等等"①的权力，而且这次会议同意列宁的提议，决定成立一个同中央委员会平行的监察委员会，规定：监察委员会应当由党内最有修养、最有经验、最大公无私并能够严格执行党的监察的同志组成；党的代表大会选出的监察委员会应当有权接受和协同中央委员会审理一切控诉，必要时可以同中央委员会举行联席会议或把问题提交党的代表大会。

在列宁看来，一个党没有民主集中制作保证，没有有效的党内民主和党内监察制度为保障，仅靠个别领袖的个人素质来维持的状况，是不可能长期存在下去的。

因此，不仅要提高领导个人品质修养来实现领导者的自我约束，更主要的是通过加强党内监察机关的权力，建立从中央到地方的强有力的监察系统，形成相互制约的以监察权力为核心的党内权力制约机制，来加大对党的各级领导机关及其领导人物的监督，形成权力相对平衡的稳定的党的领导集体。只有这种中央和地方机构相互制约的党的监察体制，才能保证党能够受到切实有效的监督，从而有利于党的集体领导原则的贯彻和党内民主生活的正常化，防止个别领导人的独断专行。

根据俄共"九大"的精神，1921年3月召开的俄共第十次代表大会，作出了《关于监察委员会的决议》，将监察委员会的职能、机构、权力运作具体化。

关于监察委员会的任务主要在两个方面：一方面同侵入党内的官僚主义和升官发财思想，同党员滥用自己在党内和苏维埃中的职权的行为，同破坏党内的同志关系，散布毫无根据的侮辱党或个别党员的谣言以及其他诸如此类的破坏党的统一和威信的流言蜚语的现象斗争。另一方面，"监察委员会不但应当仔细审查向它提出的申诉，而且应当成为主动消除那些造成或促成

---

① 《苏联共产党代表大会代表会议和中央全会决议集编》第二分册，人民出版社1964年版。

第一条中所提出的各种不能容忍的现象的原因的机关，同时监察委员会要注意进行监督，使对党员的罪行和过失提出的一切控诉和申诉都得到适当的处理和解决"。团体或个人（无论是党员或非党员）对党员提出的控诉或申诉，都应当受理。

缘于此，中共五大通过的《中国共产党第三次修正章程决案》与苏共党章规定的监察委员会的内容，有很多相同之处。诸如目的与解决争议的方式均相同：

1925年12月召开的联共（布）十四大通过的党章，第50条第一款明确规定设立监察委员会的目的是：为了帮助巩固中央、区域和省的统一和威信。而中共五大决议修改的党章第61条规定设立监察委员会的目的是：为巩固党的一致及权威。

联共（布）十四大通过的党章规定：监察委员会有权出席本级党的委员会和苏维埃委员会的一切会议以及本级党组织的其他各种会议，并有发言权；监察委员会的决议，本级的委员会必须执行，而不得加以撤销。如果双方出现意见分歧，可把问题提交联席会议解决，若仍不能取得协议，则把问题提交代表大会或本级代表会议解决。在紧急情况下，可以把问题交上一级监察委员会解决。而《中国共产党第三次修正章程决案》第八章"监察委员会"第六十三条的内容是："中央及省监察委员会，得参加中央及省委员会议，但只有发言权无表决权。遇必要时，得参加相当的党部之各种会议。"第六十四条的内容是："中央及省委员会，不得取消中央及省监察委员会之决议；但中央及省监察委员会之决议，必须得中央及省委员会之同意，方能生效与执行。遇中央或省监察委员会与中央或省委员会意见不同时，则移交至中央或省监察委员会与中央或省委员会联席会议，如联席会议再不能解决时，则移交省及全国代表大会或移交于高级监察委员会解决之。"①

中央监察委员会的编制人数，基本上也是照搬苏联的方案。如中央监察委员会共由10人组成，其中委员7人，候补委员3人。中苏两党完全一样。

---

① 《中国共产党第五次全国代表大会》，中共党史出版社2007年版，第125—126页。

当务之急

　　与此同时，中共设立监察委员会也是强化党的组织建设的需要，已经到了刻不容缓的地步。

　　在国共两党合作的情况下，不少中共党员参加了国民政府，并担任一定的领导职务。这对中共党员能否恪守自己的职责、保持党性原则、防止反动派的收买和腐蚀形成新的挑战。当时，各种政治派别和政治主张激烈交锋，国共两党既有合作，又有斗争，加之苏俄因素的介入，形势错综复杂，云谲波诡。共产国际不仅是中国共产党的直接领导，而且与国民党左派、右派都保持着密切的联系。中共中央监察委员会因此应运而生。

　　蔡以忱在记者招待会上说，早在中国共产党创建之初，就注意到党内监督问题。1921年党的一大通过的《中国共产党的第一个纲领（十五条）》（俄文译稿），确定了党的名称、纲领和组织制度，虽没有制定章程，但在《纲领》的第十二条却第一次谈到监督问题："地方执行委员会的财政、活动和政策，必须受中央执行委员会的监督。"[1] 只是当时尚未建立起民主集中制原则。1922年，中共二大制定的第一个党章专门列"第四章纪律"，初步确立了全党服从中央、下级服从上级、少数服从多数的原则。其后中共三大与四大通过的两个章程修正案，都对党内纪律作了进一步的规定。这些规定体现了民主集中制原则，而民主集中制原则是党内监察制度建设的根本原则。

　　在国共合作的推动下，国民革命运动得到迅猛发展。随之而来的是，中共党内出现了比较重视发展党员数量，而忽视党员质量的倾向。

　　随着党组织的日益壮大，党在政治上成为一个"比较接近政权"[2] 的党。从党的全面建设着想，中央领导人和广大党员都亟盼着解决这个问题。尤其是在当时革命受挫的情况下，首先必须纯洁党的队伍，严格党的纪律，加强党的团结，增强党的战斗力。为此，迫切要求成立党的监察机构，用严

---

[1] 中央档案馆编《中共中央文件选集》第1册，中共中央党校出版社1989年版。
[2] 《中国共产党组织史资料》第8卷·上，中共党史出版社2000年版，第99页。

武昌"农讲所"教室一角

明的党纪维护党的集中与统一。①

在国民党湖北省党部就践行监察工作的蔡以忱，在参与起草中央监察委员会文件时，首先引述了中共中央于1926年8月发出的《坚决清洗贪污腐化分子》的中央扩大会议通告。这是中国共产党发布的第一个反贪污腐化的文件。通告主要是针对当时少数党员中的"贪官污吏化"倾向发出的，指出："在这革命潮流仍在高涨的时候，许多投机腐败分子，均会跑到革命的队伍中来，一个革命的党若是容留这些分子在内，必定会使他的党陷入腐化，不仅不能执行革命的工作，且将为群众所厌弃。所以应该很坚决的清洗这些不良分子，和这些不良倾向奋斗，才能巩固我们的营垒，才能树立党在群众中的威望。"②

从通告的字里行间可以看出，中国共产党当时对党员质量问题尤其是投机腐败问题的高度重视，敢于揭露并认真坚决加以清除，绝不姑息养奸。通

---

① 陆定一：《回忆大革命前后——陆定一谈中共党史》，《中共党史研究》2000年第2期。
② 《中国共产党组织史资料》第8卷·上，中共党史出版社2000年版，第100页。

告不仅深刻分析了贪污腐化分子的危害因素，还表明了中国共产党坚定的斗争立场和方针。此通告发布后，各地加强了对党员的教育，对党组织进行了整顿，有力地推动了大革命的发展。

1925年6月至1926年开展的省港工人大罢工的领导人苏兆征，也重视拒腐防变问题。随着罢工的继续，特别是采取封锁港澳等斗争手段后，省港罢工委员会各级机构和公务人员经常要处理大量的钱和物。能否保证领导机构的公正廉洁，是关系到能否团结罢工工人、戳破敌人谣言、坚持罢工取得胜利的重要条件。

为此，省港罢工委员会采取了应对措施，在罢工运动中逐步形成了监督机制：成立罢工工人代表大会，按工人数进行普选，每50人选出一名代表，共800余人，作为最高权力机关和监督机关；成立罢工工人纠察队，防止工人内部可能出现的腐败现象；利用机关报《工人之路》特刊对所属各机构进行舆论监督，或揭发贪污舞弊不良行为，或褒扬廉洁奉公的高尚举动；对贪污腐化者以行政处分和刑事制裁。省港大罢工中建立起的有效的监督机制，有力地保证了罢工的胜利进行。

受挫中辍

在第一届中央监察委员会成立前后，蔡以忱除安排秘书在《汉口民国日报》宣传监察制度外，还会同瞿秋白一道充分利用汉口长江书店发行的革命报刊，就中共中央纪检监察制度建立的前因后果一一进行叙介，在中外产生了强烈反响。

长江书店为大革命时期中国共产党在武汉公开设的一家书店，创办于1926年，位于汉口繁华的六渡桥北侧，是一幢左右与其他建筑连在一起的一幢砖混结构四层楼房，坐西朝东，每层结构相同，均有宽敞通间。一至四楼分别设营业部、编辑室、印刷间与维修间。书店主要经销马克思、列宁著作和进步书籍，中国共产党中央的刊物《向导》、共青团中央的刊物《中国青年》、中共湖北省委的《群众周刊》等革命刊物也由该店发行。随着风起云涌的大革命热潮，长江书店的生意红火，成为中共中央的主要经费来源。直到汪精卫"分共"后，1927年7月20日遭封闭。

在中共五大成立中央监察委员会后,由于当时形势需要,委员、候补委员们很快被派到各地领导地方党的中心工作。

1927年7月15日后,蔡以忱奉调离开武汉前往湖南工作;王荷波于5月30日被任命为中共中央职工运动委员会委员,这个时期他在武汉主持全国铁路总工会常委会工作,领导开展全国各地铁路工人运动;许伯昊于"七一五"政变后调上海工作;张佐臣于5月下旬离开武汉返上海,负责恢复、重建上海总工会工作;杨匏安于8月7日出席在汉口召开的中共中央紧急会议后不久离开武汉,奔走于广州、香港、澳门之间开展统战工作;刘峻山随南昌起义军南下后,经香港到上海,任中华全国济难总会秘书长,1928年10月起任中共浙江省委常委兼宣传部长、秘书长;周振声于大革命失败后在郑州、开封等地开展地下斗争;杨培森于1927年5月下旬离开武汉返回上海,继续组织上海工人反抗国民党新军阀和推翻反动"工统会"的斗争,6月26日当选为中共江苏省委委员;萧石月于中共五大会议后任中共湖南省委委员;阮啸仙本人在香港,没有出席中共五大会议,5月20日,奉命与彭湃等5人组织中共广东省委员会。

这就是说,中共监察委员会的10名成员中,有2名不在武汉,另外8名也在中共五大后不久先后离开武汉,因而根本无法集中办公,加上当时中共从中央到地方的各级组织都忙于对革命形势的应变,无暇顾及监察委员会的工作。

不过,在1927年6月1日,中共中央政治局会议通过了《中国共产党第三次修正章程决案》,修改后的党章专门设立了"第八章:监察委员会"共四条(第六十一条至第六十四条)内容。这是中国共产党第一次在党章中设立"监察委员会"的专门章节。党章阐述了监察委员会成立的目的、权力范围、领导体制以及监委与同级党委之间的关系,对监察委员会的职能、职权和运行规则作出了明确的规定,其核心是强调监督,第一次在党内创立了制衡的体制和机制。

为了提高监督机构的地位和层次,党章规定:中央及省监察委员会的成员必须由"党的全国及省代表大会选举"产生;为了提高监督的独立性、超脱性和有效性,党章规定,"中央及省监察委员,不得以中央委员及省委员兼任"。另外,为了制约和防止监察委员会权力被滥用,党章规定"中央及省监察委员,得参加中央及省委员会议,但只有发言权无表决权。遇必要时,得参加相当的党部之各种会议";为了防止监察委员会成为摆设,党章又明确规定"中央及省委员会,不得取消中央及省监察委员会之决议;但中央及省监察委员会之决议,必须得中央及省委员会之同意,方能生效与执行。遇中央或省监察委员会与中央或省委员会意见不一致时,则移交至中央或省监察委员会与中央或省委员会联席会议,如联席会议再不能解决时,则移交省及全国代表大会或移交于高级监察委员会解决"。这样,就形成了党委与监委彼此制约、互相监督,建立起了防止权力滥用和腐败产生的运行规则和制衡机制,以期达到强化党的纪律,巩固党的统一,提高党的纯洁性、凝聚力和战斗力的目的。

此后,第一届中央监察委员会的成员在"七一五"政变、蒋汪合流后大部分牺牲,中央又没有及时补充。所以,监察委员会的象征意义大于实际意义。

蔡以忱任职半年后的 12 月 31 日,中共中央在第 26 号通告中提出监察委员会的存废问题。时至 1928 年 7 月,在莫斯科召开的中共第六次全国代表大会上,仅存一年零两个月的中央监察委员会正式撤销,并将"五大"党章中"监察委员会"一章四条内容全部删除。

有关专家认为,中共中央监察委员会遭受挫折的原因是多方面的,而第五届党中央领导核心的改组和总书记陈独秀的黯然去职,应该说是主要原因。

大革命失败后,共产国际为了显示其对中国革命指导的权威性,在中共五大闭幕仅仅过了 64 天的 7 月 12 日,共产国际代表鲍罗廷就遵照莫斯科的指令,违反党的章程,采用非正常的手段改组了中共中央

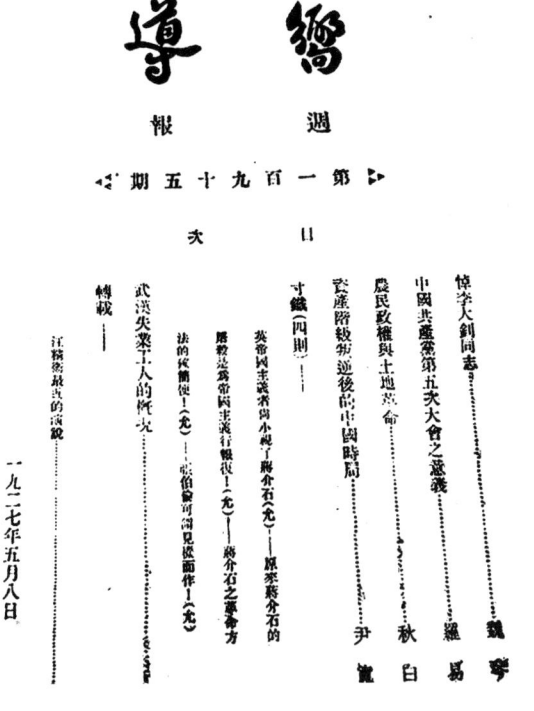

《中共五大意义》,《向导》周报第一百九十六期 1927 年 5 月 8 日

领导核心，将陈独秀从党中央领导岗位上赶了下来。

接着，"八七"会议又在共产国际新任代表罗明纳兹的主导下，对陈独秀进行了"缺席审判"，把大革命失败的所有责任全部推到中共中央和陈独秀的头上。刚刚组建起来的中央监察委员会根本来不及开展工作，更谈不上建立自己的组织体系和运行规则了。党中央创立的监察机构形同虚设，党章赋予监察委员会的职责因无法履行而成了一纸空文。

另一方面，中央监察委员会存在期间基本上没有开展什么工作，这主要是当时局势险恶，其组织机构刚刚设立就面临着汪精卫的"七一五"政变，中央监察委员会成员几乎都没有到位，均被安排从事中心工作，而且多数成员在严酷的斗争中过早地为党和人民献出了生命。

纵观中共党内监督体制和机制建设的首创、中断、重建和发展的曲折历程，足以说明，1927年，以陈独秀为总书记的中共中央在党的第五次全国代表大会上创设的中央监察委员会是具有前瞻性、开创性的创新之举，对党的建设具有深远的历史意义，特别是《中国共产党第三次修正章程决案》中提出党委与监委互不交叉、互相制约和互相监督的制衡机制仍然是值得我们认真探讨、研究和总结的。

第十一章 恢宏奥略

万里长江,浩浩荡荡,浪拍天际,奔腾不息;长江与汉水在江城武汉汇合,呼号轰鸣,似乎在交头接耳,诉说着什么……

长江,宛若一支属于历史的、现实的,乃至未来的巨笔,记下了华夏的兴衰与文明史;长江与汉江,又如两根硕大无比的琴弦,弹奏出一曲曲壮歌悲曲。

"奥略"怀古

中共五大闭幕后，根据"五大"作出的关于党的组织系列为"中央—省委—市（县）委—区委—支部"的决定，5月11日，中共湖北区委改组为中共湖北省委，蔡以忱当选为省委委员、常委，成为省委书记张太雷的左右手。省委委员有张太雷、陈潭秋、蔡以忱、郑超麟、刘少奇、马峻山、董必武、吴德峰、蔡畅、贺昌、徐活莹等。其中，陈潭秋任组织部长，蔡以忱任农民部长，郑超麟任宣传部长，董必武主管国民运动，蔡畅主管妇女运动，吴德峰主管军事工作，贺昌主管共青团工作。省委机关由武昌搬至汉口尚德里，后又迁至武昌巡道岭。省委下辖的武昌市委和汉口市委亦同时成立，周慰真任武昌市委书记，吴雨铭、罗章龙先后担任汉口市委书记。郑超麟后来回忆说：

> 武汉成立中央后，张国焘不能兼顾，将省委书记职务交付于罗章龙——他手下的大将。大会开后，秋白要将这个重要位置给他的好朋友张太雷。为此问题，这两人中间起了争执，结果国焘让步。张太雷做了省委书记，但罗章龙也做汉口市委书记，工人、店员，以及一般市民运动自然归市委管理，留下给省委的是外县工作，即农民运动。市委设在汉口，省委则设在武昌。
>
> 张太雷并不欢迎我的合作。第一次开省委会议，他宣布"常委"由三人组成：书记张太雷，组织（部长）陈潭秋，农民（部长）蔡以忱①。

5月14日，中共中央政治局常委陈独秀、蔡和森与张国焘研究决定：由谭平山、毛泽东、周以栗、瞿秋白、蔡以忱、任旭、罗绮园、阮啸仙、陆沉

---

① 郑超麟：《郑超麟回忆录（上下）》之五，安徽人民出版社2004年版。

9 人组成中央农民运动委员会,谭平山为农委书记(部长)。①

此间,作为中央农民运动委员会与湖北农运领导人,蔡以忱在武昌中央农讲所讲授了《世界各国革命史》之后,又作了题为"最近湖北农民运动概况"的报告。那天,他与丰俊英路过毛泽东居住的都府堤 41 号,本想邀其一同到江边散心,但毛泽东不在家。所以,只有他们俩前往黄鹤楼故址——奥略楼一游。

奥略楼旧影

那天正下着毛毛细雨,他们共撑一把雨伞,边走边聊,一会儿就来到了烟雨迷蒙的江边。

雨雾中,奥略楼矗立于长江之滨,蛇山之头,黄鹄矶上。此楼的前身黄鹤楼,相传是孙权为实现"以武治国而昌"("武昌"的名称由来于此),筑城为守,建楼以作军事瞭望台,始建于三国时期吴黄武二年(223)。黄鹤楼与湖南岳阳楼,江西滕王阁并称"江南三大名楼"。《湖广通志》载:

黄鹄山、城内西南、俗称蛇山,一名黄鹤。昔仙人子安乘黄鹤憩

---

① 《中共中央常委会第二次会议记录》——陕西、河南、北方、山西工作,中央农委名单,太平洋会议等问题,1927 年 5 月 14 日。

此。志云：黄鹄山蛇行而西吸于江，其首隆然，黄鹤楼枕焉，下有黄鹄矶。

至唐朝，黄鹤楼的军事性质逐渐演变为著名的名胜景点，由主楼、配亭、轩廊、牌坊、诗碑廊、古肆商业街组成。历代名士崔颢、李白、白居易、贾岛、陆游、杨慎、张居正等，都先后到这里吟诗作赋，其中崔颢的千古佳作《黄鹤楼》，更使黄鹤楼名声大噪。诗云：

> 昔人已乘黄鹤去，此地空余黄鹤楼。
> 黄鹤一去不复返，白云千载空悠悠。
> 晴川历历汉阳树，芳草萋萋鹦鹉洲。
> 日暮乡关何处是，烟波江上使人愁。

此后，历代文人墨客，相继在此写下了一首首流芳百世的华章。

当时，黄鹤楼虽然楼去鹤飞，但黄鹄矶仍然雄踞大江之滨、蛇山之首。他们登上黄鹄矶之上的奥略楼。但见武汉三镇的江面，雨雾与江浪相接，江浪与雨雾交融。

蔡以忱对丰俊英说，奥略楼是长期治鄂的湖广总督张之洞1907年上调京城之后，湖北学界筹款在原黄鹤楼附近所建之风度楼，以纪念张之洞治鄂的功德。此楼建成次年，张之洞致电湖厂总督陈夔龙说："黄鹄山（即蛇山）上新建之楼，官名'奥略楼'，取晋书刘弘'恢弘奥略，镇绥南海'语意。此楼关系全省形势，不可一人专之，务宜改换匾额，鄙人即当书寄。"[①] 于是，风度楼更名为"奥略楼"，并挂上了张之洞亲手书写的匾额。

丰俊英也赞叹张之洞为湖广新政所建立的不朽功勋。还引用孙中山1912年4月访察武汉时，睹物晤人，发现正是直隶南皮人张之洞主持的湖北新政，为辛亥首义奠定了物质基础、准备了人才条件，所发出的由衷感慨："以南皮造成楚材，颠覆满祚，可谓为不言革命之大革命家。"[②]

他们边走边说，来到奥略楼亭心，停下了脚步。蔡以忱凭栏眺望烟雨苍茫的两江四岸，心潮如江浪一样澎湃。

---

① 皮明庥：《皮明庥文集》，湖北教育出版社2011年版。
② 《时报》1912年4月15日。

"好""糟"之辩

那天，蔡以忱与丰俊英之所以邀约毛泽东重游奥略楼，是为了纾解老战友心中的郁闷。因为在1927年5月2日中共"五大"分组讨论时，出现了一段不愉快的小插曲。

会前，作为主持中央农民运动讲习所的中央农委书记毛泽东，将其于3月间出版的《湖南农民运动考察报告》（以下简称《报告》）交给大会秘书处，秘书处负责人周唯桢安排油印了300份，并让余明义分发给各位代表。

当余明义发放到20份时，中宣部长、中共中央机关刊物《向导》周报主编彭述之，突然让其停发，并将余带到大会主席团主席陈独秀面前。陈独秀对秘书处"擅自"发放《报告》大加训斥，彭即令将发放的所有《报告》立即收回。

正坐在会场的代表毛泽东，看在眼里，气在心头，愤而拂袖而去，退出了会场。

陈独秀与彭述之为何下令收回毛泽东撰写的《湖南农民运动考察报告》？两天前瞿秋白撰写的小册子《中国革命中之争论问题》，不就是采用这种方式分发给各位代表的吗？而且毛泽东纯属调查报告，瞿秋白小册子的矛头则是直指陈独秀与彭述之。为什么两位代表的材料，持两种截然不同的态度呢？事情还得从头说起。

那是1926年下半年起，随着国共两党共同领导的北伐大革命的胜利进军，轰轰烈烈的农民运动迅速发展起来。农民的主要攻击目标是土豪劣绅、不法地主、贪官污吏和旧恶势力等各种封建宗法思想和封建统治制度，引发了深刻的农村社会大革命。农民运动的蓬勃发展，遭到国民党右派和封建地主豪绅的诋毁和破坏，也遭到党内右倾错误领导的怀疑和责难。地主豪绅咒骂农民运动是"土匪行动"，"破坏了社会秩序"，应予"取缔"；国民党右派和北伐军中的官僚，说农民运动是"痞子运动"；国民党中派分子则说："农会的举动未免太过分了"，要"限制农民运动"，中国共产党内的右倾机会主义者也对这些言论妥协。一时，农民运动"糟得很"的谬论满城风雨。

1926年12月初，毛泽东到达武汉。在汉口设立中央农委办事处，同国

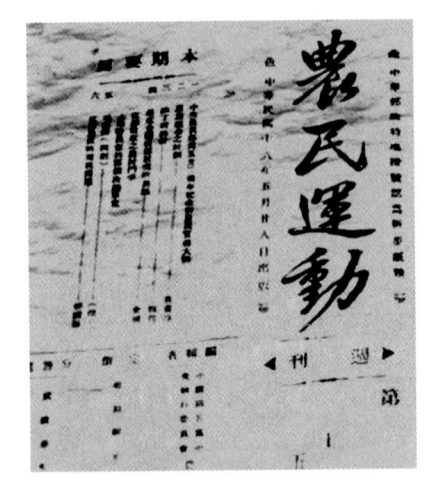

蔡以忱参与创办的农运刊物
《农民运动》1927年5月28日

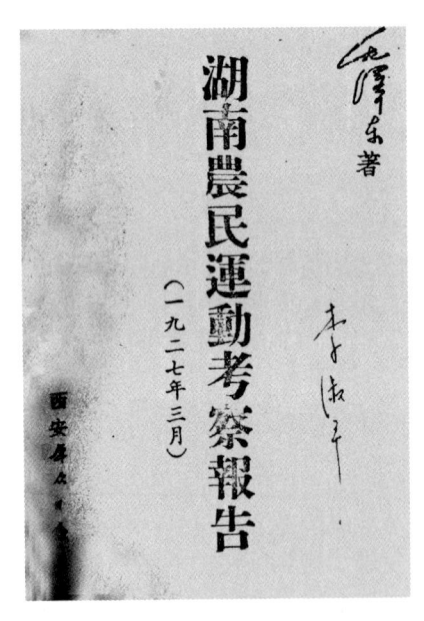

毛泽东《湖南农民运动考察报告》
（1927年3月12日）

民党湖北省党部筹商农讲所事宜。12月13日至18日，毛泽东以中央农委书记身份出席了在汉口召开的中共中央特别会议。会议通过了湘鄂赣三省党务议决案，其中湖北区委应兼汉口地委，其组成人员如下：

书记张国焘（一说待定），组织泽楷、项英，宣传以忱、潭秋，职工立三，农运陆沉，民运必武，军事云臻，秘书慰真。①

作为中共中央总书记，陈独秀曾在特别会议报告中公然宣称，湖南工农运动"过火""幼稚""动摇北伐军心""妨碍统一战线"等。毛泽东立即发言，反对陈独秀的看法，并提醒中央注意："右派有兵，左派没有兵，即右派有一排兵也比左派有力量。"广东区委负责人也重申依靠工农群众反对蒋介石的主张。中共中央委员、湖南区委书记李维汉提出，根据湖南农民运动的发展趋势，应当解决农民土地问题，"毛泽东赞同湖南区委的主张，但陈独秀和鲍罗廷不赞成马上解决土地问题，认为条件不成熟"。但这些重要提示都没有引起陈独秀主持的中共中央的重视。

会议最终根据陈独秀的政治报告作出决议案：当前"各种危险倾向中最严

---

① 《中共中央文件选集·一九二六》，中共中央党校出版社1983年版。

重的倾向是一方面民众运动勃起之日渐向'左',一方面军事政权对于民众运动之蓬勃兴趣而恐怖日渐向右。这种'左'右倾倘继续发展下去而距离日远,会至破裂联合战线,而危及整个的国民革命运动。"根据这个分析,会议规定当时党的主要策略是:限制工农运动发展,反对"耕地农有",以换取蒋介石由右向左;同时扶持汪精卫取得国民党中央、国民政府和民众运动的领导地位,用以制约蒋介石的军事势力。

事实上,陈独秀只是一厢情愿。蒋介石的军事势力和他的日益向右并不是这种策略所能限制得了的。推行的实际结果,只是单方面地限制工农运动的发展,牺牲工农群众的利益。

以此次会议为标志,毛泽东对陈独秀右倾政策的怀疑越来越深了。

作为新文化运动的旗手、中国共产党的创始人,陈独秀本来是毛泽东非常敬重的人物。在中共三大上,毛泽东当选为中央局秘书,与中央局委员长陈独秀合作共事了一段时间。他渐渐发现陈独秀以家长式的作风治党,产生了消极影响越来越严重。如今,在中国社会阶级关系和农民运动等重大问题上,他们的分歧越来越大。毛泽东已开始敏感地注意到中国革命的两个基本问题:土地和武装。当然,他此时的考虑尚不成熟,对陈独秀的观点一时也拿不出充足的理由去反对。

农民之子

雨雾中,蔡以忱继续对丰俊英说,毛泽东真正形成"土地和武装"的成熟思想,是其进行了为期一个多月的"上山下乡"考察之后。

那是1927年1月4日到2月5日,毛泽东回到当时农民运动发展最为迅猛的湖南,实地考察农民运动。

在32天的日日夜夜,毛泽东步行700多公里,踏遍三湘四水,现场考察了湘乡、湘潭、衡山、醴陵、长沙五县的农民运动情况。在乡村和县城,他广泛地接触和访问广大群众,召集农民和农民运动干部,召开各种类型的调查会,口问手写,获得了大量的第一手资料。

2月5日毛泽东结束考察回到长沙后,应中共湖南区委之邀,作了多场次关于农民问题的报告。2月12日,毛泽东回到中央农民运动委员会驻地武昌，在武昌都府堤41号住所的卧室内，正式撰写成2万字的《湖南农民运动考察报告》。《报告》纠正了几个主要错误：

（一）以"农运好得很"的事实，纠正政府国民党社会各界一致"农运糟得很"的议论。（二）以"贫农乃革命先锋"的事实，纠正各界一致的"痞子运动""惰农运动"的议论。（三）以从来并没有什么联合战线存在的事实，纠正农协破坏了联合战线的议论。

与此同时，毛泽东以此《报告》给3月7日开课的中央农讲所学员，以及国民革命军前敌总指挥部政工人员训练班做讲课教材，武装大家的头脑，受到广大学员的热烈欢迎。

3月5日，这篇报告在中共湖南区委机关报《战士》周报第35、第36期两期合刊，第38期、第39期上连续刊载全文，接着又在《湖南民报》等报发表。

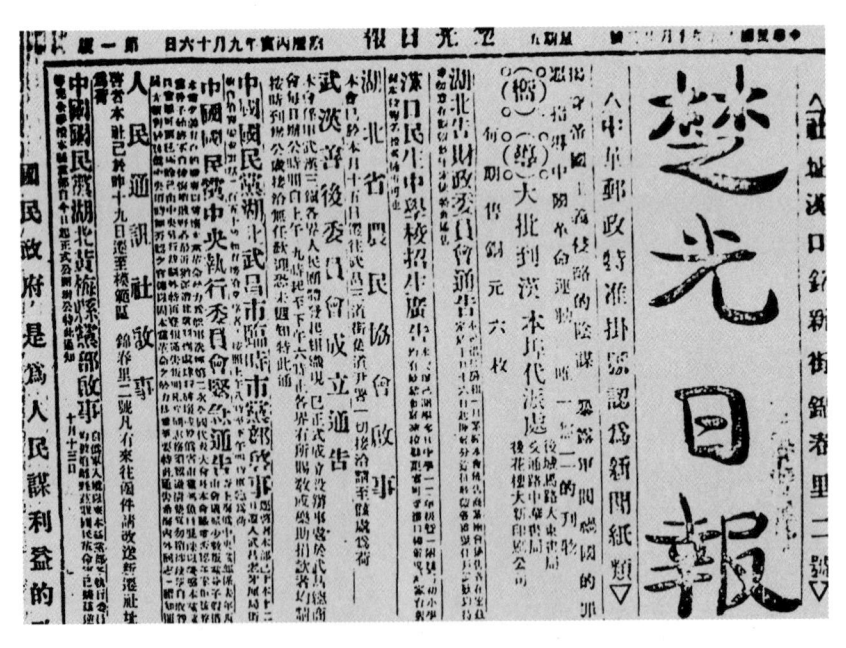

蔡以忱襄助董必武创办的《楚光日报》为农协发声，1926年10月22日

当毛泽东于2月16日致信在上海的中共中央，并附寄《考察报告》。迫

切希望中共中央能接受这些来自革命实践的呼声。他在书信中简要报告了其考察行程后，指出："在各县乡下所见所闻与在汉口在长沙所见所闻几乎全不同，始发现我们从前对农运政策的处置上几个颇大的错误点。"并鲜明地提出："农民问题只是一个贫农问题，而贫农的问题有二个，即资本问题与土地问题。这两个都已经不是宣传的问题而是要立即实行的问题了。"

蔡以忱说，这最后一句话，是针对陈独秀说的。陈于上年12月在汉召开的特别会议上讲过：解决农民的土地问题，目前还只能是宣传，不能实行。陈独秀看了毛泽东的书信与《报告》后，当即吩咐中宣部长彭述之：不准在中共中央机关报《向导》周报上全文发表。鉴于毛泽东毕竟是农委书记，《向导》又是理论周刊，《报告》纯属调查报告，没有不发表的理由。结果在推三阻四之后，方于3月12日只发表了《报告》的第一章"农村革命"、第二章"革命先锋"的前两节，并添加了"二月十八日长沙通信"的副题（《向导》周报第191期）。3月22日在汉创刊的国民党中央机关报《中央日报》的《中央副刊》编辑孙伏园得知后，于《中央副刊》第7号上转载了《向导》的版本。

就在毛泽东为《报告》不能全文发表犯愁时，1927年3月中旬，中共中央政治局委员瞿秋白由上海来到武汉，下榻于汉口英租界辅义里27号一楼。

瞿秋白曾告诉蔡以忱，他自幼接触农民，深知农民之苦，参加革命后，一直关注农民问题。

早在1923年中共三大时，瞿秋白在他起草的党纲草案中，就提出"不让农民参加，革命不能成功"的科学论断。1926年8月，他在广州黄埔军校演讲《国民革命中的农民问题》时，就指出当时国民革命成败的关键，就在于能否解决农民的土地问题。

由于瞿秋白与毛泽东在农民问题上的看法不谋而合，所以，他在武汉读到毛泽东的《报告》全文时，很是兴奋，认为遇到了知音，因而对毛泽东的《报告》倍加赞赏。当得知陈独秀、彭述之为刊登此文从中作梗时，他愤怒地说："我已看过了毛泽东的《湖南农民运动考察报告》，这篇调查报告的观点是完全正确的，这是一篇好文章。在湖南省委机关周刊《战士》上首先刊登后，对湖南、湖北的农民运动起了很好的促进作用。可是，在毛泽东将这份报告寄到中央后，陈独秀、彭述之却不准在《向导》周刊上全文发表。这样好的文章都不敢登，还革什么命！"

"铸剑"先驱 蔡以忱（修订本）

"农运之王"

　　当时在瞿秋白身边工作的羊牧之告诉蔡以忱，瞿秋白为了使党内外的同志都能够重视这篇调查报告，特别于这年4月11日深夜，赶写了一篇1500字的序言。随后让羊牧之郑重交给了一位主持汉口长江书店的负责同志，负责办理赶排出版单行本事宜。

　　关于长江书店落户汉口，时任中共湖北区委宣传部主任（部长）的蔡以忱是见证人与襄助者。

　　那是1926年下半年，武汉地区有各种进步报纸30余种、刊物60余种，呈现出一派欣欣向荣的景象。为了适应形势发展的需要，中共中央决定在大革命的中心——武汉，设立中共中央的出版机构长江书店。当时党中央机关在上海，书店筹备工作由中共湖北区委主管宣传的蔡以忱负责，具体事宜交由苏新甫办理。店址最初设在汉口交通路的汉口"血花世界"下首，后因经营业务不断扩大，原有铺面狭小不敷应用，便于1927年5月1日迁汉口中山路六渡桥口（今中山大道831号）。

　　为了工作方便，蔡以忱会同有关同志将中共湖北区委机关刊物《群众》周刊编辑部和发行处，由武昌黄土坡迁移至长江书店内。当时党中央派倪忧天把党在上海创办的文明印务局的全部机器，运到汉口筹办长江印刷厂，所印书刊由长江书店销售。

　　1926年11月，长江书店正式开业。开业之初，从广州、上海运来的进步书刊三天内销售一空。同时，还在广州、成都、重庆、长沙、南昌、安庆、万县、九江设有分店。1927年春，党中央机关迁武汉后，直接领导了出版发行等工作。长江书店出版和发行的主要是中共中央的刊物《向导》、共青团中央的刊物《中国青年》、中共湖北省委的《群众周刊》，以及各进步团体的报刊和书籍，重印了《新青年》和上海书店出版过的一部分书刊，另外还自行出版许多新书。

　　这些出版物中有的是高深的革命理论书籍，也有战斗性强、具有现实意义的期刊。其中1927年2月，书店首次出版了瞿秋白译、斯大林著《列宁主义概论》。4月，按照瞿秋白的指示，毛泽东著《湖南农民运动考察报

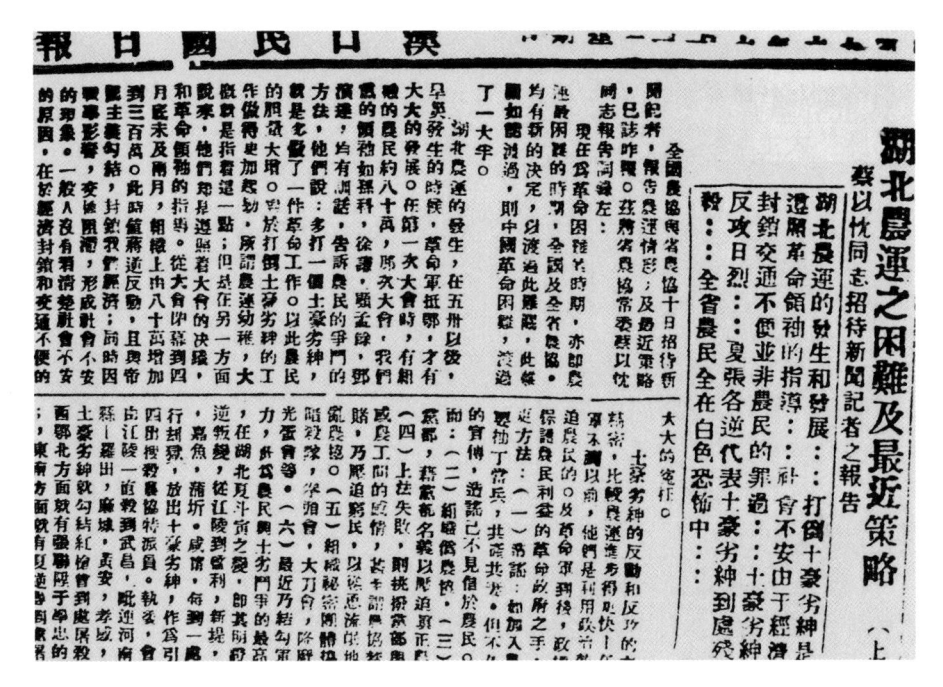

蔡以忱招待新闻记者之报告，《汉口民国日报》（1927年6月12日）

告》，由长江书店以《湖南农民革命》（一）为书名，正式出版发行单行本。

此次发行的单行本是全文照登。其中最引人注目的是《向导》上没有发表的第二章第三节。这一节由于内容可以独立成章，于是在单行本中被改为第三章。此外，关于"农民与农民协会"所做的14件大事，文字上也有改动，特别是对第九件大事中提到的"中国剪刀差问题"在提法上，回避了这一专业名词。

农民之子蔡以忱，也一直关注农民问题，并在湖北进行过广泛深入的实践。所以，当他手捧刚刚出版的《湖南农民运动考察报告》，联想起"阳新惨案"血的教训，引起了强烈共鸣。他完全同意《报告》中的立论：农民运动是"好得很"，而不是"糟得很"。同时认为，瞿秋白在该书序言中，热情洋溢地称赞毛泽东和彭湃是"农民运动的王"，也恰如其分。瞿序云：

"匪徒、惰农、痞子……"这些都是反动的绅士谩骂农民协会的称号。但是，真正能解放中国的却正是这些"匪徒、惰农、痞子……"中国农民都要动手了，湖南不过是开始罢了。中国革命家都要代表三万万九千万农民说话做事，到战线去奋斗，毛泽东不过开始罢了。中国的革命者个个都应当读一读毛泽东这本书，和读彭湃的《海丰农民运动》一样。

这篇报告发表后，很快在中外产生积极影响。1927年5月27日，共产国际执委会机关刊物《共产国际》俄文版第95期上，以"湖南的农民运动（报告）"为题转载了此文，这是该杂志反映中国人观点的第一篇论文。6月12日，又用英文版发表了此文，并在编者按中说："在迄今为止的介绍中国农村状况的英文版刊物中，这篇报道最为清晰。"俄文的《革命东方》杂志，即发表专文予以赞许；共产国际主席布哈林于1927年5月，也在共产国际执委会关于中国问题的报告中，称赞毛泽东的这一报告"写得极为出色，很有意思"。

《湖南的农民运动考察报告》单行本的出版，给毛泽东以极大的鼓舞，尽管他是个只有发言权、没有选举权的候补代表参加中共五大会议，但他仍想做最后的努力，让大会关注农民问题。

蔡以忱画像（蔡迪安作）

于是，会前他邀集方志敏等各省农民协会负责人开会，议定出一个广泛地重新分配土地的方案。可是，当毛泽东把这个方案提交给大会时，陈独秀甚至没有把它拿出来讨论。

会中，当毛泽东将《湖南的农民运动考察报告》交由大会发放时，素以家长式治党的陈独秀又给他出了个大洋相——勒令收回，他顿时觉得万念俱灰……

此时此刻，丰俊英伫立于奥略楼不无感慨地说：毛泽东当时身为农委书记提出的农民运动决议案，中央竟不予通过。① 在中共五大上，他"只

---

① 毛泽东：《"七大"工作方针》，人民出版社1981年版。

有发言权，没有选举权"①，所提议案自然不被采纳。会后，又被免去中央农委书记（部长）一职，"这使毛很丢脸"②。他当然会"寄意寒星荃不察"。

蔡以忱回答道：尽管我们的农运工作及其工作者不被陈独秀所理解，但在中共五大上已经受到代表们关注，且蔡和森、李维汉力举毛泽东为政治局委员，足见农运工作越来越深入人心。中共五大会后，他虽不再兼任农委书记，但仍是农委委员，又当选为全国农民协会首任主席③，这也是大家对他的充分肯定与信任。我深信，他会"我以我血荐轩辕"的。

媒体报道称，如果说彭湃与毛泽东分别是广东与湖南的"农运之王"的话，无疑蔡以忱就是湖北的"农运领袖"。

烟雨苍茫

面对烟雨苍茫，蔡以忱也是心潮澎湃，他不禁想起了在湖北省第七小学担任校长的二哥蔡襄忱，委托他为校歌作词的事。于是，他面对长江、汉水的惊涛拍岸，眺望中央农民运动讲习所飘扬的鲜艳红旗，一首校歌歌词一蹴而就：

> 红日东升，革命青年，爱惜革命光阴。
> 日常学问，在革命旗帜下，以求有生——
> 求自由，求平等，要奋斗，要牺牲。
> 这是我们的"三字经"。
> 小学生，努力前进！时刻准备着：
> 完成国民革命，走上世界革命的路程。④

蔡以忱话音刚落，丰俊英立刻赞叹道：好一个革命的"三字经"！朗朗上口，言简意赅，是一首激励青少年为革命而学习，时刻准备着为中国革命

---

① 毛泽东：《在中共八大预备会议第二次全体会议上的讲话》，《党的文献》1991年第3期。
② ［英］迪克·威尔逊：《毛泽东传》，中央文献出版社2005年版，第88页。
③ ［美］斯诺：《毛泽东自传》，汪衡译，解放军文艺出版社2001年版。
④ 裴高才：《胡秋原全传》，中国文联出版社2008年版，第29页。

和世界革命贡献青春的好校歌。

蔡以忱长子蔡惠安追忆补录《赤都小学校歌》歌词手扎

蔡以忱对丰俊英说:"过奖了!其实,我是受了毛泽东《湖南的农民运动考察报告》的启发啊。我深信,农运革命大势如同滚滚东去的长江,一日千里,是不以某些人的意志为转移的。"

听了蔡以忱的一席话后,丰俊英一会儿仰望奥略楼上空的滚滚乌云,一会儿放眼奔腾不息的两江波涛与烟波浩渺的江面,预感到一场暴风雨将要来临,一场劫难在所难免……顿时,他回想起毛泽东"心情苍凉,一时不知如何是好"①,不禁吟诵起毛泽东的一首《菩萨蛮·黄鹤楼》:

> 茫茫九派流中国,
> 沉沉一线穿南北。
> 烟雨莽苍苍,
> 龟蛇锁大江。
> 黄鹤知何去?
> 剩有游人处。
> 把酒酹滔滔,
> 心潮逐浪高。

伫立一旁的蔡以忱,聆听了这首大江的咏叹后感受到,在大革命潮起潮落的非常时刻,没有语言能概括诗人愤懑复杂的心情,他的心潮只能化成诗句,欲与江浪试比高。于是,他赞叹道:"这是一首从黄鹤楼边发出的亘古未有的壮歌,不愧为一支对国家与民族深沉的忧患意识交融激荡,所抒发出的雄浑心曲。尤其是最后一句,磅礴气势,有孟子之'有智不如乘势'的气象,别有一番韵味。"

处乱世,当大事,往往都是乘势而为之。农民运动就是要通过动员社会底层民众力量的巨大威力,"乘"这股"势"去创造历史。

蔡以忱与丰俊英从奥略楼下来,就前往湖北农民培训班,组织四百余学员编入贺龙部队,配合讨伐驻宜昌的夏斗寅之独立十四师叛乱。蔡以忱认为,当前农运工作必须"拿起武器,山区的上山,滨湖的上船,坚决与敌人作斗争,武装保卫革命"②。

---

① 引自毛泽东于1958年,在文物出版社刻印的《毛主席诗词十九首》书眉上的批注。
② 袁任远:《石门南乡的起义》,《星火燎原》第1集,人民文学出版社1964年版,第429页。

"铸剑"先驱 蔡以忱（修订本）

在中国共产党百年华诞降临前夕，音乐家应华熠获悉蔡以忱为赤都小学校歌歌词后，连夜谱曲，并在武汉市黄陂区实验小学首唱。这首抒发武汉三镇小学生投身火热大革命心声的歌曲，再次唱遍江城城乡校园。同时，在谱曲与传唱的过程中，歌词略作修订。词云：

红日东升，风华少年，珍惜革命光阴，日常学问，在国民革命的旗帜下：抖擞精神，求自由，求平等，要奋斗，要牺牲！这是我们的三字经。小学生，努力前进！时刻准备着：投身国民革命，奔向世界大同新征程！[①]

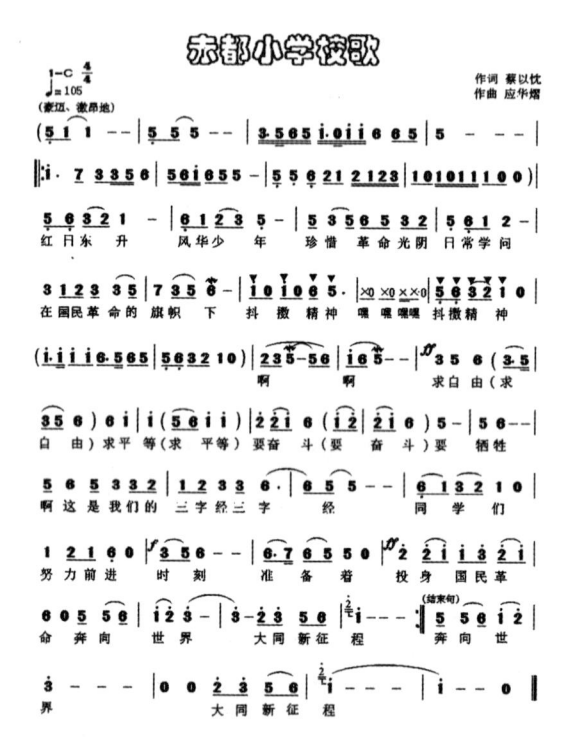

蔡以忱词、应华熠曲《赤都小学校歌》歌谱

[①] 裴高才：《歌祭先烈魂》，《湖北日报》2021年4月9日。

第十二章 风雷滚滚

湖北省农民协会第一次代表大会召开后三个月间,湖北农会会员由80万人骤增到的284万人,甚至出现了"每天增加农民协会会员二万五千人"的盛况。同时,健全农民武装、团结国民党左派与蒋介石针锋相对,隆重举行欢迎北伐凯旋将领,蔡以忱会同李汉俊、瞿秋白等发表热情洋溢的讲演。

农运领袖

　　湖北的农会组织，以阳新县最为发达，黄冈、麻城、应山、孝感等县的成绩亦颇佳。至当年底，仅阳新县就建立区农协11个，乡村农村1258个，农协会员由原来的七八万人激增至近30万人，阳新成为全省会员最多的县之一。

　　与此同时，"四一二"反革命政变后，大小军阀纠集土豪劣绅对各地农会进行疯狂反扑。

　　土豪劣绅或以农协的禁赌禁烟等造谣生事，说成是断绝流氓的生命，煽动乡村流氓起来反抗农协。土豪劣绅的伎俩不断翻新，他们自己或是遣其子弟混入农民协会，以肆其操作手段，如果混不进农协，则混进党内，以党员的资格组织他们的伪农民协会。与农民协会对抗。所以许多乡区农民协会里没有农民，只有长衫广袖的先生们摇进摆出。鄂东圻水（今浠水）等县党部，竟有拒绝农民入党的事。又有利用家族的观念与关系，用族长的威权组织农协的。除这些反革命的假农协之外，还有什么光蛋会、大刀会、拳头队、暗杀队等组织，都是土豪劣绅的利器。

　　中国人的命运，岂能操诸反动军阀之手！在此严峻时刻，蔡以忱等中国共产党内真正的马克思主义者，敢于坚持真理，毅然扛起了拯救革命危亡的大旗。为了应对时局，此时的中共湖北省委，一方面极力配合武汉国民政府进行第二次北伐，并派遣省农协委员长陆沉北上河南前线援军。另一方面，中共湖北省委常委、宣传部长蔡以忱，临危受命转任农民部长，负责领导各县农协反击土豪劣绅的猖狂进攻，捍卫农运果实。

　　中共湖北省委农民部是省农协的决策机构，而国民党湖北省党部农民部、省农协合署办公。作为省农协常委兼组织部长，蔡以忱在5月10日欢送陆沉登上北上的列车后，他与张学武共同主持省农协工作。当天下午，他在武昌主持召开了省农协第六次常务会议，并议决如下事项：

　　一、农协增设自卫部，以谋求统一指挥、训练与组织，并聘刘争为负责人，自卫部定于14日正式办公。

二、加强（二次北伐）前线农运。

三、农运发展引起各国人士关注。

四、设立农民银行，打击地主的闭货。

五、解决农协内部纠纷。包括健全机关、肃清不良分子与指定侦察人员三个方面。①

即日，蔡以忱让省农协总干事丰俊英急电"各县农协，迅速将散在各区枪支集中农协，并将全县农友一律武装起来，以便集中势力，肃清反革命派，使北伐后方，巩如磐石"②。

不仅如此，蔡以忱还凭借其长期从事宣传工作的敏锐程度，首先组织强大的宣传舆论声势，为农运鼓与呼。例如5月11日《汉口民国日报》载《春笋怒发之湘省工农运动》透露，湖南有组织的工人达40万；35个县成立县农协，16个县成立农协筹备处，有组织的农民达518万。其中衡阳农会人数达60万，湘潭、湘乡、浏阳、平江4县超过30万，长沙、醴陵、宁乡、衡山、益阳5县过20万，过10万的有汉寿、湘阴、岳阳、耒阳、常德、安化、郴县、攸县、华容、宜章、南县11县。

14日下午2时，当天就任中共中央农民运动委员会委员的蔡以忱，在省农协机关专门接受西方记者采访，他纵横捭阖回答了九个方面的问题：各县农协组织、农协的立场与奋斗目标、新的规划、发展最快的县农协、农协与土豪劣绅斗争情形、没收逆产处置方法、农民自卫问题、全省会员之数目、各县发展之比较。

到了5月15日，《汉口民国日报》又接二连三地报道了《全省民众积极铲除封建势力》《鄂西农民退杀逆军》《革命空气高涨之黄梅》《民厅计划肃清土匪》等。其中《罗田最近农运情形》介绍了该县出现的新气象：在政治上，由县长、农协与党部共商县政，经济上开设农民银行，教育上每乡办一所平民学校，还用刀枪剑棍武装农民、有组织农协会员5万人，除省农协宣传册外，还有墙报、标语、演艺队等多种形式。

次日，蔡以忱安排省农协通过《汉口民国日报》等报纸，就当前的工作发布第七号布告：要求基层农协一方面要注意合法的手续，一方面要更努力

---

① 《汉口民国日报》，1927年5月16日。
② 张国焘：《我的回忆》第二册，东方出版社2002年版，第220页。

去打倒土豪劣绅反革命派，要做的第一件事是积极建设乡村自治政府，第二件事是武装自卫。

有序发展

正在第二次北伐旗开得胜之际，蒋介石加紧了对武汉方面将领的策反活动，驻宜昌独立十四师师长夏斗寅，曾参加了第三十五军军长何键4月在汉口召开的秘密反共会议，接着与四川军阀杨森勾结，共谋发动叛变。

5月5日，国民革命军第二十一军军长兼川防总司令杨森，率部从四川万县东下，通电讨伐武汉国民政府。5月7日，夏斗寅假称战败，将宜昌拱手让杨。并谎称为对付周围反革命势力而缩短防线，于14日率全师由沙市顺流而下。15日到达嘉鱼后，夏部竟枪杀国民党湖北省党部任剑若，并公开发表反共宣言，17日进犯到距省城武昌仅25公里的纸坊镇。

在此危急的局势之下，中共中央召开紧急会议决定：由国民政府军事委员会以卫戍武昌的叶挺第二十四师为主力，并将中央军事政治学校和中央农民运动讲习所的学员编为中央独立师（师长侯连瀛，党代表恽代英），第十一军教导营也交叶挺指挥，坚决平息叛乱。为此，蔡以忱于17日连夜在省农协主持召开第七次常会，统一部署各地农协密切配合革命军讨伐夏斗寅。18日，蔡以忱又主持召开省农协全体职员大会，推张学武为主席，并提出当前工作与农民武装两大问题。①

5月19日，国民党湖北省党部举行执委会讨论当前工作，受大会委托，蔡以忱从七个方面报告了全省农运工作的有序发展：

第一，农协的组织。在第一次代表大会以前，农运是非常迟滞的。自从各县农民代表由封建式的乡村，来到经济政治重心的武汉，已经抬起头来。吸纳了几口新的空气，再到庄严伟大的会场，听到许多革命领袖壮烈的言论，参与了几次革命领袖很诚挚的宴会，使他们得到很好的印象。觉得革命中有他们无穷的希望，他们不愿再为人们的奴隶，他们自己已有很伟大的力量。所以各代表回乡之后，农运如雨后春笋般勃发起来。现在已经有农协组

---

① 《省农协全体职员大会》，《汉口民国日报》1927年5月21日。

织的共54个县，正式成立的21个县，有统计的会员数目，已达250.26万人。还有十县尚未送到统计表，其会员人数不在此内。最近平均计算，每日约增加会员2.5万人。黄冈、阳新等县会员数量最多，还有咸宁、竹溪、光化等县，省农协尚未派人前往。但他们自己已经组织起来，因为农运继续惊人的发展。在最近看来，做农运工作的人才，一定非常需要，而且缺乏。再就成分上说，现在黄冈等地，富农与贫农渐渐起了分化。以前多年是富农领导贫农，现在贫农多已取代了领导的地位。农运的发展，已经不成问题。当前重要的问题是县农协组织的整顿，换句话说，就是要好的组织。

第二，农村的政治斗争。斗争的势力，在第一次代表大会以前，如阳新、沔阳、天门、监利等惨案，就是显著的例子。在代表大会中各农民代表介绍了许多斗争方法，壮大了斗争的胆量。他们把大会所学的策略带回乡村，于是各县的斗争更厉害起来了，农民也就当仁不让了。他们起先还是很小心地尝试着，他们常以清账的名号，做一个打倒土豪劣绅的破题，随后他们用麻绳捆绑政策，外加一项题名"土豪劣绅"的绿帽，拥着顶冠束带的乡村封建势力的代表们游行。更有趣的是黄冈，过去地主用"三斗三的斛"量租，现在这种斛子作为土豪劣绅游行的帽子。农友们有时也有罚款的处分。他们对罚款的用途，也措施得当，并不滥用。以后处分土豪劣绅的手段就逐渐进步了。查封财产，判处监禁，便按法规进行。当然，农协的发展，也引起土豪劣绅的反抗。但是最近新起的农协，已都冲破了家族的界限，他们首先打倒本族的土豪劣绅，现在农村的斗争形式，已由政治斗争进至经济斗争，农人们因打倒土豪劣绅而没收其财产。因没收土豪劣绅财产，进而打倒大地主，从前的斗争，起初尚不十分剧烈，继起的斗争，更急转直下了。

第三，农村政权的形式。新起的农协，政治进步迅速。如收回保卫团等事，都由他们自动解决。至于解决纠纷，从前是绅士们酒食醉饱的好机会，现在这种政权完全移交到农协了。许多农协在乡村中很有权力，特别是下级农协，至夫妇口角也要到农协申诉。在许多农协发达的县分，如阳新，已无民事案件，司法委员很落得清闲，有许多历年在官厅不能解决的悬案，现在均在农协里解决了。有些地方，也成立了乡村政治的组织如财产保管委员会，教育委员会等类。经费有的是没收土豪劣绅的财产，或者由富户捐助，这是农友们自己组织的，可见目前迫切的要求乡村自治机构。

第四，农民武装问题。现在有武器的农村，鄂西鄂北较多，但大半在土豪劣绅手里。他们枪支的来源，是接收团防军多的枪械，但是至多的县份，不过有枪百支,统计起来大约3000支,并且都是散在各处,很不集中。现有许多县分派人来省请求买枪,他们备有充分款项,只要我们帮助购买。这些要求并非仅仅是乡区农协的要求,也是普遍的农民的要求。如果每县的农民有枪400枝,则可固后防,不成问题。枪支不一定全要政府发,如果有一部分军队到处打土匪溃军,缴得的枪支即可以够分配。现在省农协主张把散在各乡区的枪支集中起来,并且主张每个农协的会员要有一件武器。万一没有枪,每人有一把刀或一支矛也好。这也是一个很重要的问题。

第五,农村目前的经济状况。农运发展之县的农村经济多陷入恐慌地位,其原因很复杂,或是有因不能出卖,或是谷米人格受限制,甚至禁米出口,而有钱人又实行闭贷。这都是乡村经济恐慌的重要原因。所以建设农民银行,为合作社,已是刻不容缓的了。现在有许多地方,已成立合作社。他们的基金是没收的财产。有许多合作社,已出了流通小票,信用很好。但是没有干合作社的人才,这是困难的。减租减息在乡村也有许多不成大的问题,有的地方甚至不付租息。他们的经济斗争已进到要求解决土地问题了,这是我们三个月前不曾梦想到的。有许多地主自愿献出了土地,或者因为自己恐怖,觉得自愿献出来,以保全性命。或者希望拿出一部分来,可以保存一部分。或者揣想着不久要实行共产了,共产之后,总可分得一部分。但是各乡区农协,对于这些自愿拿出

中国共产党第五次全国代表大会决议案"中国农民运动之趋势"(1927年5月)

的土地，没有适当的处置方法。就是省农协，现在也还没有具体的方针。并且罗田、黄冈、阳新等县的农民，已提出分配土地的要求。对于这个问题，我们亟待拿出具体对策，可能免去一切混乱的现象。

第六，农运发展中的农村文化。过去的农村本来是很落后的，但是现在的农村就连我们的都市，也大有望尘莫及之慨了。诸如放足、剪发、寡妇嫁人、尼姑还俗、自由结婚等。阳新县农协代表大会，农民讨论买卖妇女问题。他们提出讨论的时候，有的会员主张，因为养老抚幼的关系，可以酌量要求抚养经费。随后又有人提出，以抚养为条件，代替金钱买卖的陋习。问题于是依照后者的提出解决了。至于迷信也多处打破了。泥塑木雕的神像已经失去尊严，四书五经，人们不再需要了。他们需要的是政治报告，他们要晓得国家大事，天下大事。"文神武将"的门神，已改用了许多标语。满堂的标语，甚至"天地君亲师""历代昭穆考妣"也被标语挤下来。烟馆在乡村是不禁自绝了。总之，旧社会的基础已被彻底打得粉碎了。

第七，农运中的领导问题。这是一个极其严重的问题。农村以后进展的情形，我们实在不能预许。我们既不能拉住他们，不让他们突飞猛进。如果完全取放任的态度，又一定会发生错误，跑上歧路。所以能做领导的党部，能做乡村的领导的下级党部，是迫切需要的。在许多县的党内，很缺少农民成分。这是酿成农协与党部互相攻击、互相仇视的最大原因。愿请省党部通告纠正。从前农民与土豪劣绅斗争，农协工作人员完全用号召的形式，指挥农民。现在要在乡村建立自治机关，解决土地资本等问题，这绝非号召的形式所能领导的。此刻要领导农民，一方面要党有力量，最重要的是要有政策，目前农村的斗争，完全没有标准，一定要发生许多混乱的现象。所以非有一种具体的规定不可。

末了，蔡以忱向大会阐述其个人意见："我觉得我们应赶快制定乡村自治条例，立刻建立乡村自治机关，以维政治系统性。他们现在所有的政治组织，实在不成一个系统。旧经济已经破坏了，农村经济走了恐慌，甚或发现怠工的事情。我们要赶紧设法。农村银行合作社人才培训班，都要从速举办。对于土地问题之解决，应定出明确标准。已经没收之土地，及自愿捐出之土地，当由乡村政府保管。这些土地及其收入如何分配，都是极应解决的。武装问题，如果政府没有许多枪支供给分配，但能派军到各地去缴获土匪杂军的枪支，颁给农民也就很够了。一面把各处散漫的枪支集中起来，划分区域，设几个总指挥机关，请求执委会讨论。"①

在大家的努力下，5月下旬，国民党省党部通过了蔡以忱代表省农协提出的包括解决土地问题的农民问题议案12条。议案规定了解决土地问题的办法："（一）由政府规定办法，没收土豪劣绅及反革命者的土地；（二）保障小地主及革命军人之土地所有权；（三）已没收其（的）土地由原佃耕种。向政府缴纳百分之二十五的地税；（四）地主租给佃农之土地，实行减租，租率之最高额由县政府当地党部农民协会规定之。"②

正是省农协的周密部署，就在叶挺部击溃夏斗寅部，夏军退守咸宁之际，咸宁的2000名农民自卫军截击夏军，切断其与杨森部会合的退路，俘敌1000余名，伤敌600余名，缴械900余件。夏军残部窜逃鄂东。5月22日的《汉口民国日报》报道，省农协还组织各县向武汉运输粮食，保障军民供应问题；派出宣传队、民工队支援讨夏部队。可谓"军民齐心，其力断筋"。

制定法规

6月6日，作为中央农委新科委员，蔡以忱列席了陈独秀在汉主持召开的，专门研究湖北问题的中共中央常委会会议。③

会议由中共中央政治局候补委员、湖北省委书记张太雷主持，秘书处在通报当前工作时，首先肯定了蔡以忱与陈荫林雷厉风行、夜以继日的工作作风，批评其他同志"执行太慢，程度太差"。

接着，蔡以忱通报了湖北的农民问题。他说，湖北农运工作在23个县开展起来，其中19个县较好，汉川、阳新、黄梅三县最好。他强调指出：农民因无武器，不能打土匪，导致土豪劣绅、地痞、夏斗寅之流杀人很厉害，十余个县惨案不断发生，死亡同志数百。为肃清土匪，目前正计划派省委及农协的同志下乡，建立农会武装，巩固农运成果。张太雷、陈独秀先后

---

① 《最近湖北农民运动概况》，《汉口民国日报》1927年5月26—27日。
② 王宗华主编：《中国大革命史（1924—1927）》上册，人民出版社1990年版。
③ 《中共中央常委会第十八次会议记录》，1927年6月6日，中央档案馆。

表态支持他的建议。

针对各地反动派造谣生事,肆意攻击农民协会与农民运动。为了以正视听,全国农协与省农协于6月10日联合举行的新闻记者招待会,由蔡以忱作主旨报告并回答记者提问。① 他列举湖北各县土豪劣绅勾结反动军人,用惨无人道的酷刑残杀农民与农运干部3000余人的事实,阐明"全省农民完全陷于白色恐怖之中",强烈呼吁"新闻界同志据实宣传,使社会明了真相"。

他说,现在为革命困难的时期,亦即农运最困难的时期,全国及全省农协均有新的决定,以渡过此难关,此难关如能渡过,则中国革命困难渡过了一大半。

湖北农运的发生在五卅以后,旱灾发生的时候,革命军抵鄂,才有大大的发展。在第一次大会时,有组织的农民约80万。那次大会,我们党的领袖如孙科、徐谦、顾孟余、邓演达,均有训话,告诫农民的斗争方法。他们说:多打一个土豪劣绅,就是多做了一件革命工作。以此农民的胆量大增。对于打倒土豪劣绅的工作做得更加起劲。所谓农运幼稚,大概就是指的这一点。但是在另一方面说来,他们却是遵照着大会的决议,和革命领袖的指导。从大会闭幕到4月底未及两月,组织上由80万人增加了300万人。此时值蒋逆反动,后与帝国主义勾结,封锁我们的经济;同时因战争影响,交通阻滞,形成社会不安的现象。一般人没有看清楚社会不安的原因,在于经济封锁与交通不便的影响,而以这种罪过回到农民的身上,说是农运太过火的缘故。实在是大大的冤枉。

土豪劣绅的反动和反攻的方法的精密,比较农运进步得更快。在革命军没到以前,他们是利用政治势力压迫农民的。及革命军到后,政权落在保护农民利益的革命政府之手,他们乃变更方法:(一)造谣,如加入农协就要抽丁当兵,共产共妻。但不久因党的宣传,造谣已不见信于农民。乃进而(二)组织伪农协。(三)另组党部,借党部名义以压迫真正农协。(四)上法失败,则挑拨党部与农协,或农工间的感情,甚至谓农协禁烟禁赌乃压迫穷民,以怂恿流氓地痞捣乱农协。(五)组织秘密团体捣乱,如暗杀团、拳头会、大刀会、降魔团、光蛋会等。(六)最近乃勾结军事势力,此为农协

---

① 《湖北农运之困难及最近策略——蔡以忱同志招待新闻记者之报告·上》,《汉口民国日报》1927年6月12日。

与土豪劣绅斗争的最高形势。在湖北夏斗寅之变，即为明证。夏逆叛变，从江陵到监利、新堤、崇阳、嘉鱼、蒲圻、咸宁，每到一处就先行劫狱，放出土豪劣绅，作为引导，四处搜杀农协特派员、执委、会员。由江陵一直杀到武昌，毗连河南的各县罗田、麻城、黄安、孝感、应山，土豪劣绅就勾结红枪会到处屠杀。鄂西鄂北方面就有张联陞、于学忠的屠杀，东南方面应有夏逆的到处屠杀。影响所及，各地土豪劣绅乘机窜起。

正是包括蔡以忱在内的一班人的共同努力，经国民党二届三中全会批准，由省政务委员会颁布实施《湖北省惩治土豪劣绅暂行条例草案》《湖北省审判土豪劣绅委员会暂行条例草案》，并通令各县县长、各县司法委员一体遵照办理。同时，蔡以忱还亲自担任特别法庭的评审工作。从而打击了土豪劣绅的嚣张气焰，推动湖北农运依法有序地进行。当时北京某报所记武汉农运通讯，描述农运的发展"如龙蛇起陆，虎兕出土，雷霆震惊"。

6月14日，湖北省农民协会常委会决定，由蔡以忱与陈荫林、刘子谷、郭树勋、邓雅声、张学武、万家佛等七人组成起草委员会（6月21日在全会上通过），组织以刘子谷为秘书长的秘书处，筹备拟于18日举行的省农协扩大会议，起草《湖北省农协追悼各县死难农友宣传提纲》等。①

因连续几天下雨，省农协第一次扩大执行委员会顺延一天，于6月19日至21日又在武昌全国农协会议厅举行。6月19日下午1时举行开幕式，陈荫林致开幕词。陈荫林指出，召开这个会议目的在于贯彻国民党中央党部、国民政府和全国农协最近发出的训令，讨论怎样免除幼稚的行动，怎样应付土豪劣绅的进攻，怎样在绝境里面找一条新的出路，使农民运动继续得到发展。

20日上午8时，湖北省农民协会扩大会议在武昌全国农协举行第一次正式会议，蔡以忱与邓演达、谭平山、谭延闿、陈荫林等九人组成主席团。省农协执行委员18人，各县代表41人与会。②

会议期间，蔡以忱报告了省农协第一次全省代表大会以来的工作，以及基层农协屡次遭到土豪劣绅和不法军队进攻的情况。国民党中央农民部代表刘德仁、全国农协代表黄大栓、共产党代表陈潭秋、国民党湖北省党部代表李汉俊、省政府代表董必武、广东农民自卫军代表周其鉴在会上先后讲话。

---

① 《省农协开扩大会》，《汉口民国日报》1927年6月17日。
② 《省农协扩大会议之第一日》，《汉口民国日报》1927年6月22日。

黄冈、咸宁、枣阳等县代表报告了本地会务。唐生智在会上宣讲了兵农联合的意义，邓演达讲述了农民运动最近的策略，汪精卫的代表陈春圃作了政治报告。会议讨论了政治问题、经济问题、武装问题、农村青年工作问题、组织问题、宣传问题、农村妇女问题，通过了相应的决议：

《政治问题决议案》提出要反对土豪劣绅勾结土匪溃军残杀农民，立即进行县区乡自治，巩固农村的革命联盟，处理好与国民党的关系、与军队的关系、与工人的关系。

《经济问题决议案》对土地租率及雇农、自耕农问题、没收财产问题、兴办合作社问题，作出新的规定。

《武装问题决议案》提出各县应有农民自卫军常备队百名以上，农民自卫军应完全受农会的指挥，凡属会员，除老弱病残者外，一律加入非常备队。应提倡农民到军队中去当兵，当革命的兵。

《组织问题决议案》提出应派得力同志到各县视察，已受摧残破坏的，应即刻恢复组织；省农协立即派人检查各县各级农协委员的成分，严禁土豪劣绅及其工具或投机分子侵入农协充当委员。

《农村青年工作决议案》《宣传问题决议案》《农村妇女问题决议案》就各自的问题，也作了明确的规定。会议还发表了宣言和声讨许克祥的通电。

上山下乡

这里的国民党中央所谓农民运动的"新策略"，虽然事出有因。因为当时两湖农民运动的高涨，确有过激行为，就连中国共产党要员李立三的乡绅父亲，拿着儿子给湖南省委的亲笔信回到湖南，还是被农会砍了头。不过，湖北处决土豪劣绅，大多交由各级国民党党部所组织的土豪劣绅审判委员会处理，很少由农会径直加以处罚。①

然而，"新策略"的背后隐藏着国民党右派限制、压迫农民运动的杀机。为此，蔡以忱等会同国民党左派，充分这次扩大会议贯彻农民运动的"新策略"之机，巧妙地把坚持革命精神，恢复组织、整顿队伍、加强武装、反击

---

① 张国焘：《我的回忆》第二册，东方出版社2002年版，第220页。

土豪劣绅和不法军队的进攻,作为工作重点。国民党左派邓演达在省农协扩大会上大声疾呼:"要解决河南的农民问题,一定要有政府的力量,要看政府有没有能力肃清土匪,扫除不法军队,减轻苛捐杂税……农民运动就是革命运动,是要解放农民的。要使佃农雇农自耕农都站在一条战线上,去反抗土豪劣绅、大地主。我们的农运,始终是代表贫农作政治斗争的,这是国民党农工政策的立足点。"① 只是随着形势的迅速恶化,这次会议作出的各项决议并没有能在各地得到全面的贯彻执行。

在接受记者采访时,蔡以忱说,为期三天的省农协第一次执行委员会扩大会议,讨论怎样免除幼稚行动,怎样应付土豪劣绅的进攻,怎样在绝境里面找出路。同时,会议议决由蔡以忱与陈荫林、邓雅声、余泽涵、刘子谷组成检查特派员委员会,加强对巡视各地农运工作的特派员们的领导,以执行农民运动的新策略和第一次扩大会议通过的各项决议。②

此次会议闭幕次日(22日),在省农协第九次常务会议上,议决由蔡以忱、陈荫林、符向一分别到京汉铁路沿线、鄂东、粤汉铁路沿线视察基层农运。议决郭树勋为教师养成所主任、万家佛为农协青年部长,通过了农民训练班主任刘子谷之议案。③

在山雨欲来风满楼的非常时期,蔡以忱等中共湖北省委团结国民党左派,运用以会代训的方式,广泛动员全省力量,力挽狂澜。

在省农协扩大会刚刚散会的22日上午8时,国民党湖北省第一次省县市联席会议在武昌"红楼"(国民党省党部)开幕。

此次会期为时5天即6月22—26日,到会代表116人。会上董必武作了政治报告,钱介磐作了党务报告,蔡以忱作了农民运动报告。会议发出了声讨蒋介石、反对帝国主义出兵华北的通电,通过了关于继续发展工农运动、巩固革命联合战线、建立乡村民主政权、坚持武装农民、整顿与扩大组织等决议。但由于右倾机会主义的影响和实际工作跟不上,这些决议未能在实际工作中贯彻执行。

董必武在22日下午举行第一次会议的政治报告中,谴责了国民党中央对帝国主义妥协,对蒋介石制造"中山舰事件""四·一二"事件等"隐忍

---

① 《农民运动最近的策略》,《汉口民国日报》1927年6月24日。
② 《省农协扩大会组织问题决议案》、《省农协工作紧张》,《汉口民国日报》1927年7月1日。
③ 《省农协第九次常务会议》,《汉口民国日报》1927年6月24日。

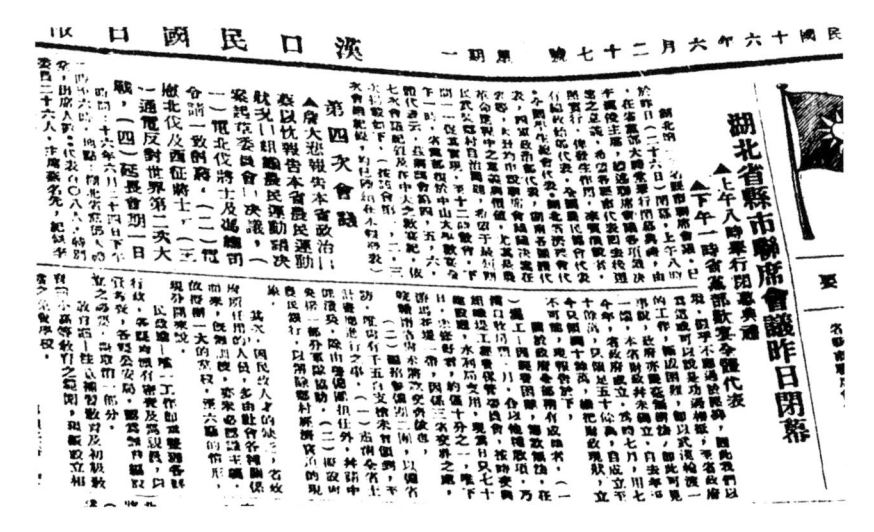

《汉口民国日报》载蔡以忱报告湖北农运状况

不言"，号召"讨蒋"，反对反革命，并指出"中国革命是世界革命的一部分"，明确提出六项主张。当汪精卫在此次联席会上，贬低与指责董必武领导的省党部政绩时，蔡以忱与李汉俊等义正词严地予以驳斥，充分地肯定了省党部的工作。

另一方面，中国共产党真诚团结国民党左派或中间派将领，与蒋介石的国民党右派针锋相对。6月17日晚8时，驻汉党政军及人民团体等社会各界代表人士聚首普海春菜馆，隆重欢迎北伐凯旋的武汉国民政府第四集团军兼北伐军总司令唐生智将军及其将领。唐生智旗帜鲜明地表达了反蒋及其反动派的决心，即使是后来宁汉合流，他仍然坚持反蒋。

作为共产党与农协的代表，蔡以忱在演说中，以一系列的具体数据，简要报告了湖北农运遭夏斗寅及其反动武装镇压的惨状。他说："最近土豪劣绅烂造谣言，离间政府与人民之感情，挑拨军队与农工之好感，且自夏斗寅、杨森叛变之后，各地工农被屠杀者在四千人以上，同志达一千以上。"

6月19日，《汉口民国日报》以通栏大标题《欢迎北伐凯旋将领》，大半个版面报道了欢迎仪式的场面。同时，以小标题黑体字刊载了蔡以忱上述讲演内容，以及李汉俊、唐生智、瞿秋白、吴玉章、彭泽湘、彭泽民等名流激情讲演的要点。中共名士、国民党左派与北伐军将领的团结一心，对反动派以极大的震慑。

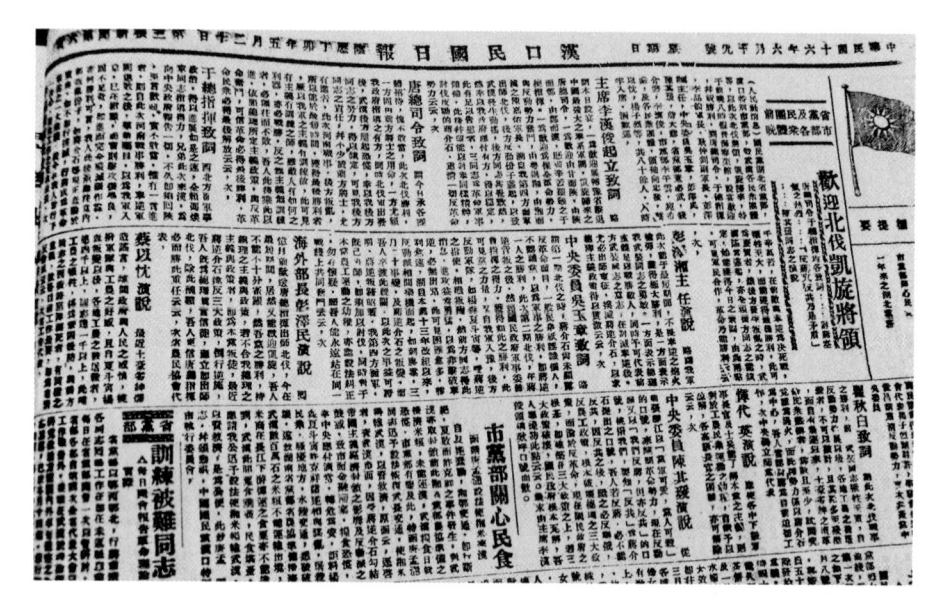

蔡以忱会同李汉俊、瞿秋白等致辞欢迎北伐凯旋将领
(《汉口民国日报》1927年6月19日)

在 6 月 24 日下午举行的湖北省县市联席会第四次会议上，蔡以忱通过报告全省农民运动状况，以各县农协遭破坏、农友遭屠杀的铁的事实，强烈要求武汉国民政府积极支持，尽快建立农民自卫武装，实行乡村自治。①

不仅如此，作为中共湖北省委常委，蔡以忱还在指导城乡妇女解放运动中发挥重要作用。他在 6 月 28 日出席国民党湖北省党部举办的妇女运动短期培训班开学典礼上，发表演讲时说："农民因受封建思想束缚过久，而新的经济组织又未完全建立，故对妇女运动常有怀疑。妇女欲求真正之解放，必须打破旧的经济组织，推翻整个封建制度。"②

随着形势越来越严峻，蔡以忱会同战友们决定"上山下乡"，深入第一线指导各地建立农民武装，与反动派进行坚决的斗争。

7 月 7 日傍晚，蔡以忱率农政调查团第二组来到故乡巡视黄陂农运。8 日，在黄陂妇女协会召开各界代表座谈会，先由黄丕烈主席介绍调查团的任

---

① 《湖北省县市联席会议昨日闭幕》，《汉口民国日报》1927 年 6 月 27 日。
② 《妇女运动短期培训班开学纪胜》，《汉口民国日报》1927 年 6 月 29 日。

务，接着由蔡以忱发表演说。他在谈到打倒土豪劣绅与革命民众的关系时要求，各革命民众应紧密团结起来，共同担负起这项历史赋予的重任。随后，黄陂举行欢迎大会，大造打倒列强、打倒军阀、打击土豪劣绅的革命声势。①

经过蔡以忱几天的工作，黄陂的讨蒋宣传声浪不断高涨。如黄陂讨蒋运动委员会通过讨蒋决议案，组织 28 个宣传队，运用民众喜闻乐见的形式，深入田间地角，街头巷尾，让讨蒋除劣宣传家喻户晓。

走马长沙

暴风雨，暴风雨真的来了！

1927 年 5 月 17 日，驻扎于武汉国民政府眼皮底下的湖北宜昌的国民革命军独立第十四师师长夏斗寅，在湖北公开叛变革命；5 月 21 日，武汉政府分辖的湖南省会长沙又发生了"马日事变"。两湖地区一时间骤然紧张！

何谓"马日事变"？因 21 日的电报代日韵目是"马"字，故名。"马日事变"发生于 5 月 21 日晚上，是由国民党右派的反动军官许克祥发动的反革命事件。

在北伐期间，共产党与国民党左派在湖南实行土地改革，斗争土豪劣绅，触犯了北伐中的一批国民革命军军官家庭利益。于是，21 日夜，长沙城顿时火光冲天，枪声四起，由许克祥指挥，王东原、陶柳等人包围封锁湖南省共产党党部、总工会、农民协会、省党校、省特别法庭等二十多处中共党组织机关，以及国民党省党部。解除了工人纠察队和农民自卫军武装，释放所有在押的土豪劣绅，撕毁了"拥护武汉国民政府""打倒蒋介石""铲除土豪劣绅"的标语，代之以各式各样的反动标语，共产党员、国民党左派、青年学生及工农群众百余人倒在血泊中。

不日，许克祥等人相继组成"中国国民党湖南救党办事处""中国国民党湖南救党委员会"。湖南部分县市的反动武装亦纷纷效尤，大肆屠杀共产党人，湖南笼罩在一片白色恐怖之中。

---

① 《农政调查团抵黄陂》，《汉口民国日报》1927 年 7 月 13 日。

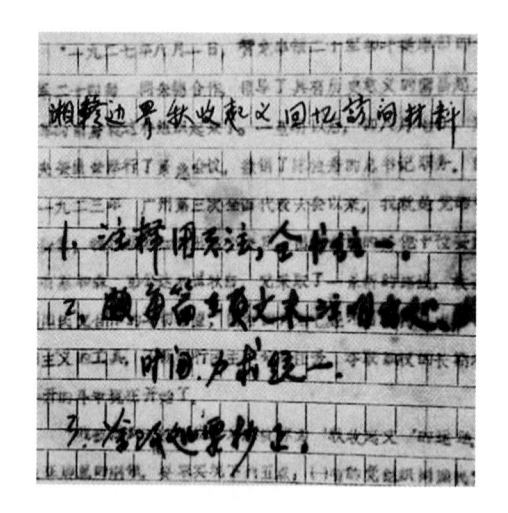

毛泽东、汤礼容口述纪录：湖南省委领导
秋收暴动的回忆（安源纪念馆藏）

湖南政变特号，《向导》周报
第百九十九期，1927年6月22日

"马日事变"发生后，时任中华全国农协会主席的毛泽东，回到湖南组织30万农民军于5月30日进攻长沙，后迫于中央压力取消行动。毛泽东遂于6月13日起草并发布了"全国农协会临字第四号训令"，伤心地承认失败。①

6月17日，中共中央军事部长周恩来根据湖南情况，在中央常委会上提出湖南暴动计划，但被共产国际代表罗易拒绝了。是可忍孰不可忍，周恩来当场和他大闹一场。

在这次会上，中共中央常委蔡和森提议改组湖南省委，由毛泽东担任书记。这个意见不仅未被采纳，反而引来一些非议。因为"马日事变"后，毛泽东、蔡和森都先后要求回湖南工作，有人便说他们要在党内组织"左派"。蔡和森曾解释说："和森与毛泽东同志之关系，绝对不是什么企图组织左派，只因泽东一向反对中央农民政策。一九二六年冬季以来，完全代表湖南土地革命的倾向，为一切敌人之所痛恨，而为一切农民之所欢迎，所以，马日事变后，和森主张他回湘工作。"②

---

① [英]迪克·威尔逊：《毛泽东传》，中央文献出版社2005年版，第89页。
② 蔡和森：《党的机会主义史》（1927年9月），《蔡和森的十二篇文章》，人民出版社1980年版，第101页。

6月22日，中国共产党创办的第一个公开发行的中央机关报《向导》周刊推出了"湖南政变特号"，其开篇即是陈独秀署名的文章《湖南政变与讨蒋》。接着是介绍长沙事变始末、湖南农民请愿宣言、湖南国民党党部与民众请愿通电……①

随后，决意回湖南工作的中共中央临时政治局候补委员毛泽东，与中共中央委员、中共汉口市委书记罗章龙商量，决定物色几位懂军事的同志一道去长沙筹备武装起义工作，罗章龙即向刚刚增选为中共中央政治局常委、轮流值日主持中央工作的瞿秋白汇报，选择了中共中央监察委员、中央农民运动委员会委员、中共湖北省委常委兼农民部长蔡以忱。罗章龙回忆说：

罗章龙（1896—1995）

> 有一天，我和毛泽东从中央开会出来，一路步行到毛泽东住处，他邀我到湖南去工作，组织对敌进攻。我们两人请示了中央，中央同意了我们的意见。于是我以五届中委的身份，巡视和指导湖南省委的工作。毛泽东先离开武汉赴长沙，临行前，他对我说，你找一个有作战经验的军事干部一道来湖南。我说：这里很难找到既熟悉湖南情况又有武装斗争经验的军事干部。毛泽东说：只要你认为可以就行。以后，经过物色，与中央商量的结果，加派了一个蔡以忱。②

老实讲，前往刚刚发生"马日事变"、笼罩着白色恐怖阴云的湖南工作，比在土生土长的湖北工作危险十倍。但蔡以忱明知山有虎，却偏向虎山行。

---

① 《向导》周刊第一百九十九期。
② 罗章龙：《回忆湖南省委领导秋收起义》，《亲历秋收起义》，江西人民出版社2007年版。

当中共中央领导人与他谈话时,他明确表态:"按照组织原则,我坚决服从中央的决定;就私交而言,我与毛泽东等湖南同志具有合作共事的良好基础。"为了表达自己破釜沉舟的决心,蔡以忱与亲密战友、知心爱人丰俊英一同前往湖南省委工作。罗章龙回忆说:

> 蔡以忱是湖北省农民运动自卫军的负责人,懂得一些军事,所以要他去。他去湖南是有决心的,所以家眷都带去了。他的妻子姓丰,是党员,也同我熟悉。①

7月15日,汪精卫公开叛变革命,正式在汉宣布"分共"后,蔡以忱与丰俊英奉命整理行装、前往黑云压城的长沙。

在南下长沙前夕,蔡以忱公开举行记者招待会,向社会各界说明湖北农运、宜昌事变、马日事变的事实真相,以正视听。有一天下午,他曾在湖北省农协机关,接受了第二次访问中国的美国进步记者与作家安娜·路易斯·斯特朗的采访,就湖北农运情况回答了十个方面问题:各县农协组织、农协的立场与奋斗目标、新的规划、发展最快的县农协、与土豪劣绅斗争情形、没收逆产处置方法、农民自卫问题、全省会员之数目、各县发展之比较等,一一叙介。蔡以忱以一口流利的英语,阐明农民打击土豪劣绅与反蒋、反夏、反许立场是一致的,义正词严!对于记者提出的问题,他对答如流,令安娜吃惊与钦佩。②

他们到湖南省委报到后方知,稍前的中共湖南省委,由于遭受"马日事变"的严重打击,已接近瘫痪。

为了尽快恢复加强湖南党的工作,扭转局势,中共中央政治局常委会议于6月24日作出决定:对湖南省委进行改组,毛泽东担任湖南省委书记。7月4日,毛泽东赴汉出席中共中央政治局扩大会议,讨论湖南农民协会和农民自卫武装应当如何对付敌人的搜捕和屠杀。由易礼容代理省委书记。

易礼容首先向蔡以忱介绍了改组后的湖南省委的工作。他说,自毛泽东赶回长沙主持省委工作以来,继打通了长沙附近各县及衡阳、常德等地同省委的联系之后,又到衡阳召集会议,再三强调:"马日事变"是上海事件的

---

① 《安源路矿工人运动》下册,中共党史出版社1991年版,第1062页。
② 《省农协对各方面之整顿》,《汉口民国日报》1927年5月16日。

继续,随之而来的将有无数个"马日事变"在全国发生。因此,各县工农武装一律迅速集中,不要分散,要用武力来对付反动军队,以枪杆子对付枪杆子,不要再徘徊观望。

接着,易礼容代表省委与蔡以忱商量,将当时的中共安源特区改组为安源市委事宜,筹组行动委员会,为秋收起义做准备。

1927年7月下旬,由蔡以忱任书记,前特区委书记宁迪卿、前地委宣传部长杨骏等为委员的中共安源市委正式开展工作。市委直辖17个支部,另设3个区委,分别指挥紫家冲分矿各支部和上栗市等处农村各支部。丰俊英也随蔡以忱一同前往安源工作。罗章龙回忆说:

> 我同蔡以忱等在六七月间先后到了湖南。我留在长沙,蔡以忱带着家眷到安源,担任党的安源市委书记。[①]

[①]《安源路矿工人运动》下册,中共党史出版社1991年版,第1062页。

第十三章　安源亮剑

　　早在大革命期间，安源享有"东方小莫斯科"之誉，秋收起义就发生在这里；在"文化大革命"期间，一幅《毛主席去安源》的画像走进千家万户，到了1990年代，油画《毛主席去安源》竟以数百万元人民币的高价拍卖；进入21世纪，又一幅蔡以忱亮剑安源的国画，传到海峡两岸……

"铸剑"先驱 蔡以忱（修订本）

安源上任

蔡以忱首先对安源的了解，则是从"汉冶萍"公司开始的。

说到"汉冶萍"，得从1890年湖广总督张之洞在湖北汉阳大别山（今武汉市龟山）开始动工兴建湖北铁厂说起。为了解决铁厂的铁矿石，张之洞于同年是5月17日致电北洋通商大臣李鸿章，决定开办大冶铁矿。1893年初，大冶铁矿基建工程完竣。同年9月标志着中国近代钢铁企业诞生的汉阳铁厂亦竣工投产。

安源位于湖南与江西交界处的安源山麓，当时隶属于湖南（今属江西省萍乡市），矿藏丰富。为解决汉阳铁厂燃料之需，1908年3月，张之洞与清末邮传大臣盛宣怀合奏，引进外资和西方先进采矿技术，在萍乡安源采煤炼焦。并修建株萍铁路，路、矿相继完工投产，成为中国最早采用机械生产、运输、洗煤、炼焦的煤矿，是中国当时十大厂矿之一。

接着，盛宣怀为解决资金不足问题，申请将汉阳铁厂、大冶铁矿和萍乡煤矿合并组成汉冶萍煤铁厂矿有限公司，改官督商办为完全商办公司。堪称"中国钢铁工业的摇篮"，也是当时亚洲最大的钢铁联合企业。

到了20世纪20年代，矿井设备简陋，工人从事着极其繁重的劳动，安全无保证，常常因为瓦斯和塌方造成人员伤亡。这里的工人生活最苦，生活最差，饱受帝国主义和资本家的双重压迫和剥削。有安源煤炭工人歌谣为证：

少年进炭棚，老来背竹筒；病了赶你走，死了不如狗。

在大革命初期，蔡以忱对安源工人运动的了解，是从毛泽东四去安源开展工人运动开始的。此次，蔡以忱星夜赶到红色安源走马上任，不禁想起了在国民党"二大"期间，同毛泽东一起审议农运报告的情景，决定对暴动前的"东方小莫斯科"进行深入的调查研究。

此次临危受命，蔡以忱顾不得休息，他一抵达安源，就会同丰俊英一道，在安源工人的导引下，马不停蹄地踏着毛泽东当年到安源煤矿，传播马

安源铁矿局界碑

克思主义的足迹，下矿井、深入矿工家庭，了解矿工的凄惨生活，号召工人团结起来，争取生活权力与反动派展开坚决的斗争。

　　蔡以忱到达安源不久，就传来了在王勃书写《滕王阁序》的地方，爆发了震惊中外的"八一"南昌起义。周恩来、朱德、贺龙、叶挺等人高扬武装革命旗帜，在中国黑暗的夜空燃起了希望的火光。后来的政治家和史学家都把这次彪炳史册的暴动划为稍后不久的湘、鄂、粤、赣四省秋收暴动的范畴。

　　"八一"南昌起义，标志着中国共产党打响了对国民党反动派的第一枪，也给正在筹备秋收起义的蔡以忱以极大的鼓舞。

　　1927年8月7日，中共中央在汉召开紧急会议，史称"八七"会议。会议决定：党在现时的中心任务是发动农民举行秋收起义，并形成了《中共中央关于两湖暴动计划决议案》。毛泽东被委任为中央派赴湖南改组省委执行中央秋收暴动政策的特派员。①

"八七"会议后,毛泽东返湘再次改组湖南省委,虽然由彭公达任省委书记,但毛泽东"事实上为湖南省委的中心"②。

消息传来,蔡以忱更是信心百倍,他致力于巩固、发展安源这个矗立于白色恐怖之中的一座红色堡垒。在调查中,安源市委工作人员向蔡以忱介绍了"东方小莫斯科"的来龙去脉。

早在20世纪20年代初,毛泽东、刘少奇、李立三先后到安源宣传共产党的政策,给生活在最底层的矿工带来了希望,在工人中播下了工人阶级要奋斗求解放的革命火种。1922年1月,按照毛泽东的布置,李立三创办了工人补习学校,补习文化课,以匡正社会风气等为公开办学理由,实则进行马列主义传播。同时,成立了中国共产党在产业工人中的第一个党支部——中共安源路矿支部,有党员6人,李立三任书记。1923年2月7日于安源街的一栋二层砖木结构楼房开办安源路矿工人俱乐部,面积150平方米。继而成立安源路矿工人消费合作社,资金主要是工人入股的股金。工人均可保证在此廉价购买日用消

蔡以忱去安源(李士一作)

---

① 中共中央1927年11月14日《政治纪律决议案》,载1927年11月30日《中央通讯》第十三期。

② 中共中央1927年11月14日《政治纪律决议案》,载1927年11月30日《中央通讯》第十三期。

费品，李立三、易礼容、毛泽民等曾先后担任该社总经理。同年，在刘少奇的领导下，"从前是牛马，现在要做人"的安源工人举行了大罢工。用当时国民党右派的话说：安源的每一块煤都由黑变赤了。

安源原本没有自己的武装。北洋军阀统治时，矿上的资本家与军阀相互勾结，成立了一个矿警队，先后由一个大队扩大到四个大队。1926年8月，北伐军胜利进军萍乡、浏阳和醴陵一带时，一批中共党员和革命骨干分子打入矿警队。经过逐个策反，矿警队逐步成了共产党所掌握的武装。

1927年5月21日长沙发生"马日事变"后，中共湖南省委组织浏阳、平江、醴陵、萍乡、安福、衡山、莲花等县10万农军围攻长沙，讨伐许克祥叛军。消息传到安源，工人们沸腾了，数千余安源工人同仇敌忾，赶去支援。

6月5日，许克祥派了一个营的人马袭击萍乡县城，捣毁国民党县党部、县总工会、农会、学生会和妇女会，杀害了100多名革命志士，制造了骇人听闻的"六五事变"。当天下午，敌人包围安源，安源工人奋起抵抗。

6月11日，萍乡的反动武装在大地主甘汉华带领下，从四面八方围来，把花冲坳、九里坪、锡坑、石板上、大坪、丹江、紫花冲等安源通向外界的路口全部封死。安源工人无所畏惧，在中国共产党的组织领导下，坚持了17天18夜的安源保卫战，终于取得胜利。

红色的安源，一时间吸引了周边的革命大军在此安营扎寨。

醴陵农民自卫军来了。参加了声势浩大的10万农军攻打长沙的醴陵农军，在株洲同许克祥的人马打了一仗后，奉命后撤，当他们明白是陈独秀不让前进时，已经完全丧失了有利战机。撤到什么地方去？醴陵已落入敌手，白色恐怖笼罩着数百里山乡。县委领导人孙小山、潘疆爪、李昧农一合计，眼睛一亮："到小莫斯科去！"就这样，醴陵农军到了安源。

安福农民自卫军从永新方向开来了。安福农民自卫军是参加永新保卫战之后来安源的。马日事变后，永新县的反革命猖狂捕杀革命者和劳苦群众，将许多共产党员关入牢狱。永新县委派人与安福、宁冈农民自卫军取得联系，相约里应外合，同时行动，暴动打开永新县城。7月26日，安福农民自卫军接信后立即开往永新，与敌保安队战于城郊。随后赶到的宁冈农民自卫军在袁文才、王佐率领下会同永新南乡农军乘机攻取县城。三县农民自卫军联合行动，取得永新暴动胜利。几天后，湘赣敌人合兵前来反攻，三县联军又与敌激战于禾川门外，打垮了敌人进攻，获枪100余支。取得永新保卫战的胜利。担任这次三县联军的总指挥，便是赫赫有名的王新亚。由于周围白色恐怖，永新部分农军由贺敏学、贺子珍带领，随袁文才上了井冈山。王新亚所率部队除安福农民自卫军外，还有萍乡农民自卫军，根据安源党组织的指示，他便把这支部队带向安源。

衡山农军几经磨难赶来了！在马日事变后，衡山聚集了好几万人，毛泽东曾到衡山，准备领这几万农军打仗，与长沙反动派对抗。因陈独秀下令不准抵抗，毛泽东被召回武汉。这支队伍最后只剩下100多人，这100多人是革命坚定分子。衡阳站不住脚了，他们毫不犹豫地日伏夜行，辗转14昼夜，来到安源。

莲花农军杀开一条血路来了。他们在赴安源途中，遭到安福反水武装袭击，同时反动派又企图收买他们，但他们软硬不吃，大刀向敌人砍去……

这样一来，安源与共产党联系在一起，与十月革命联系在一起！安源，成为湘赣边区革命党人的"东方小莫斯科"。

选址张湾

蔡以忱通过在安源深入调查，觉得在此策动武装起义的时机业已成熟，在与各方面的革命武装协商后，他当机立断，于8月3日以中共安源市委的名义，正式向湖南省委报告：他们组织了一支2000多人的自卫军，准备在安源煤矿为中心的湘赣边界发动秋收暴动。

毛泽东、彭公达接到报告后非常高兴，立即召开了省委常委会，决定湖南省的秋收暴动在以安源为中心的湘赣边界发动，带动全省。同时组成了以毛泽东为书记的前敌委员会，以易礼容为军委书记的行动委员会。易礼容1982年10月11日在口述回忆"湖南省委与秋收起义"时说：

> 1927年6月中旬，毛泽东回到湖南，担任省委书记，成立临时省委，我任军委书记。实际上毛泽东未具体管，省委仍由我负责。马日事变后到1928年春节九个月，我一直在长沙。我在省委期间，协助毛泽东同志工作。

1927年8月中旬，在改组后的湖南省委会议上，多数人赞同毛泽东的意见，决定将暴动区域缩小为以长沙为中心的湘中，包括长沙城和湘潭、宁乡、醴陵、浏阳、平江、安源、岳州七个县、市。

张家湾秋收起义军事会议旧址

在这七个县、市中，由于安源的地位重要，所以和岳州共同承担与鄂南暴动相配合的任务。因此，暴动的准备工作一开始，安源便成了省委工作重点地区之一。同时，省委还决定在安源召开部署的湘赣边界秋收起义军事会议。这是中国工人运动史上和中国工农红军建军史上的一次重要会议，也是安源成为秋收起义策源地的主要因素。

重任在肩的蔡以忱，为了确保会议安全举行，与一班人经过认真研究，选址于安源山下的安源街尾贴近农村的今萍乡市安源镇一个不出名的小村子——张家湾，一所僻静的房子里举行。

会前，蔡以忱专程到选定开会的房子进行现场勘察，此房为砖木结构，坐东朝西，南北两栋墙壁相连，北边为四栋三间二层楼房，南边是七间平房，前面一个大草坪，共占地面积1717平方米。这里原是安源路矿工人俱乐部所办工人学校第一校的校舍。当时住有外地来的一部分农民自卫军战士。

8月30日，中共湖南省委举行常委会，决定由毛泽东到安源组织工农革命军和党的前敌委员会，任中国工农革命军第一军第一师师长和前委书记。

会后，毛泽东乘火车前往安源。途中他在株洲车站下车，找到中共株洲区委委员朱少连、陈水清等人，首先向他们传达了"八七"会议精神与省委的决定。接着，在听完朱、陈的工作汇报后，毛泽东布置了株洲如何配合秋收起义行动。然后陈水清让他化装成工人乘车赶赴安源。

次日晚上，火车徐徐驶进安源车站。毛泽东、毛泽民踏下机车。中共安源市委书记蔡以忱迎上前，热烈握手："毛委员、毛委员，我们终于把你盼来了！"

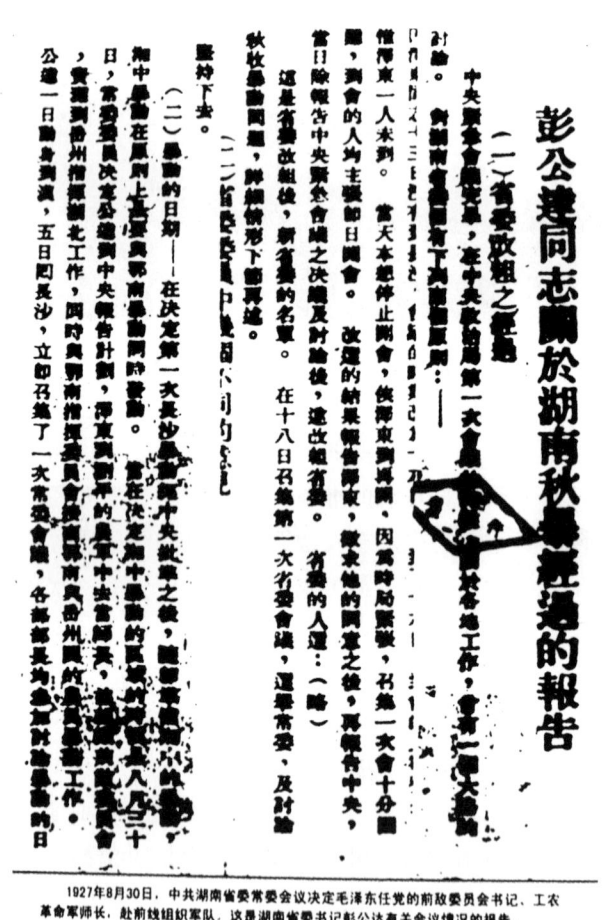

1927年8月30日，中共湖南省委常委会议决定毛泽东任党的前敌委员会书记、工农革命军师长，赴前线组织军队。这是湖南省委书记彭公达有关会议情况的报告。

安源纪念馆藏中共湖南省委书记报告影印件

毛泽东："以忱同志，我们虽然是故友重逢，但在安源却是首次见面了！

这里情况怎么样?"

"毛委员,请放心,正是您前几年打下良好的基础,矿警队已被我们掌握。也是此次暴动的主力军。"

"我在长沙就听说你们矿警队势力扩大了,如今已有3个营、9个连、21个排,82个班,了不起呀!秋收暴动,就靠你们安源矿警队扛大旗啦。"

接着,蔡以忱向毛泽东介绍前来迎接的同志:"这是刘先胜,共产党员,矿警队一队的排长。这位是王湘,共产党员,共青团安源市委委员、妇运部长、安源女界联合会执行委员会委员长。她是您的湘潭小老乡,但她从小在安源长大,她能写会算,而且有一身好武艺,人称安源花木兰。她的父亲叫王福田,是你认识的老工人。"

"认识,认识。我还在你家做过客呢。记得吧?"毛泽东高兴地对王湘说。

说着说着,白鹤观的工人们牵来几匹马。毛泽东和蔡以忱、王湘等人纵身上马,向安源工人夜校飞驰而去。为了保密和安全,蔡以忱安排毛泽东居住在比较偏僻的张家湾工人夜校里。

议决"秋暴"

当日晚,毛泽东听取了蔡以忱的工作汇报后,正式决定于9月1日在张家湾召集安源、浏阳等地党和军事负责人会议:传达中共"八七"会议精神和中共湖南省委关于秋收暴动的决定,讨论平江、浏阳、醴陵和安源各地农民暴动问题。

9月1日,秋收起义军事会议如期在张家湾召开,参加会议的有中共安源市委书记蔡以忱和委员宁迪卿、杨骏,中共浏阳县委书记、浏阳农军负责人潘心源,赣西农民自卫军总指挥、安福农军负责人王新亚等人。这就是秋收暴动史上以安源为军事中心的会议,史称"安源会议"。

受毛泽东委托,作为会议东道主,与毛同是中央农民运动委员会委员的蔡以忱首先说:"今天,省委根据中央的决议,在我们安源举行一次历史性的会议。会议的主要内容是研究和部署秋收起义的工作。下面,请秋收暴动的统帅、中共中央特派员、秋收起义前敌委员会书记毛泽东同志讲话!"会场上响起了热烈的掌声。

毛泽东同参加秋收起义和井冈山斗争的部分负责干部在陕北合影（1936年）

接着，毛泽东诙谐地说：谢谢同志们的支持和信任，本帅就挂帅点兵了。这次秋收起义，是我在中央参加"八七"会议时决定的。中央和湖南省委决定，湖南指挥暴动的机关分为两个，一个是前敌委员会，毛泽东任书记，各军事负责人任委员；一个是行动委员会，易礼容任书记，各县、区负责人任委员。前敌委员会负责指挥军事行动；行动委员会负责组织工农群众配合、支持军事暴动。现在，湖南军阀唐生智的部队大半部分在湖北、安徽一带同蒋介石、李宗仁对峙，长沙、浏阳、醴陵一带相对空虚。中共中央经过反复讨论后认为，若能出其不意，我们有希望攻占长沙，建立中国湖南省革命委员会。各地工人、农民将会起来暴动，支援我们。暴动目的是夺取长沙，建立工农兵政府。因为我们有几个团的兵力，总共有数千人，而反动政府则已经陷入混乱之中。

毛泽东喝了一口茶后继续说，长沙暴动以人力车工人及近郊农民为主力，并可组织五百左右的伤兵。今年5月份，我们曾组织10万农军进攻长沙，可惜由于陈独秀的干涉，功败垂成。这次暴动，估计有20多个县的农民协会将会协助我们，大约可动员20万农军围攻长沙。各县都已组织农民准备暴动，拆毁电线、铁路。原来准备从贺龙、叶挺部队中调两个团作为主力，现在他们已绕道福建、江西边界，不能来参加暴动了，但我们仍有强有力的暴动力量。

随后，各路人马汇报了各自的准备情况，尤其是蔡以忱报告的安源工人暴动的准备工作和集结在安源的各路军队情况，以及王新亚报告的袁文才、王佐与贺学敏、贺子珍的农民自卫军联合行动的经过，令大家欢欣鼓舞。

末了，前委书记毛泽东庄严地宣布：9月9日为秋收暴动日。中国工农革命军第一军第一师也于今天正式成立了！

这支起义部队的主力包括两个部分：一部分是没有赶上参加南昌起义的原国民革命军第四集团军第二方面军总指挥部警卫团（是叶挺独立团的新兵组建的）；另一部分是湖南平江和浏阳的农军、鄂南通城和崇阳的部分农民武装、安源煤矿的工人武装等，共约5000人，统一编为工农革命军第一师第一、二、三团。为防万一，会议同时决定：整个起义部队以萍乡、安源为退路，然后转向井冈山开辟革命根据地。

与此同时，毛泽东以他那诗人的特有气质和浪漫，写下了这首著名的诗篇《西江月·秋收起义》。诗云：

毛泽东草书：《西江月·秋收起义》

　　　　军叫工农革命，旗号镰刀斧头。
　　　　匡庐一带不停留，直向潇湘直进。
　　　　地主压迫重重，农民个个同仇。
　　　　秋收时节暮云愁，霹雳一声暴动。[①]

[①] 路浩：《毛泽东楹联、名句、趣事》，解放军文艺出版社2004年版。

断然锄奸

9月4日晚上,蔡以忱在市委召开暴动工作碰头会。突然听到安源矿警队的排长刘先胜气喘吁吁地跑来报告:"蔡书记,蔡书记,不好了!矿警队营长陈鹏正在串联队员投敌。"

陈鹏原是矿警队大队长、共产党员,1927年8月,全队进行改编时,陈任营长,因陈是湘乡人,所以大多数的连、排长都由其同乡担任。如果把队伍拉走,对秋收暴动来说,在政治上和军力上将会功亏一篑。消息突然,正在市委开会的蔡以忱、王新亚等十分震惊。蔡以忱连忙说:"先胜,莫急,莫急,你慢慢说!"

"这些日子,我经常看见大队长陈鹏同一些不三不四的人来往,就留心观察他们的动静。刚才,他们醉醺醺地从陈鹏家出来,我悄悄跟在后头,听见他说,'只要陈大队一拉队伍离开安源,程(潜)军长就会重赏100块大洋'……"[①] 刘先胜说。

"陈鹏这个败类,非把他抓起来不可!"王新亚一时急了,忍不住打断刘先胜的话。

"老王,别急,别急,让先胜把话说完。"蔡以忱说。

王新亚,又名黄南生,湖南宁乡人,黄埔军校二期毕业生。1926年加入中国共产党,北伐时任第一军营长。北伐军进入江西安福县时,他被党派到安福县农民自卫军任大队长,拥有400多人的武装。1927年7月他率部参加了永新暴动,被任命为三县暴动联军总指挥。袁文才、王佐自卫军退守井冈山后,他率部来到安源集结。

"我跟上去,他们发现了我,就什么都不说了。我想起后天矿警队就要演习,陈鹏定想利用演习的机会,拉走队伍。"刘先胜继续说。

"事情迫在眉睫,到底是先抓陈鹏,还是秘密监视,将其同伙一网打尽?请大家发表意见。"蔡以忱立即召集市委主要成员研究对策。

"蔡书记,陈鹏投敌,到底是他一人所为,还是有同党,个中缘由,须

[①] 《安源路矿工人运动》下册,中共党史出版社1991年版。

弄清后再行事不迟。"①

蔡以忱觉得言之有理，便与刘先胜如此这般地交代一番之后，让刘不动声色地迅速返回矿警队。

刘先胜走后，王新亚毛遂自荐，请求市委把逮捕叛徒的任务交给他。蔡以忱若有所思地说："老王啊，为了不打草惊蛇，我与你只协同研究行动方案，让矿警队第五连连长、共产党员杨士杰具体组织行动。因杨身在矿警队，不会被敌人怀疑。他还与朱少连是连襟，此次毛泽民就住在他家，绝对可靠。"王新亚表示同意。

再说刘先胜奉命找到陈鹏的住处。陈鹏喝醉了，眼下还有几分没醒。"陈营长不讲交情，这么好的酒不请我喝！"刘先胜道。

"哦，是先胜老弟，我正要找你，没，没找到，来，这儿还有半瓶。"陈鹏抓起桌上半瓶剩酒。

"唉，你我都是共产党员，你说，跟共产党真能干出什么名堂来？眼下，听说省委派了个姓毛的来领头搞暴动，能打得赢人家么？"刘先胜的话正中陈鹏下怀。陈借着几分醉意，拍拍刘先胜的肩："老弟，天下有千条路，何必跟共产党走一条路走到黑？我，我为你指一条明路，只要跟我走，福有得享的。"

"大哥如此关爱小弟，我跟定了大哥！"刘先胜道。

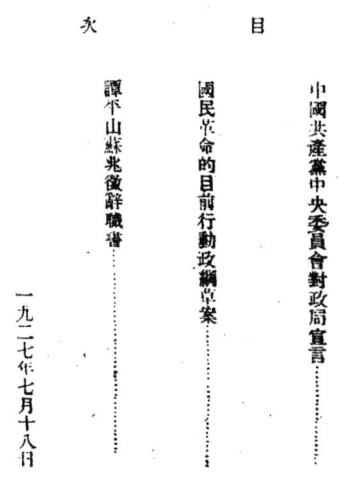

"宁汉合流"后中共对时局的宣言，《向导》周报，第201期，1927年7月18日

---

① 《安源路矿工人运动》下册，中共党史出版社1991年版。

"好，好，老弟识时务！实话对你说，我和八连连长向西华他们8个人，商量好了，把我们矿警队，拉去投六军。"

"人家肯收么？"刘先胜不放心地问。

"肯，肯定收，盘子已定了，六军的程（潜）军长正要人呐。他手下的连、排长，都是我的老乡。"

"大哥，你放心吧，我打从现在起就是你的人了。"

"好，哈哈哈哈！"

在刘先胜稳住陈鹏的同时，又以小便的名义出去，密派队员向蔡以忱报告敌情。

杨士杰得到蔡以忱的指令后，奉命作了周密部署，士兵一律不准外出，由非湘乡籍士兵负责警戒。原准备让矿井队班长易汉钦处决陈鹏，因考虑到易是新兵，唯恐失手，便由杨亲自带兵执行。①

当日深夜，万籁俱寂。萍矿总工会代理委员长程昌仁与杨士杰等共产党员按照市委决定，手持驳壳枪，埋伏在陈鹏住宅的窗下。

透过窗户，只见昏暗的灯光下，陈鹏正在慌慌张张地收拾文件，整理行装。他已察觉到外边风声很紧，准备趁夜色马上离开安源。

按照事先的约定，"狙击手在午夜十二时偷袭，从窗口对准陈鹏连打三枪，结果了这个叛徒。狙击手们又转到山上的三大队惩处王雁。另一批狙击手也在同一时间里，在二大队击毙了其他叛徒们"。②

到了9月5日凌晨三时，行动小组已经将8个叛徒就地枪决。随后，以工农革命军第三团的名义张贴布告，以正视听。布告云：

> 本团查明陈鹏等人，原系反动军官，久欲叛变，近日该反动军官等进行公开活动，聚众上山为匪。本团奉上级命令，为重申军法，就地处决，以申军纪，并除民害，望各界安居乐业，勿信谣言为要。③

安源矿警队在平叛中立了大功，得到了安源市委书记蔡以忱和前委书记毛泽东的首肯。当天即宣布将驻安源的各路工农革命军和矿警队合编为工农

---

① 《秋收起义在江西》，文物出版社1993年版，第164页。
② 刘先胜：《武装起来的安源工人》，《秋收起义在江西》，文物出版社1993年版，第128页。
③ 邱恒聪、吴振录：《霹雳星火》，解放军文艺出版社1997年版。

革命军第一军第一师第三团，由原赣西农民自卫军总指挥王新亚任团长，中共安源市委书记蔡以忱任党代表（杨骏说系"政委"；邓乾元称，系由蔡、王组成三团"前敌军委"），竖起工农革命军的旗帜，控制整个矿山。

刘先胜在肃反中立功受奖，由排长晋升为连长。

至此，安源的起义部队成为湘赣边界乃至全国最早使用"工农革命军"这一名称的革命队伍，也是首先举起"工农革命军"旗帜的一支军队。

首克醴陵

几天后，得知驻修水、铜鼓的部队已合编为江西省防军第一师及其下辖第一、第三两团的情况，前敌委遂决定将安源部队由第三团改称为第二团。

蔡以忱担任党代表的第二团，由安源工人纠察队和改编为国民革命军第二方面军总指挥部警卫团的矿警队等2100余人组成，拥有千余支步枪和三挺机关枪。该团实行三三建制，共3个营、9个连、27个排。当时安源工人总共7000多人中，就有千名安源工人参加了秋收起义，占第二团总人数的60％，成为第二团的主力。

部队整编后，团营连和团直属队均授予红色军旗，旗上缀有镰刀、铁锤和五星图案，已有工农革命军第一军第一师第二团某营某连字样。全团官兵均系红色脖带，胸前佩戴部队番号和本人姓名的布章。

全团上下，一边紧张训练，一边日夜打造长矛大刀，并用矿井炸药制造土手榴弹，迎接即将到来的暴动。

湖南省委下达攻打长沙的命令后，第一团出发的同时，9月9日，王新亚和党代表蔡以忱、副代表张明三召开了二团营、连长会议。王新亚宣读了湖南省委攻打长沙的命令，当即作了行动部署：

1. 命令连长刘长胜带领突击排和100多有爆破经验的矿工将安源至株洲的铁路及铁路桥梁炸毁。

2. 命令爆破队长杨明率爆破队潜入萍乡城内，炸开城墙，助协团主力攻占萍乡。

为了出其不意，攻敌不备，二团决定趁中秋节之夜即9月10日连夜攻城。

蔡以忱、王新亚率第二团按计划出动，将萍乡团团包围。守军一个营闭城固守不出。因杨明率领爆破队过早地暴露了目标，致使爆破失败，爆破队被敌人密集的枪弹杀伤了一半，被迫撤出城外。

王新亚见爆破失败即令部队实行强攻，一营营长张友林带领战士拼命登城攻击，第二团人多枪少，多是些土炸弹、土抬枪，没有攻城武器，战士伤亡很大，张友林也被城上射来的子弹打瞎了左眼。

这时，天已大亮，城上增援的敌人又来了一个营的兵力，蔡以忱、张明三仔细观察了攻城的战斗情况，觉得强攻不行，眼看11日湖南各县暴动的日期已到，建议王新亚停止攻城。

蔡以忱会同王新亚、张明三召开紧急会议决定：放弃萍乡，改攻醴陵，得手后向长沙进攻。于是，他们绕过萍乡县城，乘火车向"吴楚咽喉"醴陵进发。

9月12日，第二团在八里坳下车，和当地暴动的农民一道进入醴陵城郊阳山石一带，与醴陵县委书记邓乾元取得联系。

原来邓乾元在安源张家湾参加了前委会议后就回到了醴陵，根据前委指示在醴陵发动群众参加暴动。于中秋节这天在全县发动了"一夜光"暴动，两天内杀死恶霸、土豪劣绅94个。原醴陵善后委员会主任贺勋臣无恶不作，双手沾满了共产党的鲜血。邓带领农民自卫军在中秋节这天将贺勋臣抓获后枪决示众，并收缴了枪支。醴陵县自卫军扩大到400多人与枪支，他们正盼望二团过来攻打醴陵。

蔡以忱、王新亚率领二团与早已在此等候的、由易足三率领的醴陵农民自卫军会合了。易足三首先介绍了醴陵的敌情：醴陵城东、西、北三面紧靠渌江，背面只有一座石拱桥横跨在江上，同江北面的县城相连，盘踞在城内的敌人，一面派重兵守卫桥头，一面在东门的营盘山制高点架设机枪封锁江面，沿江有巡逻队巡逻。

蔡以忱、王新亚看过地形后，制订了三路攻城战斗计划，左边派一营从大西滩过河，夺取城西的凤凰山制高点，防堵敌人西逃，中路二营主攻渌江大桥，醴陵自卫军随中路部队行动，夺取城中心，右边三营从东门袭击渡口，抢占营盘山制高点，截断敌人东逃之路。

王新亚首先指挥二营佯攻渌江大桥，把东西两翼敌人的火力吸引过来。

桥头佯攻部队和醴陵农民自卫军高喊"打倒蒋介石、打倒许克祥"的口号，守桥敌军惊慌失措，乱成一团。

东路三营在连长刘先胜的带领下，找到三条木船，战士隐藏在船后边，推船前进，当接近敌人时，战士们齐向敌人投手榴弹。敌人被炸得血肉横飞、四处逃散。刘先胜带领三营突击队占领东门渡口，又抢占了营盘山，左路一营战士涉水泅渡，游向对岸，经过激烈的战斗，夺取了凤凰制高点。

中路守桥敌军腹背受敌，顿时指挥失灵，兵丁纷纷回退，这时工农革命军第二团冲锋号吹响，总攻开始了，二营战士和醴陵自卫军战士攻下渌江大桥，潮水般涌进了城中心。

当天下午，第二团完全占领醴陵县城，缴获枪支80余支，这是秋收暴动中攻占的第一座县城。可谓成功打响了秋收起义的"第一枪"。

醴陵县城攻克，二团战士砸开大牢，救出了100多名被捕的革命同志和200多名无辜群众，醴陵城一片欢呼声，贫苦农民扬眉吐气。次日，醴陵县革命委员会宣告成立，贴出了第一张打击敌人保护人民的布告。人民政府打开土豪的谷仓、盐仓，将果实分给贫苦的农民，人民敲锣打鼓欢庆胜利。

入城后，团副党代表张明三出任县长，组建工农政府，但很快传来长沙派出两个团来进攻的消息。第二团领导和醴陵县革命委员会立即召开了联席会议。会上，醴陵县革命委员会委员长周伦向二团长王新亚、党代表蔡以忱提议，敌人失掉醴陵城是不会甘心的，他们会以百倍的疯狂来夺回醴陵城，因此要早做准备，防止敌人的进攻。

团长王新亚主张北上浏阳与暴动主力会合。党代表蔡以忱、副代表张明三也同意。

兵败浏阳

9月13日，王新亚下令集合队伍，撤出了醴陵城。党代表蔡以忱接省委通知，返回安源主持工作，并与指挥部协调，统一行动。浏阳县委书记潘心源接任二团党代表。

再说国民党湖南省主席何键，得知农民革命军占领醴陵城后，急令守在浏阳城的张国威带两个团来攻打醴陵。工农革命军二团已及时撤出不知去向，张国威占领醴陵后向何键报功请赏，说消灭农军四百余人，缴枪二百多支。

王新亚领兵撤出醴陵城后，探知浏阳的张国威带浏阳部队倾巢而出来取醴陵，浏阳城中空虚，便立即派出侦查员到浏阳侦察敌情并与浏阳城的地下党取得联系，以做内应配合二团攻取浏阳。

9月16日上午，第二团抵达浏阳城下。城内原有的守军一个营（营长周倬）此时已经前去追击工农革命军第三团，仅剩的一个排寡不敌众，弃城逃跑。第二团兵不血刃地占领了第二座县城。

这时，党代表潘心源主张不要停留，赶快向东门市进军，协同第三团夹击周营。但因部队缺粮，士兵又开始闹饷，只得停下来召集商会筹饷。

不料，湖南省当局得报后，迅速派出王东原、谭崇鄮两团从株洲赶到浏阳，于18日清晨发动突袭。

第二团的官兵多是工人、农民，缺乏军事知识，进城之后分散居住，无事之余四处闲逛，连外围警戒哨都没有派。

此时回防的张国威，为报一箭之仇，指挥三个主力团同时攻打浏阳的四个城门，由于炮火猛烈，二团战士纷纷退入城中，张国威率军杀入城内，城内一片混乱。

王新亚指挥失灵，许多工农革命军战士被枪杀，浏阳城尸横遍野、血流成河。潘心源找到王新亚，帮助他领残部逃出浏阳城，部队只剩下二三百人与枪。

王新亚心灰意冷，于当晚只身逃跑，二团群龙无首，一哄而散，起义失败。

秋收起义失利后的9月19日晚上，各路起义部队在文家市会师并举行了前敌委员会会议，会议决定退往萍乡。次日，毛泽东向部队宣布了这一决定。

22日，部队到达萍乡的上栗市，24日傍晚到达萍乡县境东部重镇芦溪宿营。第二天清晨，在往莲花县方向行进时，遭敌军突然袭击，死伤数十人。总指挥卢德铭亲自带连队阻击敌军，不幸中弹牺牲。但芦溪战斗粉碎了国民党反动军队妄图包围和消灭工农革命军的阴谋，保存了有生力量，赢得了向罗霄山脉中段战略转移的胜利。

从此，毛泽东率领包括安源工人在内的部队开始了创建全国第一块农村革命根据地的伟大斗争。

以安源工人为主的工农革命军第二团虽然失败了，但他们在秋收起义中连攻萍乡、醴陵和浏阳三县城，先后打了六仗，战斗最激烈，战绩最大，是唯一建立过县级革命政权的部队。秋收起义以及南昌起义、广州起义，使中国革命战争"进入了创造红军的新时期"。正如中共中央 1927 年 12 月 15 日给湖南省委的信中所指出的：

> 秋收暴动的事实告诉我们：攻打萍乡、醴陵、浏阳，血战几百里的领导者和先锋，就是素有训练的安源工人……可以说，秋收暴动颇具声色，还是安源工人的作用。[1]

---

[1] 谢亦寿：《湘赣边界秋收起义史·序》，江西人民出版社 2007 年版。

第十四章　血染湘西

"八七"会议后，中共湖南、湖北省委在组织秋收暴动时，曾将两省划为十个特区，分别建立了党的特别委员会。其中在粤汉铁路（今京广铁路）以西的是湖南的湘西特区和湖北的鄂北、鄂中、鄂西特区。湘西特区辖常德、桃源、汉寿、慈利、石门、澧县、临澧、安乡、南县、华容、溆浦、麻阳、沅江、辰谿14个县，蔡以忱就是湘西特委的开创者。

转战湘西

随着1927年9月16日会攻长沙的计划流产，成立中国革命委员会湖南分会成为泡影。中共中央对湖南的人事与区划重新进行了调整。

9月27日，中共中央政治局委员任弼时主持召开了湖南临时省委常委会，调整了领导班子。根据任弼时的意见，会议选举产生了以彭公达为书记，军事部长李子骥，农民部长向俊奇，组织部长林蔚，工人部长李运钧，宣传部长罗章龙，秘书长蔡以忱等新一任湖南省委。

10月24日，中央派罗亦农、王一飞来湖南，举行省委紧急会议，再次改组省委，王一飞当选为省委书记。会议通过了《湖南紧急会议决议案》（以下简称《决议案》），决定再次组织全省大暴动，并设立湘西、湘南、湘西南三个党的特别委员会。《决议案》还指出："湘西、湘南两特别委员会尤其重要，省委应当多派得力同志前往参加主持，在最近一、二月内即应创造出农民暴动割据的局面，为将来全省农民暴动的重镇。"

中共湘西特别委员会（以下简称"湘西特委"）设常德。[①] 蔡以忱（化名张仲平）偕丰俊英（化名李逸如）与彭公达一道，受命筹组湘西特委。

蔡以忱对于常德当前政治生态的初步了解，是从"敬日事变"开始的。

那是1927年，长沙"马日事变"的前三天，唐生智部第三十五军第一师师长叶琪，密令湖南省防军驻常德独立旅旅长熊震，与长沙采取一致行动。

5月20日，常德西郊的反动分子，纠合100多名流氓歹徒，假借落路口乡农民协会之名，将近郊区农民协会委员长肖洪贵骗到西堤，把他的手脚砍了，耳朵割了，眼珠挖了，等农民协会的人赶到，这些歹徒已逃散，肖洪贵壮烈牺牲。这是国民党右派发出的反革命事变的严重信号。

次日，长沙"马日事变"后，常德至长沙的邮电中断，轮船停航，信息不通。

5月24日上午8时许，省防军驻常德的独立旅熊震旅部，突然下令紧关

---

① 《中共常德地方史》第一卷，中共党史出版社2005年版，第176页。

城门，会同县长公署的警备队和公安局的稽查队，在城内的大街小巷布满岗哨，分兵包围县总工会（今高山街菜店）、县农民协会（今常德市中心粮店）、国民党常德县党部（今常德市第四中学）、省立二中学（今常德市第一中学）、湘西工农干部训练所（今公墓内）等，所有的革命团体机关和学校，实行灭绝人性的大屠杀。常德城顿时风声鹤唳，草木皆兵。

那时长沙到常德只有水路便捷，10月中旬，蔡以忱与丰俊英一起，在长沙登上了日商戴生昌轮船公司的一艘客轮。10月16日《中共湖南省委给国栋的信》写道："常德已派蔡以忱去，宝庆已派基永去，均无信来。"①

为了解当地人文地理，丰俊英特地找来明清时期的《常德府志》，二人在途中翻阅。

原来常德是湖南建城最早的城市之一，是著名的历史文化名城，迄今已有2200多年的历史。早在旧石器时代，这里即有人类活动，故有"文物之邦"和"人文渊薮"之称。昔尧时善卷让王位而隐居德山；春申君有门客三千而相楚屈原流放期间垂钓于柳叶湖；刘禹锡十载旅居六上太阳山；杨幺起义在柳叶湖设置水寨；袁宏道迷恋山水乐而忘返等。

常德历史上最早的行政区划名称叫"黔中郡"。黔中郡是战国中叶楚威王（前339—前329年在位）时设立的。《战国策·楚策》记载苏秦说楚威王曰："楚地西有黔中、巫郡……地方五千里。"常德的第二个行政区划叫"武陵郡"。《水经注·沅水》云："汉高祖二年（前205），割黔中故治为武陵郡。"《后汉书·郡国志》则云："武陵郡，高帝五年（前202）置。"南朝梁陈时，常德先后被改称"武州""沅州"。隋唐改为"朗州"。北宋名为"鼎州"，南宋时称"常德府"，元代改为"常德路"，明清两朝复为"常德府"。"常德"作为本地行政区划名称从此再无变化。

从长沙到常德，航程约480公里，先通过湘江途经临资、湘阴、益阳，再经洞庭湖由汉寿入沅江，直达常德，顺、逆流各一半。

蔡以忱乘坐的日商戴生昌轮船公司的客轮，虽然航程要缩短几天，但要付出高昂的票价。为了尽快组建湘西特委，他们不得不乘日轮前往。

为了掩人耳目，蔡以忱、丰俊英分别以牧师与修女的装束前往。行前他们为随身携带的文件进行了特殊处理，从前他们是将文件密写在线装书里。即由丰俊英用写小字的毛笔，蘸米汤水写在线装书的纸背面。看文件的人用

---

① 《湖南革命历史文件汇集》甲六，第231页。

碘酒在上面一涂，淀粉和碘起化学作用，字迹就显露出来了。米汤水不能太浓，太浓了写在反面就会在正面渗出痕迹来。毛笔也不能太粗，太粗了写在背面也会在正面看得出来。写好后再把书重新装订好，压平。

此次如果还是写在线装书上，就显得与他们打扮的身份不符，容易引起别人怀疑。于是，丰俊英就将文件写在《圣经》里面，但《圣经》很厚，拆开后很难重新装订恢复原貌，只好用钢笔蘸米汤水写在字缝里，字就写得更细小了。本来她是不戴眼镜的，但是在那样的情况下，由于经常晚上埋头在煤油灯下抄写文件，所以就变成了近视眼。

他们在轮船上看到湘江、沅水往返着揪船、倒把子、大义船（轮船带的拖）等各种各样的轮船，船工用人力摇橹，有风则借风力推动。除大火轮带拖的以外，其余所有的帆船无论大小都是船户私有。这些船只从长沙到常德需一星期左右方能抵达。

上太和观

戴生昌轮抵达常德码头时，蔡以忱、丰俊英按照预先的暗号约定，蔡以忱手拿一本《圣经》下船，中共常德县委书记张盛荣和一名牧师已经在岸上迎接。

他们寒暄以后，就迅速赶往城内东壁斋交通站。蔡以忱边打量着张盛荣边说："我在担任省委秘书长期间，就知道常德县有个贫苦出身、省立第二师范毕业的张盛荣。"

张盛荣也说："我也知道蔡秘书长也是师范出身。"随后自我介绍道："我是1925年6月，在省二师投入到声援五卅惨案的革命行动之中，加入中国社会主义青年团。次年2月转为共产党员，历任青年团常德地方执行委员会组织部长、中共常德地方执行委员会委员、组织部长、常德总工会宣传部长。"

蔡以忱继续说："常德敬日事变后，你冒着生命危险，经过二十多天的秘密串连活动，收编地下党员80余名，恢复了中共常德县委。又根据党中央八七会议的精神，恢复了党的基层组织和农民协会，组织农民反抗国民党反动派的大屠杀，亲自部署和指挥了文甲区（今长茅岭乡）的农民暴动。使一度处于低潮的革命运动，又在常德城乡呈现出了盎然生机。省委对此给予了充分肯定。"

张盛荣在表达感谢之意后，他们开始就组建湘西特委交换意见。

蔡以忱说："省委之所以将湘西特委设在常德，首先是从这里的政治气候考虑，希望依靠你及其常德的同志们，大家共同努力，改变敬日事变后的湘西革命气氛。"

"其次，常德是西南的咽喉，战略地位十分重要。因为常德位于湖南省西北部，地处长江中游洞庭湖水系、沅江下游和澧水中下游以及武陵山脉、雪峰山脉东北端。东据西洞庭湖，与益阳、沅江湖汊交错；西倚湘西山地，与蜿蜒在张家界及怀化的武陵山脉相承；北枕鄂西山地和江汉平原，南抵资水流域。"

关于湘西特委会议地点，张身为东道主，建议定在市郊的河洑山之太和观中较为安全。

于是，吃罢午饭后，他们三人雇了三辆人力车，一起前往河洑山现场查勘。

直至傍晚，夕阳西下，他们才抵达目的地。蔡以忱伉俪站在武陵山余脉之河洑山，放眼山势，自桃源高吾山延伸而来，有十余里之长。而且古木参天，山势回还，乃藏龙卧虎之地。俯瞰山下，湖南的第二大河流沅江犹如山南的一条彩带，紧靠常德城区。在郁郁葱葱的河洑山脚下，有一座古朴风情的小镇河洑镇。张盛荣介绍说，相传这里两千多年前便已有集市。

当他们来到河洑山最高峰——美女峰，一座名曰太和观（又名道德观）的寺庙雄峙于山巅。蔡以忱伉俪伫立于此，被庙前的一副对联所吸引。联云：

> 凿看卓刀泉，遥望五溪，戏出野鹿含明月；
> 解渴崔婆井，高歌土凸，闻放犀牛逐白云。

一位老道立马上前相迎，并向客人介绍道："太和观是湘西北道教圣地之一。创自唐，兴于明，雄奇地耸立在沅水北岸，与山中的卓刀泉、崔婆井、犀牛口、白云洞、马援祠、耆阇寺等，构成湘西北河洑山八景，此联正好把这八景嵌入其中。郦道元在《水经注》中将河洑山记为平山：'沅水又东，经平山，西南临沅水，寒松上荫，清泉下注，栖托者不能自绝于其侧。'

"铸剑"先驱 蔡以忱（修订本）

山上有大小山岭56个、沟谷42条。"

作者裴高才（右）与蔡以忱嫡孙蔡小兵到创立湘西特委的太和观寻访

蔡以忱不无感慨地说道："我们刚刚在湖南省会领略了'长沙沙水水无沙'，今日又在湘西重镇常德饱尝了'常德德山山有德'了。"

他们说着说着，在老道的邀请下，四人一同到内室交谈。原来老道是一位开明人士，一直与中共地下党保持密切联系，此处成为湘西大革命时期的秘密据点之一。

蔡以忱通过实地考察，觉得张盛荣推荐的太和观，是湘西党的负责人会议的理想之所——既具有宗教背景，湖南省主席、地方军阀何键也曾来观进香，故反动派不便在此胡来。而山上的灌木丛林与山下黄金水道沅水，又便于隐避与撤退。

会议地点确定以后，原省委秘书长蔡以忱与丰俊英留住太和观，蔡以忱负责起草会议文件。丰俊英负责将文件再重写一份，一份留在特委，一份转发给团委。抄写秘密文件的方式方法，仍然是用米汤当墨水写在线装书的背面。两人往往是夜间工作，白天休息。

张盛荣则返回常德城迎接彭公达，并选派人员分头通知各县负责人于11

月上旬到会。

特委会议

　　1927年11月上旬，原省委书记彭公达如期来到太和观，在这里主持召开了湘西各县负责人会议。

　　为了做到万无一失，一方面与会的30多位代表，白天分散在丛林隐蔽，晚上开会。另一方面，在通往太和观的高湾、河洑、全美堤、肖家溶等地布置几十名农会积极分子防哨，如发现形迹可疑者，即以手电光传递情报，火速转移与会代表。在河洑入山口，还埋伏有武装人员，防止敌人冲击。

　　就这样，湘西20多个县的中共主要代表人物，在此连续开了4个通宵的会议。

　　在这次会议上，彭公达传达了中共中央和湖南省委关于调整组织机构，组建武装队伍，开展武装暴动，用革命武装反对反革命武装的指示精神。宣读了中共湖南省委关于改组常德县委，建立湘西特委，领导湘西各县地下党的决定。

　　会议选出了蔡以忱（化名张仲平，同上）等7人组成湘西特委。即特委书记彭公达、组委蔡以忱、宣委刘泽远、军委舒玉林、农委陈昌厚、工委张盛荣、青委李芙。特委机关设在常德、桃源交界的红坡寺与岩桥寺之间的翟光祥家，代号"毕得成"。

　　湘西特委的区划，扩展到汉寿、安乡、常德、益阳、沅江、南县、桃源、澧县、临澧、石门、慈利、大庸、溆浦、辰溪、麻阳、芷江、黔阳、沅陵、桑植、永顺、保靖等20多个县。

　　会议认为，湘西农民革命的热情较高，湘西党组织基础较好，只要坚决执行党对农民的政策，通过农民暴动，就可以解决土地问题，建立工农苏维埃政权，造成武装割据湘西的局面。

　　作为特委组织委员，蔡以忱根据省委指示，要求特委所辖常德、桃源、汉寿、石门、慈利、澧县、临澧等县，迅速健全县委组织，并建立常桃（常德、桃源两县交界处）、常澧（常德、澧县两县交界处）、常汉（常德、汉寿两县交界处）3个特区，由特委直接领导。

湘西北的永顺、保靖、龙山、桑植等县，指定陈协平负责；沅陵、辰溪、麻阳等县，指定孙家信负责。并先后设了几处联络点：即常德城内鸡窝巷黄福酒店、法院街"芝兰室"（即东壁斋）、东门外四铺街王宏发竹器店、西门育婴街成衣店、北门玛瑙巷文福刻字店、娲氏巷二号万商堂理发店、经历司弯庆云楼茶庄及城外七姑山祖师庙，安排地下党员负责联络工作。

会议要求湘西各县党员人数分别是常德 1.5 万人，桃源、汉寿、临澧各 800 人，华容、石门、南县各 500 人，慈利、沅江各 300 人，安乡 100 人，澧县 1000 人，麻阳 50 人，其余沅陵、芷江等县设法派人去发展。

在两个月内，常德、桃源、汉寿、澧县、临澧、石门等县，至少要组织农民武装 1 万至 3 万人，做到每个乡农协有 10 支快枪，100 门土炮，300 把以上梭镖。各县农协会员的发展目标是：常德 5 万人，沅陵 1500 人，桃源 2 万人，慈利 5000 人，临澧 2 万人，汉寿 2 万人，南县 1 万人，澧县 3 万人，华容 1 万人，安乡 3000 人，石门 1 万人，溆浦 7500 人，其余各县至少在 500 人以上，整个湘西在两个月内达到 20 万人以上。

在游击队的力量扩大后，适时占领县城，杀土豪劣绅，将地主的财产、粮食分给农民；同时捣毁政府的税收机关，夺回税款；破坏旧政府的各种交通机关，袭击团防局、驻军，夺取敌人枪支。

特委会议决定，各县党组织派人到乡村中去做农民运动工作，召开各级农民协会代表会议、执行委员会议、农民群众大会，讨论暴动问题和没收土地的方法，宣传苏维埃政权。要在农村中形成一个新的革命高潮，解决土地问题，建立工农政府。

会议还针对湘西工人运动提出：湘西手工业工人不少，是一支主要革命力量，应积极组织工人参加经济斗争，并由此转向政治斗争。要积极发展各业工会的秘密小组，在工人中发展党员和建立党的组织，注意常德码头工人的组织和训练，办好工人平民学校和子弟学校。

与此同时，特委对兵运、清匪、妇运等方面，在加紧对士兵的革命宣传，在敌人军队中建立士兵小组及士兵委员会，鼓动士兵杀长官及拖枪逃跑，破坏敌人的军事组织。

此外，要求各县积极引导地方会党参加土地革命，对其中的革命分子要吸收他们参加农民协会。特委决定编写宣传纲要和传单，向群众进行宣传并抓紧训练党员。

总体而言，历时四个昼夜的太和观会议，健全了组织，理顺了关系，明确了任务与责任，不仅给与会人员以极大的鼓舞，而且为接下来进行的湘西暴动指明了方向。

会议期间，蔡以忱关于加强农运工作的建议大都被特委采纳。有1927年11月7日某给湖南省委的报告中指出：

> 以忱所陈农运意见，大半在此间被采纳（同意），望努力恢复各县的组织，多吸收工农分子入党，在此次反对新军阀战争运动中，定能超过马日事变以前的努力。①

不过，蔡以忱也明确指出，在扩大并发展党的组织与农会武装的量化指标上，有脱离湘西实际、过多过快之嫌。他的发言，得到特委宣传委员刘泽远的支持。但特委书记彭公达一味强调"革命高潮不断高涨"的中央精神，否决了蔡、刘的建议，为接下来的湘西工作留下了隐患。

调任石门

再说长沙"马日事变"与常德"敬日事变"发生后，曾经轰轰烈烈的石门县农运，一度处于低潮。但是不久，中共中央"八七"会议精神传来，这里的革命浪潮又高涨起来。

1927年11月，湘西特委一建立，就把党的建设作为头等工作去抓，除常德县直接由特委领导外，其他各县都派出特委委员和党内骨干协助工作，担任党的负责人，使党的组织迅速建立起来。

同月，蔡以忱率中共湘西特委，在常德县草鞋洲（今属丹洲乡）召开石门、桃源、临澧、澧县、慈利等各县委书记会议。会议根据全国反共浪潮，常德地区处于低潮的形势，决定在反共势力比较薄弱，群众基础较好的石门山区，首先发起暴动，割据石门，以推动湘西暴动。

这时，湖南反动当局调遣13路军队下乡实行"清党"与"清乡"并进，企图彻底清剿共产党。湘西特委书记彭公达仍然以"左"的思想情绪应

---

① 《湖南革命历史文件汇集》甲六，第278页。

对，1927年12月，他指示以传教为掩护而潜伏在县城内的特委委员李芙（临武县人），筹划城内工人武装暴动，并部署郊外农民武装策应，力图控制县城。不料此计为国民党发觉，破坏了设在泮池街四号的共青团特委机关，李芙被捕牺牲。负责地下交通的共产党员黄承便，潜伏泮池街联络，也被国民党暗中捕获，惨遭杀害。在育德女校，一敌军官带便衣来校指认，逮捕了正在上课的共产党员刘璞、陈兆森和不满15岁的女学生左协元……

在敌人的残酷镇压下，湘西特委建立仅一个月，特委机关即遭敌人破坏。彭公达闻此消息，一时难以接受这一残酷现实，更加急躁起来。此时的特委组织委员蔡以忱和特委宣传委员刘泽远，再次奉劝彭公达要冷静分析当前局势，在敌强我弱时，重在凭借广阔的农村同敌人巧周旋，不应以盲动、冒进的方式与敌人硬拼。蔡以忱的这一建议的前瞻性，在中共六大的政治决议中得到印证：

"十一月扩大会议"（即1927年11月9日至10日在上海召开的中共临时中央政治局扩大会议）在决议案上，对于中国革命的估量，不正确地采用了"不断革命"的名词，于是就解释革命是不断高涨着，由此就得到不正确的策略。同时对于布尔塞维克的武装起义策略的观念很久是模糊的。于是有不正确的估量和策略，以及过于忽视敌人力量的观念，——这些都可成为盲动倾向的根据。因此没有严厉地防止当时党内已经发现的盲动主义的倾向（这种极左派的倾向正是很有害的）。[1]

由于不承认革命处于低潮，继续全面进行武装暴动，是当时中央"十一月扩大会议"确定的方针，且彭公达经受不起秋收暴动与秋后暴动接连失败的打击，自然对蔡、刘二人的合理建议听不进去，认为他们持有"革命潮流的低落问题"的看法，对领导武装暴动不够激烈。

于是，彭公达于1928年1月改组湘西特委，"将蔡（以忱）、刘（泽远）撤职，增补孙家信、朱明、陈协平到特委工作"。[2] 而特委青委委员、共青团特委书记李芙惨遭敌手。故改组后的特委委员仍为7人，即彭公达、

---

[1] 《中国共产党第六次代表大会底政治决议案》，1928年7月9日，中国人民解放军政治学院党史教研室编《中共党史参考资料》第5册，第296—309页。

[2] 1928年6月29日《湘西特委给中央的报告》第一号。

舒玉林、陈昌厚、张盛荣、孙家信、朱明、陈协平。

与此同时，鉴于蔡以忱、刘泽远建议在广阔的农村同敌人巧周旋，彭公达在撤销二人特委职务的同时，又任命蔡以忱担任中共石门县委书记，刘泽远为常桃特区书记。

尽管受到不公正待遇，蔡以忱坚持党的原则，服从调配，深入基层领导石门县年关暴动。刘泽远则在河袱山组建农民军暗杀队，于城郊发动年关暴动。

蔡以忱主持改组后的石门县委工作后，其他县委成员伍伯显、龙家泉、曾庆轩（萱）、陈奇谟、盛联熊、袁任远、苏清镐、邢业炳等，均有条不紊地开展工作。在湘西特委组建前，中共石门县委已经成立，后因县委书记伍伯显被敌通缉而离职。1927年12月，由湘西特委委员舒玉林出任县委书记。

1928年1月，正值农历腊月时节，蔡以忱根据湘西特委发表的《中国共产党湖南省湘西特别委员会宣言》与《中共湘西特委、团湘西特委为反对新军阀战争宣言》，决定组织年关石门暴动。

在暴动前夕，蔡以忱首先召开各乡、农会、妇女、文教界等界别负责人会议。随蔡以忱一起到石门工作的国民党石门县党部常务委员丰俊英（化名李逸如），是以石门第一高等小学为基地，从事学运工作。在碰头会上，丰俊英介绍了一批石门籍返乡学生，在大革命运动期间的机智、勇敢行为——

早在"马日事变"后，石门县中即石门中学停办，此时由一批从北京、武汉回到石门的革命大学生，组成"石门旅外学生回乡工作团"，联合原石门中学教职员开办县立中学补习班。宣传革命道理，串通革命组织，惩处土豪劣绅。

那时，石门县城的清朝举人盛贤庭、秀才龚显伯、王渠吾仗着有钱有势，把持县政二十多年。老百姓被他们的淫威所慑服，附近民众敢怒不敢言，革命势力受到压制。

中共党组织曾派纠察队捉拿盛、龚、王，均未得手。旅外学生寒假回乡工作团接到党组织交的任务后，立即派出目标小的低龄学生站岗放哨，分别在暗地里注意他们的行动。

1927年2月13日，即农历正月十二日，旧商会走卒王裕元请年客，借此巴结龚、王等头人。放哨学生探知这一消息，马上报告了工作团团长江伯龙、副团长龙家泉等。龙是省二师范的学生，在校担任过暴动大队长，富有斗争经验。几人一商量，定出方案，决定联合新关农民协会一起行动。

这天，农协会员早早地埋伏在附近。臃胖的龚星伯晃头晃脑地走下红土坡，前往王家赴宴。当他走到街上小巷口刚一下轿，一群学生蜂拥到龚的面前，出其不意地将其五花大绑。

对于平日欺压百姓，又勾结反动官僚的旧商会录事曾茂斋，亦同归案。

王裕元得知后，即出来为龚说情，学生们怒不可遏，干脆就汤下面，三个坏蛋一索牵，押向安乐桥。

队伍行至夹板峪时，又与事先埋伏的新关农协会合，声威大振，不等保人前来，只听得一阵愤怒的叫喊声后，学生和农协会员都欢快散去，荒郊野外只留下几具僵尸。

此次行动，从放哨、埋伏、捉拿、处决，缜密果断，使敌人措手不及。受苦大众欢喜雀跃。

由于三名劣绅是在安乐桥处决的，刚好与"生于忧患，死于安乐"相印证。此消息很快在县民们不胫而走。

事后，中共石门县委以国民党县党部名义发表了《石门全县民众击毙土豪劣绅宣言》。而且，《大公报》于1927年2月26日予以了报道。

县城义旗揭橥，乡村鼓角齐鸣。新关、福田、苏市、泥沙等地先后掀起了更大的以打土豪、反封建、争自由为主的农民运动。

痛失战友

蔡以忱会同县委一班人研究年关暴动行动方案时，首先听取了各方面的准备工作。随后，他一锤定音：决定分门别类进行，在一般地区以发动群众，恢复组织为主；对于基础好的新关、杜家岗、磨岗隘、泥沙等地，则于年关期间举行暴动。暴动以集中力量，各个击破的方式，有效地打击敌人的嚣张气焰，具体行动分两批进行。

1月20日、21日，即农历大年腊月二十八日、二十九日两天，蔡以忱、曾庆轩等20余人在县工农暴动队长龙家泉家开会，具体布置除夕之夜在城郊新关乡与南坼乡同时暴动。

1月22日即除夕之夜，蔡以忱、龙家泉、曾庆轩等县委委员，带领十余人率先行动,首先在南圫烧了县警察所长上官嗣西的房子,① 继而暗杀了南圫区长王启发等反动分子。另几位县委委员则在新关同时行动。丰俊英等则领导学生与各界群众举行游行示威声援……从而拉开了震惊津澧的"石门年关暴动"的序幕。②

在第一波行动初战告捷后,龙家泉、曾庆轩于1月30日,带领20多名的暴动队员,夜晚行军50多里,于第二天拂晓赶到石门中部的磨岗隘集镇,分两路围攻横行磨市一带的区团总分龚砥臣家,处决了豪绅龚砥臣。另一批同志则在石门西北的泥沙乡等地也展开行动。

石门年关暴动惩处了一批贪官污吏与土豪劣绅,开仓放粮,让处于水深火热的民众享受了新年的快乐。顿时,石门街头鞭炮齐鸣,千家万户欢庆胜利。有《中国苏区辞典》"石门暴动"条为证:

> 1928年1月,中共湘西特委自常德派张仲平(作者注:蔡以忱的化名)到石门,领导了石门年关暴动,发动新关区和北乡新河、磨市的农民群众,向当地土豪劣绅开展了武装斗争……③

可是,一小撮反动派则不甘心失败,图谋扑灭革命火焰。

此次暴动漏网之鱼——国民党石门县警察所所长上官嗣西、县团防队队长上官肇包兄弟等,连夜逃往津市,与事先逃往此地的一些石门土劣阴谋策划,勾结驻常德、澧县的贵州军阀李燊的第四十三军雷世光师,到

丰俊英与弟弟龙凌、表妹生活照

---

① 《中共常德地方史》第一卷,中共党史出版社2005年版,第184页。
② 万里主编,《湖湘文化大辞典》上下册,湖南人民出版社2006年版。
③ 《中国苏区辞典》,江西人民出版社1998年版,第259页。

石门"进剿"。

1928年2月底，国民党反动派之雷世光师开进石门，驻在县城隍庙巷福音堂。其部属之宋团驻五通巷。一些怙恶不悛的土劣纷纷前来送礼、告密、献计。

一时间，石门县城乌云密布，进步人士人人自危。

为了与敌人周旋，蔡以忱决定将中共石门县委的办公地点，迁往离县城十多里地的涂家河。随后，蔡以忱重返湘西特委工作，由贺龙指定张海涛代理石门县委书记。5月，曾庆轩任书记。同年冬至1932年春，县委书记陈奇谟。

3月23日（农历二月初二）清晨，雷世光部所属宋团以军事演习为名，倾巢出动，先开往荒顶山脚下操练队形，然后突然趸转。上午九时许，他们分三路包围石门中学、石门女子高小、石门第一高小、国民党县党部和劝学所（相当于教育局），并实行全城戒严。

那天，石门中学补习班正在上第一节课，宋氏团长、上官肇包、宋岑楼（南乡挨户团团长）、苏子辉（上南坪土豪）等，带领宋部一部分匪军荷枪实弹，杀气腾腾地闯进了石门中学校门，并在校门口架起机关枪，匪军歇斯底里地狂叫："集合！集合！全体师生紧急到大会堂集合！"

石门中学校舍是两层楼，楼上住毕业班，楼下住肄业班，师生听到哨声，尚不知发生了什么事，但见军人涌进，十分惊骇。

丰俊英烈士证（1952年8月）

师生被驱赶到大礼堂，各站一边。宋氏团长来至师生夹道中，龇牙咧嘴地狂叫："你们石门中学是共产党的大本营，是土匪窝，要搜查，搜查！"

在旁的上官肇包连忙大献殷勤，拿出一个本子，照册点名，按名捉拿教师。首先点名的是宋人杰。宋老师昂首怒视，敌人将他捆绑上楼。随后点一个捆一个，然而个个志士大义凛然，傲然挺立。

共产党员熊彦明老师个子不高，藏于学生行列中，数次点名未见人出，后因有人"点水"而被捕。至此，在石门中学共逮捕了宋人杰、邢子林（业炳）、熊彦明、云开源（清渠）、龙声灵、申悦庐、陈墨珍等共产党员或国民党左派同志。除后两位未捆外，其余皆绳索捆绑。

军阀抓捕了老师后，又点了左派学生廖宏岸，冉世冠的名。学生们闭不启齿，仍不开口。敌人将捆绑的师生解押到两间教室。上官肇包杀气腾腾，大叫："向左右站开！"

师生瞧他不起，静坐不动。他气急败坏，额上青筋直暴，带领枪兵又搜查师生住房和寝室，然后将全体捆绑的师生解押出校，剩下的两百名学生则被扣留在校内，由枪兵把

丰龙凌追忆胞姊丰俊英烈士手稿（1950年）

守，不许外出，一举一动均要向看守报告，连上厕所也有枪兵看守。有人给学生廖宏岸出主意，以借大便之机，从粪孔中逃走，而冉世冠由家人保释。

与此同时，宋团枪兵拘捕了县第一高小校长邱备武（本泉），国民党县党部常务委员丰俊英（化名李逸如）、廖仲元，劝学所所长廖文蔚，视学伍棠嗣、文玉珊，教员廖宏保等人。

被捕人员被押解到五通巷宋团团部。匪兵将这批革命者所带的银钱钞票及手表、钢笔、眼镜等贵重物品全部搜去，然后分别拘禁在几间房内。下午又将他们押送到福音堂师部驻地，严刑拷打七昼夜。无一人屈服或出卖同志。只有廖文蔚、申悦庐、陈墨珍等人，被保释得脱。

这些同志自被捕之日起，蔡以忱会同石门县委即组织营救，但因土豪劣

绅天天催案、送礼，导致救援失败。自3月23日至29日七天间，军阀雷世光师将苏清镐（淮西）、邢子林、宋人杰、邱备武、丰俊英、熊彦明、伍经忠、龙声灵、文玉珊、廖仲元、廖宏保等17名同志，分三批先后惨杀在上河街尼古滩、蒋家州、常德桥等地，史称"石中惨案"。①

这些同志大部分是共产党员或国民党左派。共产党员苏清镐戴着金丝眼镜，身着鱼白长衫，临刑时泰然自若，在"杀不尽共产党！诛不完革命人！共产党万岁"等呼喊声中就义。丰俊英临刑时视死如归，振臂高呼："打倒国民党反动派！共产党万岁！"

丰俊英早年在湖北女子师范学校（今武汉市第三十九中学）接受革命熏陶，她的学姐陈媲兰、徐全直、夏之栩、李文宜、袁溥之、袁震之……这些早年在中国共产党的引导下领导过湖北"女师学潮"的革命女杰，在后来的革命生涯中，书写了她们人生的另一段传奇……丰俊英就是在大革命的风潮中，与蔡以忱并肩战斗结为革命伴侣的。

"石门惨案"发生后，石门街头血流遍地，惨不忍睹，人们义愤填膺！学校停课、商店罢市、街市冷清，路断人稀。古老的山镇笼罩在白色恐怖之中。

丰俊英就义后，石门县第一高小的师生特地为烈士收殓，并埋葬在石门山峰，坐南朝北，遥望故乡。

与自己同生死、共命运的知心爱人血染石门后，蔡以忱的心情十分悲痛，立即含泪濡笔写信，向爱妻的父亲丰鸿斌（字筱廷）报告噩耗。有一天夜里，蔡以忱化装成教师前去祭奠亡灵，突然被人告密。若不是当地百姓掩护，及时撤退，他差一点被反动军警捕获。

澧县就义

石门年关暴动失败不久，贺龙、周逸群于2月下旬途经石门南乡，召开会议，号召共产党员发动群众，开展武装斗争。随后，湘西特委派特委委员陈昌厚及郭天明等到南乡（今石门县蒙泉镇）同中共石门县委委员袁任远研

---

① 陈俊武：《石门文史》，2010年3月5日。

究发展工农武装、组织武装暴动。经过区委一个多月时间的发动，建立起400多人的工农武装暴动队。

石门南乡暴动，拉开了湘鄂西根据地暴力革命的序幕，是第一次国共内战时期湖南省三大暴动之一。虽然最终失败，但扩大了共产党在群众中的影响，锻炼了群众，培养了干部，领导人袁任远转赴上海，参加党中央机关工作，后赴广西参加百色起义；陈昌厚率20余人到临澧鳌山、朱日桥、柏枝台一带打游击，后转战湘西北，参加贺龙领导的红四军；郭天明、曾庆轩转战石门北乡，与原在北乡坚持工作的伍伯显、盛联熊、陈奇漠、温练之等，在贺龙领导下，开展武装斗争。

常德县是湘西特委机关所在地。特委始建时，县内"由特委书记兼管一切工作，并派巡视员专门巡视前、后河党务组织情况"，党的组织得到很大发展。

1928年3月，湘西特委书记彭公达被叛徒王达逼走（彭公达后来在长沙遇害）。特委改组，舒玉林代理书记，孙家信、蔡以忱、刘云龙、刘仁光、李嘉宗、罗钧、陈协平、陈昌厚为委员。特委机关仍设在常德。

蔡以忱回调特委后，噩耗传来：特委委员张盛荣调任澧县县委书记后，在当地遇难。蔡以忱不禁回忆起他们一起创办湘西特委、组织湘西特委首次会议的过程。在蔡以忱调往石门后，张也于1928年1月调任澧县。2月底的一天晚上，张盛荣在县委驻地主持召开县委会议，研究年关暴动问题。散会后，同志们刚刚离去，突然门外响起激烈的枪声，张盛荣迅急点火烧毁了会议记录和机要文件。敌人冲到房内，张盛荣掏出手枪连发三枪，击毙两名敌兵。他也身负重伤，不能动弹，结果在北一区十回港被捕，于2月底在澧城惨遭敌人杀害。

1928年6月，湘西特委决定常德市与常德县分设，单独建立中共常德市委和常德县委。市委书记由湘西特委常委罗钧兼任，委员则由特委舒玉林与蔡以忱兼。

早在5月份，中共湖南省委根据中央的指示精神，决定中共湘西北特委合并于湘西特委，另在贺龙工农革命军中建立中共湘西前敌委员会，湘西特委派陈协平去桑植会同贺龙执行决定，因路途阻隔，至农历五月中旬（阳历6月底7月初）陈协平才到达桑植洪家关，正式成立前委。前委由贺龙、贺锦斋、陈协平、张一鸣、李良耀5人组成，贺龙为书记。① 同时，湘西特委还派人秘密打入驻常德的敌第二军、第十四军内部，决定将颜尚新一营军队拖开，充实贺龙部队，实现湘西割据计划。

6月12日，中共湖南省委为加强对湘西工作的领导，派巡视员任钧、肖国荣来常德改组特委，15日与舒玉林商定，16日召开特委会议。不料，当晚任钧、肖国荣被捕。好在敌无凭据，17日下午，任、肖被释放。18日上午，任钧、肖国荣与舒玉林等讨论工作，决定召开扩大会议，改组特委并讨论工作方针。19日，湘西特委扩大会议在红坡寺举行，到会约10人。舒玉林主持会议并报告湘西工作，任钧报告政治情形及省委对湘西工作决议案。会议对特委又一次进行改组，书记舒玉林，常委蔡以忱、罗钧，委员张铨、刘泽远、苏振（又名苏春成）、陈昌厚。会议还对湘西党的工作作出明确详细的规定，对各县党的组织提出严格要求。任钧在7月1日的工作报告中说：

> 六月九日由安（源）出发……十九日上午在近郊召集扩大会议……特委改组照省委决定的七人组成之，三人为常委。特委名单：以舒玉林（工人）、蔡以忱、苏振（工人）为常委……②

蔡以忱认为，当前虽然敌人十分凶残，但并非铁板一块。如驻扎在湘西的第十四军，无饷发给，时有逃兵发生，而在军中已经有同志打入，可借机运动军队起义。于是，在6月21日召集的特委第一次会议上，作出如下决定：

> 特委机关暂设近郊……指定蔡以忱为军委书记，在最近几日内找出兵士党员，建立军中党的支部，开始兵士工作。③

会后，蔡以忱立即与潜入在敌第十四军中的地下党员取得联系，并组建了党支部。同时，又会同敌第八十四师一营营长颜尚新及排长王龙章，策划

---

① 1928年6月29日《湘西特委给中央的报告》第一号。
② 《中共湖南省委巡视员任钧巡视湘西工作报告》，《湖南革命历史文件汇集》甲六，第89页。
③ 《中共湖南省委巡视员任钧巡视湘西工作报告》，《湖南革命历史文件汇集》甲六，第89页。

军队起义。

蔡以忱会同军中同志,在争取士兵反戈一击告一段落后,就风尘仆仆前往澧县,协助新任县委书记多向荣重建当地党组织,为湘西武装割据创造条件。

因为早在1927年11月中旬,中共湖南省委根据中共中央扩大会议决议和对两湖工作的指示,拟定并发出了《湖南省暴动政纲》和《湖南省暴动计划》,认为:"新军阀战争日益发展,暴动的时期日益接近","全省的总暴动夺取全省政权"已提上了日程,要求各县各乡立刻暴动,夺取乡村政权。12月中旬,中共中央发出《关于立刻暴动给湖南省委的信》中指出:湘南、湘西应尽可能形成一个以"工农群众为主体的割据的局面",还指出,"在湘西,党的力量和工农的力量虽然比较薄弱,然而常德以上,沅、澧一带,客观的环境——统治者之复杂和内部的冲突比较别的地方好"。贺龙曾在那一带活动过,并有一定的声望和影响,可与其旧部建立联系,应派人去利用这些条件,造成割据局面,并"与湖北的石首、公安联络"。

蔡以忱认为,湖南澧县正好与湖北的石首、公安毗邻,而自己长期在湖北工作,联络湖北的工作非他莫属。

正当蔡以忱在澧县紧张工作之际,7月中旬接到交通员送来特委书记舒玉林紧急密件:常德、桃源警方根据叛徒曾松龄的供词,协同破坏湘西特委地下联络机关东壁斋,查出特委6月7日写给省委的工作报告等文件底稿和印刷品,捕杀了机关工作人员刘大嫂、陈觉、刘春生、陈桂生、肖鹤林、刘珊庭、黎茂兰、田家、杨家生9人。湘西特委6月7日写给中共中央的报告主要内容是:

党的工作

(1)特委机关,特委机关一向没有建立起来,彭公达因不好在此立足,已去长沙(听说他要到中央来)。原来的组织负责的,没有交代私自逃了,此刻是工委舒玉林(工人同志)兼代书记,蔡以忱组织兼作宣传秘书等工作,军委刘龙云。特委实际负责人只有两人,且兼常德县委,一向没有得到省委的指导。

(2)各县党的组织及农民的组织,党员人数常德除逃散外,有四百卅人……

党的机关桃源破坏一次,澧县破坏二次,汉寿一次,临澧一次,常德 CY 一次，其中桃源、临澧县的国家主义者加入了党组织的牺牲最大……

请求事项：

（1）此刻暴动工作，不易找钱，商旅也有护送队，各乡零碎抢得少数钱不够县委本身用，尚有许多县须特委津（贴），特委不能……大半是经费关系，湘西廿余县，交通费每月需百元以上，特委交通机关与CY在一处，每×四十人以上出进负责人，负责人住处已成公开的，明知其危险万分，然没有钱不能迁移，各县的机关破坏，多半是经费的原因，因少数经费，致工作受大损失，同志受大的牺牲，未免太不划算，望按月接济特委五百元。

（2）各地工作渐起来，机关应马上健全起来，望于经费问题解决时，即派一书记来。

（3）因为湘西的白色恐怖，非常的严厉，交通不便，（或者还有经费原因）湘西与省委不曾发生关系，望中央经常的直接指导，此间工作一切通告文件，可用"五倍子"（中草药名）写在报上寄来。

湘西特委 六月七日①

由此可见，当时湘西反动势力极其嚣张，革命者因生存环境险恶、经费困难，难以为继，不是机关遭到破坏、同志惨遭迫害，就是意志薄弱者变节、涣散……更谈不上筹措枪支弹药搞暴动，湘西完全笼罩在白色恐怖中。

更有甚者，此间设在红坡寺的中共常德县委机关被敌特破坏，常德县委书记罗代周被捕，供出特委各县地下党组织负责人。紧接着，被捕的原湘西特委委员李嘉宗叛变。反动军警根据这些叛徒的供词，四处搜捕共产党人，使不少党的组织遭破坏，党的负责人遭屠杀。尤其是在蔡以忱领导下刚刚组建敌第十四军中的地下党支部遭到破坏。第八十四师一营营长颜尚新及排长王龙章也被杀害，策动军队起义的计划化为泡影。致使任钧在7月1日的巡视工作报告中的担心变为事实，报告云：

惟湘西兵士工作潜伏着极大的危机，便是军中的同志，已经极不秘密，许多同志都知道军中某某是同志……如果发生变故，军中组织既有

---

① 1928年6月29日《湘西特委给中央的报告》第一号。

第十四章 血染湘西

瓦解危险……①

鉴于险象环生，生存环境险恶，特委书记舒玉林要求特委机关幸存人员暂时分途工作。其中，舒玉林前往长沙向省委汇报，特委常委蔡以忱与特委委员游才英继续在鄂湘交界的澧县活动，争取与湖北省委取得联系。同时，要求湘西工农革命军第四支队组织突围。

当时，蔡以忱与游才英主要在澧县十回港、宝塔湾一带指导武装斗争②。尤其要求县委领导下的地下革命军事委员会的工作人员加强戒备。另一方面他也做好了牺牲的准备，特地写家书一封寄给武汉的二兄襄忱发妻吴金梅。他给发妻的信中这样写道：

金梅我的发妻：

这是我给你的最后的信了，我即日便要被处死了，你拖儿带女，不可因我死而过于悲伤。他日子女成人，我曾经用过的铜剑、砚台以及我的衣物，你可以选择一些给他们留做纪念。

以前我并不相信有鬼，现在则唯愿有鬼。"在天愿为比翼鸟，在地愿为并蒂莲。夫妻恩爱永，世世缔良缘。"我曾想我们俩身后合葬，现在看来是奢望了。

前日，友人来看我时还在设法营救我们，其诚是可感的，但我们宁愿玉碎却不愿瓦全。父母为我们费了多少苦心才使我们成人，尤其我那慈爱的母亲，我当年是瞒了她投身革命的。在武汉时，弟弟时常写信告诉我，母亲天天为了惦念她的出门在外的爱儿而流泪。我现在也懊悔那时在家乡工作时竟不曾多陪她老人家一面。到如今已是死生永别了。前日友人来时我还活着，而他日来时只能看到他的战友的尸体了。我想起我死后家人的哀伤，也不必流泪了。

谁无父母，谁无儿女，谁无情人？我们正是为了救助全中国的父母和妻儿，所以牺牲了自己的一切。我们虽然是死了，但我们的遗志自有未死的同志来完成。"大丈夫不成功便成仁"，死又何憾！③

---

① 《中共湖南省委巡视员任钧巡视湘西工作报告》，《湖南革命历史文件汇集》甲六，第89页。
② 《中共澧县地方史（1921—1949）》，中共党史出版社2005年版，第67页。
③ 根据蔡以忱亲属回忆。

"铸剑"先驱 蔡以忱（修订本）

他在给二兄的信中，提到春秋时期家住于澧的楚惠王相申鸣，起兵平叛白公胜的故事，以及戊戌变法英烈谭嗣同的绝命诗："望门投止思张俭，忍死须臾待杜根。我自横刀向天笑，去留肝胆两昆仑。"还有几个月前，在此壮烈牺牲的战友张盛荣。在信的末尾，他赋绝笔诗一首：

申鸣大义臣，仗剑扫烟尘；
横刀眉梢笑，忠贞掩昆仑。①

随着反动派疯狂屠杀共产党人，变节分子也不断出现。10月25日，在一次掩护难民撤退中，因叛徒出卖，蔡以忱在澧县落入魔掌。

湖南省委对湘西的局势也十分关心，在1928年9月4日《中共湖南省委致明远信》中指出：

湘西特委所留之常委蔡以忱、罗钧二人，蔡出巡澧县已达二十余日未归，报载澧县捕获大批人员……②

当地党组织得知蔡以忱被捕后，曾全力展开营救，只是当时环境恶劣，敌强我弱，几次营救未果。蔡以忱虽身陷囹圄，但他视死如归，坚贞不屈。当敌人拿来纸笔要他写自白书，他愤然提笔写下了被捕前所写的绝笔诗。

由于蔡以忱在湘西一直使用化名张仲平，并不知道其真实姓名的军警，见其软硬不吃，敌人盛怒至极，就造谣说他是湖北"匪首"，怂恿一伙土匪于澧县县城小南门将其乱棍打死，年仅29岁。

烈士遇难后，当地党组织找到一位湖北同乡，以同乡会的名义买了一口大棺木，为烈士收殓，于三湘大地的澧水之滨入土为安。

时至21世纪初，烈士家乡的后学一行，前往有九澧门户美誉的澧县凭吊先烈，诗人潘安兴因感慨其侠肝义胆，步烈士绝笔诗其韵吟咏道："开天写不臣，大道绝纤尘。浩气长虹贯，悲歌唤库伦。"

词家熊玉乐则激情作词《忆秦娥·蔡以忱》一首，词云："号声咽。安源点将张湾月。张湾月。荒芜秋色，星火将烈。农军肃正奸雄灭。醴陵旗帜

---

① 雷永学根据蔡以忱亲属回忆点校。
② 《湖南革命历史文件汇集》甲六，第140页。

第十四章 血染湘西

锤镰血。锤镰血。东风西照，燎原天阙。"①

再说以太浮山为中心的湘西工农革命军第四支队，此时也被顽敌击溃。好在第四支队党代表陈昌厚突围脱险，投入贺龙率领的工农革命军之中。

逃出敌人魔掌的特委委员刘泽远，则潜往常德、汉寿交界的兴隆镇河伯桥，联系地下党员，袭击反动团防，惩处土豪劣绅。

随后，年初曾与蔡以忱一道反对特委"盲动"而同时遭到无情打击的刘泽远，逃过敌人的追捕潜入南县找到中共湖南省委，获准将原益阳特委、南华安特委扩大为中共湘西特委，刘泽远任书记，詹乐贫、崔汉章为常委，徐少保、陈刚、周菊九为委员。

记载蔡以忱牺牲时间、地点的《中共澧县地方史（1921—1949）》书影（中共党史出版社2005年版）

刘泽远就任后，在悲恸地悼念牺牲的战友后，满怀激情地对大家说，我们这一届的湘西特委，就是要继承蔡以忱烈士此前创建特委的遗愿，仗剑前行，迅速恢复湘西各县的党组织，同反动派斗争到底！在九名特委的共同努力下，常德、澧县、南县、华容、安县、益阳、沅江、汉寿等县党的部分组织，逐一得到恢复，他们继承烈士遗志，化悲痛为力量，成为插在湘西的一把利剑！

---

① 熊玉乐：《历史人文》，《山水历史人文千首诗》，中国文史出版社2021年版。

第十五章　光风长存

作为大革命期间协助丈夫从事中共地下工作的吴金梅，不愧为伟大的女性，她在整理丈夫遗物时，特将烈士用过的一方砚台，曾随身带的一柄铜剑，以及参加国民党"二大"所用皮箱妥为保存。她认为，这几件遗物最能体现丈夫毕生奋斗的"文安邦、武定国"事业，它就是丈夫的化身，也是激励自己撑起家庭一片天的动力。

现身说法

洞庭湖扬波哀歌哭以忱,木兰山举臂铭旌颂英烈。

蔡以忱血洒湘西的噩耗传到湖北黄陂老家,发妻吴金梅终日以泪洗面,痛不欲生……

经过一段时间的心理调整,吴金梅化悲痛为力量,既当爹又当妈,平时常以这几个物件现身说法,教育子女认真读书、诚实做人,希冀子女能完成丈夫的未竟事业。

中华人民共和国成立后,党和政府对烈士家属予以优抚。因当时国家干部的薪金是按级别定量供应粮食。故对烈属的优抚,也是以供应粮食的方式抚恤。据蔡以忱长子蔡惠安保存的烈属证上记载,自1950年12月16日起,当地人民政府按照1921年参加革命的专署(地市)级干部待遇,每年给吴金梅及子女发放1200斤粮食。

1957年7月8日,由中央人民政府统一印制,并有毛泽东草书签名与"中华人民共和国中央人民政府"大红印章的《革命牺牲军人家属光荣纪念证》,授予蔡夫人吴金梅母子。证状上写道:

> 查蔡以忱同志在革命斗争中光荣牺牲,丰功伟绩永垂不朽,其家属当受社会上之尊崇。除中央人民政府《革命军人牺牲病故褒恤暂行条例》发给恤金外,并颁发此证以资纪念。
>
> 主　席　　毛泽东　　(签名)
> 中华人民共和国中央人民政府(章)[①]

中华人民共和国成立后,蔡以忱的亲密战友、武汉市人民政府首任市长吴德峰,十分关心蔡以忱烈士遗孀吴金梅的生活,希望她到城区安度晚年。但吴金梅是一位颇有胸襟女性,她唯恐给国家增加负担,一直在乡下生活。吴德峰夫人戚元德在回忆安排蔡以忱子女工作时说:

---

① 湖北省黄陂县政府"陂卹字"第1194号。

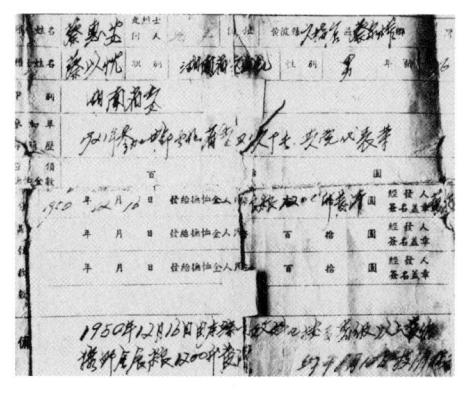

抚恤蔡以忱烈属蔡惠安供粮证　　　毛泽东给蔡以忱家属签发的光荣证
（1950年12月16日）　　　　　　　（1957年8月）

找到蔡以忱烈士遗属，德峰要秘书陪同烈属拿着他的亲笔信，去找民政局局长以烈属安置厚待……①

1970年，吴金梅在弥留之际，特将烈士遗物砚台与小皮箱交给长子惠安，铜剑交给次子光海，希望他们当作传家宝世代相传。蔡惠安1977年12月19日致武汉文物管理处的书信中说：

> 小皮箱是我父亲随身携带，于1926年底②在广州开会（注：中国国民党第二次全国代表大会）后，直接带回家过春节。内存衣物、证章等。1927年（春节后）父亲离家未带走，由母亲保存。砚台是我父亲在乡间读书时所用，由家母保管。由于侄儿春安生活困难，曾借给他小孩上学用……③

烈士长逝，光风永存。

蔡以忱的家庭既是一个教师之家，也是一个革命的家庭。

---

① 戚元德口述、吴持生整理，《武汉人民政府第一任市长吴德峰》，《楚天都市报》2009年5月4日。
② 1926年12月至1927年1月19日。
③ 书信原件现藏武汉革命博物馆，抄件藏安源纪念馆。

除长兄蔡极忱是辛亥英烈外，他的二兄蔡襄忱，湖北省立第一师范学校毕业，曾任湖北蒲圻中学教员，湖北第七小学校长。四弟蔡丹忱，早年去世。五弟蔡遂忱，湖北省立第一师范学校毕业，曾任湖北第七小学庶务主任。六弟蔡继忱，湖北省立第一师范学校毕业，曾任湖北第七小学教员，他们都曾积极协助和支持蔡以忱从事革命活动。

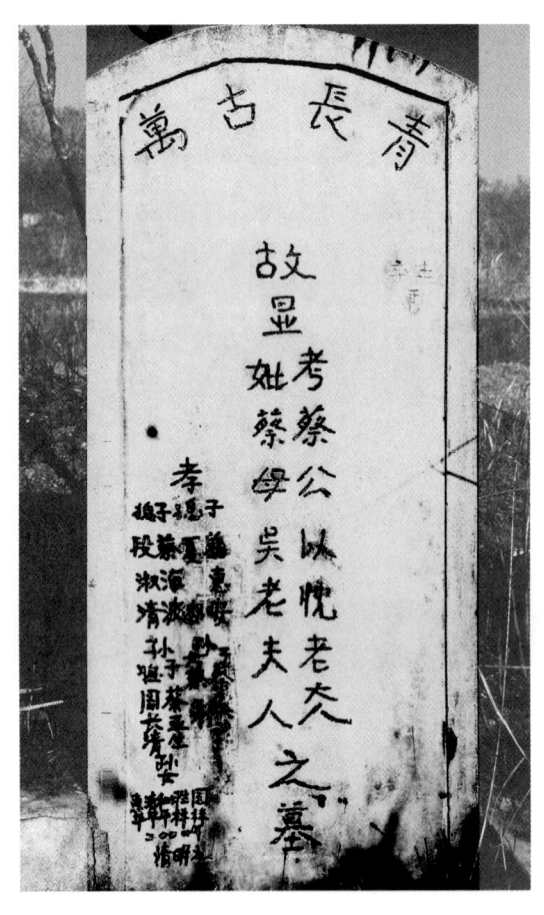

蔡襄忱早在大革命时期就与董必武、吴德峰相识，在社会主义建设时期仍不忘自己的责任，一直利用书信向董必武、吴德峰等反映社情民意、积极建言献策，受到了董必武等党和国家领导人的首肯。

烈士遗孤则继承烈士遗志，文武相济。抗战爆发后，长子蔡惠安（1919—1979）毅然投笔从戎，18岁就考入黄埔军校第十六期①，毕业后走上抗日前线，建功立业，抗战胜利后官至国民革命军副团职、正营级军官。新中国成立前夕在西安率部起义，新中国成立后在武汉市市长吴德峰的帮助下，调到武汉市建设局机械供应站工作。其子蔡小兵现定居于汉阳三角湖。1977年，他们父子曾向武汉市有关部门捐赠烈士用过的箱子、砚台、纪念册与纪念章多件文物。

蔡以忱夫人吴金梅墓

次子蔡光海（1921—1973）则继承父亲传道、授业、解惑的未竟事业，

---

① 《黄埔军校第十六期同学录》（2）载：蔡惠安，男，19岁，湖北黄陂人；通讯地址：湖北汉口楚宝街左一巷十一号转石隆德。

先后在黄陂蔡家榨镇官田小学、武昌遵义中学（现三角路中学）任教。据蔡以忱嫡侄蔡迪安回忆，得知蔡光海身患癌症因经济困难不能住院治疗，董必武同志亲自过问，湖北省民政厅及时安排住院就诊。

蔡光海之子蔡亚生继承先烈遗志，自幼刻苦攻读，恢复高考后的1978年，一举"金榜题名"，毕业后与妻子一同在黄陂三尺讲坛耕耘。蔡亚生后调入武汉市黄陂区人大常委会，历任办公室副主任、城乡建设与环境保护工作委员会主任等职。1984年7月1日，蔡亚生母子向黄陂县人民政府捐献了祖父的两件遗物：一件是那柄蔡以忱随身携带的铜剑，一件是教育徽章。时下，这两件革命文物仍由武汉革命博物馆（中共五大会址纪念馆）收藏。

永垂青史

由于蔡以忱烈士英年早逝，史料散落在海内外，造成有关方面披露的烈士行状，诸如入党时间、牺牲地点与时间等，其说不一，甚至以讹传讹。为了还原历史，弄清真相，黎黄陂研究会、武汉正扬文化传播有限公司同人与烈士亲属一道，开展"重走烈士路，致敬不朽精魂"活动，寻访官方馆藏档案、家族谱牒、当事人与知情者口述史料，归还烈士行状史实原貌。

在蔡以忱发动秋收起义的江西省萍乡市，安源路矿工人纪念馆提供了董必武追忆蔡以忱往事笔录。那是1961年7月28日，董必武在北戴河对身边工作人员沈德纯、田海燕讲述大革命"赤都"农民运动时说，陈潭秋、蔡以忱与陈卫东等革命先烈均是湖北的"农运领袖"，他曾先后介绍三人加入中国共产党[1]。只是，董必武没有说明入党的具体时间，以致长期以来传主的入党时间有1921年[2]与1923—1924年间多种说法。[3]

作为研究湖北大革命运动的中共党史权威，李婉霞老人当年曾专程前往北京采访过大革命运动的革命前辈。笔者专访李老时，老人拿出当年的采访笔录与查阅现存档案情况，说明1923—1927年间，蔡以忱已经是湖北省中

---

[1] 安源纪念馆藏档案第2341号《董必武同志谈蔡以忱同志情况》，1979年7月3日。
[2] 《黄陂县志》，武汉出版社1992年版，第512页。
[3] 《武汉市志人物志》，武汉大学出版社1999年版，第53页。

共地下党组织的中流砥柱。不过，在1921—1922年间的中共党员名单上没有蔡以忱。1923年初，湖北地区的党员不下五十名，亦无蔡公。①

经查阅湖北省黄陂县政府1950年12月16日颁发给蔡以忱长子蔡惠安的抚恤烈士亲属粮食供应证原件，上面清楚标明蔡以忱于1921年参加革命。再经采访当年参与编纂《黄陂县志》的专家，原来他们是将"参加革命"与"入党"两个时间，混为一谈。这是有的资料称传主1921年入党的原因所在。

那么《武汉市志人物志》所说的1923—1924年间入党，是不是指1923年农历腊月，即公历1924年元月呢？笔者通过仔细考订相关史料，并咨询党史专家，似难以确认。

据《黄陂县志》与中华大学档案记载，在师长蔡以忱的影响下，当时在中华大学中学部读书的黄陂学生唐际盛（1900—1926），参加了恽代英创办的利群书社和同新社两个进步组织，进行学术研究和出售进步报刊的宣传活动。常常利用寒暑假返回黄陂三合店，在进步青年知识分子中介绍苏联十月革命情况和马列主义思想。1921年寒假，在蔡以忱的帮助下，他再次回到三合店，进一步领导和发动青年学生和青年知识分子，与吴光荣、王电生、乐景钟在三合店青云庵创办的青云小学发起成立"乡村改进社"，宗旨是从改进农村面貌入手改造社会，吴光荣和他先后担任委员长。1923—1925年间，蔡以忱多次回到黄陂创建中共基层组织②。《湖北省志·人物志稿》之"蔡以忱"条目云：1923年夏，受中共湖北区委指派回黄陂，协助唐际盛组建中共黄陂县第一个党小组。《中共黄陂县组织史资料（1925—1987）》亦云，1923年"二七"惨案发生后，中共党员蔡以忱、唐际盛返乡，又在"乡村改进社"中发展了中国社会主义青年团团员与中共党员王电生、吴光

"乡村改进社"1925年图章原件

---

① 《董必武传记》，湖北人民出版社1985年版，第50页。
② 《黄陂县志》，武汉出版社1992年版，第512页。

荣、吴光海、吴光漠。并于1924年冬，建立中国社会主义青年团三合店特别支部。1925年春，在共青团支部的基础上成立中共三合店支部。①

综合湖北地方史料说明，蔡以忱于1923年"二七"惨案后的春夏之交，由董必武介绍加入中国共产党，方返乡协助唐际盛工作。这与彭劲秀在《党史纵览》2010年第五期上发表的《中共中央监察委员会的创设、取消与重建始末》一文中的"蔡以忱于1923年入党"，大体吻合。

无巧不成书。中共党员实行候补（预备）期，正好是在此间的中共三大开始的。即1923年6月10日至1925年1月。中共三大议决的《中国共产党第一次修正章程》第二条规定："本党候补（预备）党员的候补（预备）期：劳动者三个月，非劳动者六个月，但地方委员会得酌量情形伸缩之。候补党员只能参加小组会议，只有发言权与选举权，但其义务与正式党员相同。"②

当时的"劳动者"与现在涵盖的范围不同，主要是指工人、农民、手工业者、店员、士兵等阶层人士；而"非劳动者"则是指知识分子、自由职业者等非体力劳动者。同时，此间对入党时间的界定，即为上级党委批准为预备党员之日算起，党龄则从转正之日算起。亦即转正之日等于入党时间加预备期。③

这就是说，作为知识分子的蔡以忱，如果在中国共产党实行预备期的1923年6月10日前入党，就没有预备期；他就是以正式党员身份于当年冬返乡筹组党团组织，他的入党时间在春夏之交，较为可靠。如果他在6月10日后入党，他的预备（候补）期应为六个月。他只能以候补（预备）党员的身份

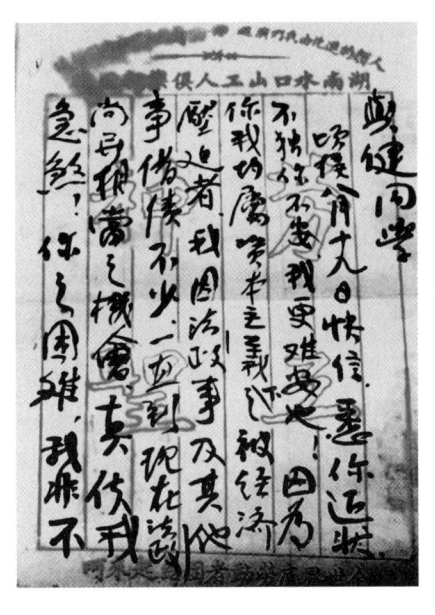

唐际盛写给方与健的亲笔信

---

① 《中共黄陂县组织史资料（1925—1987）》，武汉出版社1994年版，第2页。
② 《中国共产党第三次全国大会决议案及宣言》，1923年7月印行。
③ 中国共产党新闻网，《当代贵州》2007年第6期。

返乡发展党团员。分析其身份，这种可能性不大。

当然，如果蔡以忱是1923年下半年加入中共候补（预备）党员，那么他是1924年才转为中共正式党员。即与蔡以忱的好友钱亦石，校友吴德峰的入党时间类似，时间在1924年春。综上所述，这也是小概率事件。由此可以断定，蔡以忱在1923年6月10日前的5月份加入中国共产党，合情合理。

有关蔡以忱的牺牲地点，相关史料歧见纷呈。笔者一行通过到湖南长沙、常德、石门、澧县与江西安源等地查访，综合各地资料，大抵有长沙说、常德说、澧县说三种说法。

比较三说，距离最远的是长沙，与常德相距480公里。在湘西特委与地方机关屡次遭到破坏，不断出现变节分子的险恶环境下，蔡以忱若向长沙方向撤退，无疑是一步险棋。如果说长期在湖南工作的长沙人、湘西特委书记舒玉林，从此处撤退尚说得过去的话，那么舒玉林与特委常委蔡以忱分途避走长沙、澧县，避免一锅端，则在情理之中。

至于常德说，承蒙著名史学家严昌洪教授牵线，寻访组一行利用在常德参加宋教仁学术研讨会期间，在常德史志专家应国斌的导引下，跋山涉水，专程采访了多名党史专家与知情人士。其中《中共常德地方史》作者陈大雅先生，矢口否认此说。据他长期研究与反复查证，那时在湘西工作的湖北籍同志，大都是从澧县撤退的。经应国斌提供线索，寻访组又在澧县找到依据：蔡以忱于1928年10月25日在澧县被捕牺牲[1]，而不是原来的1928年7月中旬。

其实，澧县与湖北松滋、公安县毗邻，而湘西特委当时又有意与湖北省委联手对敌。蔡以忱长期在湖北工作，他选择在此处做联络工作可谓天时地利人和。而且，后来发现的一首蔡以忱的绝笔诗也再次得到了印证，诗中的人名申鸣与用典均与澧县息息相关。诗韵也是当年通用的平水韵（因南宋学者山西平水人刘渊而得名）。诗云：

申鸣大义臣，仗剑扫烟尘；
横刀眉梢笑，忠贞掩昆仑。[2]

---

[1] 《中共澧县地方史（1921—1949）》，中共党史出版社2005年版，第67页。
[2] 《横刀眉梢笑，忠贞掩昆仑》，《中华读书报》2013年6月12日。

另一方面，上述考订经叙介蔡以忱烈士行谊的首部传记文学初版《"铸剑"先驱·蔡以忱》出版后，得到了著名近代史学家与中共党史专家的首肯。《中华读书报》《文汇读书报》《长江日报》《联合日报》《书屋》《百年潮》《红岩春秋》《党史天地》与《武汉文史资料》等颇具影响的报刊，也纷纷进行了专题报道或转发。

剑魂飘舞

铁血剑魂，光耀中华。

1927年4月，中国共产党第五次全国代表大会设立中央监察委员会，5月9日蔡以忱、王荷波等十名革命先烈当选为中央监察委员会首届委员与候补委员。他们成为创建中共纪律检查监察制度的先驱。此后，"监察委员会"一度中辍，并改为"审查委员会"。

中华人民共和国成立伊始，中央人民政府委员会第三次会议决定成立中央人民政府政务院人民监察委员会。1949年11月，中共中央作出《关于成立中央及各级党的纪律检查委员会的决定》。1954年9月，根据宪法和国务院组织法，政务院人民监察委员会更名国务院监察部。次年3月，中国共产党全国代表会议通过《关于成立党的中央和地方监察委员会的决议》，决定成立党的中央和地方监察委员会，代替各级党的纪律检查委员会。

1959年4月，因国家管理体制调整，撤销监察部。1962年9月，中共八届十中全会通过《关于加强党的监察机关的决定》，扩大了中共中央监察委员会的名额。可是，九大通过的《中国共产党章程》，又取消了"党的监察机关"条款，撤销了中央监察委员会。

直到1977年8月，党的十一大通过的《中国共产党章程》，重新恢复了设置党的纪律检查委员会的条款。次年底，在十一届三中全会选举产生了新的中共中央纪律检查委员会。接着，在十二大通过的《中国共产党章程》规定，党的各级纪律检查委员会都由同级党的代表大会选举产生。

1986年12月，第六届全国人民代表大会常务委员会第十八次会议决定设立中华人民共和国监察部。1987年7月，监察部正式挂牌办公。1993年1

左起裴高才与学者张继才、陈健参观蔡以忱陈列室（2017年11月）

月，党中央、国务院决定中央纪律检查委员会与监察部合署办公，实行一套工作机构、两个机关名称，履行党的纪律检查和政府行政监察两项职能。

2018年3月17日，国家监察部并入新组建的国家监察委员会。国家预防腐败局并入国家监察委员会。不再保留监察部、国家预防腐败局。3月23日，随着"中华人民共和国国家监察委员会"在北京揭牌，标志着我国纪检监察制度进入了新时代。

为了铭记烈士功绩，传承烈士精神，蔡以忱的战友董必武、罗章龙等革命前辈曾口述或笔录，追忆蔡以忱烈士的光辉事迹，描绘其铁血铸就的剑魂图谱。蔡以忱的史迹梗概曾先后收入《董必武传记》《任弼时传》《毛泽东的足迹》《湖北省志人物志稿》《湖北英烈辞典》《中共武汉地方历史简编》《武汉市志·人物志》《黄陂县志》《湘赣边界秋收起义史》《常德市志》《中共常德地方史》《石门文史》《黄陂春秋》《无陂不成镇》等专著。

2011年，中纪委与武汉市纪委等单位筹划、八一电影制片厂摄制的电影《忠诚与背叛》（初名为《铸剑·1927》），生动再现中纪委前身——"中央监察委员会"在武汉诞生的历程,剧中蔡万忱的人物原型就是蔡以忱。

在纪念中国共产党建党 90 周年之际,在中共五大展馆前的廉政公园,树立了蔡以忱、许白昊等十位中共中央首批监察委员与候补委员的铜像,供社会各界凭吊。

同时,武汉市纪委还与中纪委有关部门,面向全国推出大型画册《图说中国共产党反腐倡廉历程》,在中央电视台播出大型历史文献片《热血忠诚——中央监察委员会诞生纪实》,简述了蔡以忱的业绩。

2017 年秋,为纪念第一届中央监察委员会成立 90 周年,武汉市与黄陂区纪委、蔡家榨街道办事处根据《铸剑先驱·蔡以忱》的图文史料,在武汉市黄陂区蔡榨街蔡官田村建成了"蔡以忱陈列室"。自同年 11 月 30 日揭牌与正式开放后,前往瞻仰、参观的人士络绎不绝……

如今,走进影院,可观看《铸剑·1927》(现名《忠诚与背叛》);电视节目,可观赏《利剑出鞘》;走进图书馆,可阅读长篇非虚构文学作品《铁血剑魂·蔡以忱》《"铸剑"先驱·蔡以忱》;来到中共五大会址纪念馆、黄陂三中、蔡官田,可瞻仰烈士铜像、道明学堂论道与蔡以忱烈士图片展……

来到武汉革命博物馆,参观蔡以忱使用过的砚台,可以赏砚悟美,读砚悟文,品砚悟心。体味"蔡砚"质之光润,琢之圆滑,色之光彩,声之清玲,体之厚重,磨之墨稠,文之丰蕴。

一旦走进武汉中共五大会馆,观赏蔡以忱曾经佩带的铜剑,可以想见烈士当年佩剑之神采奕奕;透过刀光剑影的历史烟云,体味烈士铜剑之神韵,其"立身立国,行仁仗义"的剑魂,已经深植人心!英烈的伟大精神光焰照人,永垂青史,历久弥新。

收笔之际,笔者心情久久不能平静,先烈那首绝笔诗《忠贞掩昆仑》仿佛仍在耳边回响,不禁浮想联翩,即就铭文《蔡以忱千古》作为本书的结语。文曰:

> 黄陂斗宿,叱咤风云;清官后裔,理学传承。
> 鲁台望道,求学道明;心学熏陶,厚德立群。
> 反帝爱国,五四游行;执教中华,三编评论。
> 春风化雨,指点迷津;一柄铜剑,碧血丹心。
> 广州宏论,笔墨丹青;阳新断案,执法严明。
> 黄陂会馆,铸剑精魂;彰善瘅恶,播火农村。

"铸剑"先驱蔡以忱(修订本)

亮剑安源，果敢机灵；秋收起义，首克醴陵。
转战湘西，特委灵魂；年关暴动，功败垂成。
送别战友，取义归仁；甘洒热血，诠释忠诚。
剑魂光焰，净化心灵；以忱千古，光风永存。

蔡以忱年谱

"铸剑"先驱 蔡以忱（修订本）

1岁（虚岁）1899年，（1月1日—2月9日：戊戌，清光绪二十四年；2月10日以后：己亥，光绪二十五年）

1月29日，即农历戊戌年腊月十八日或光绪二十四年十二月十八日亥时出生。派名功三，字幼华，号以忱，学名滨（《蔡氏宗谱·清廉堂》卷二，第837页，民国十年续修版）。

其祖父蔡朴裕（1825—1895），父亲蔡宏熄，字映奎，号华陔，排行第四，生于1865年7月4日（清同治四年乙丑闰五月十二日），卒于民国九年庚申四月初七即1920年5月24日。宏熄的长兄宏燮（1845—1913），字映南，号理陔；次兄宏枚（1853—1898）；三兄宏谱（1858—1895），字润金，号兰陔。其中宏燮与宏谱均是饱学之士。

1898年6月6日即（戊戌，光绪二十四年）农历四月十八日卯时，发妻吴金梅出生（同上）。1970年卒于黄陂老家。

2岁 1900年（庚子，清光绪二十六年）

蔡以忱周岁生日抓阄时，有文房四宝、琴棋书画、刀套剑鞘许多玩具摆在他面前，他一手抓砚台，一手抓剑鞘（亲属回忆）。

3—5岁 1901年（辛丑，清光绪二十七年）—1903年（癸卯，清光绪二十九年）

每年春节到祠堂祭祖，父亲给他讲述八世祖蔡完的清官身世。

6岁 1904年（甲辰，清光绪三十年）

革命伴侣丰俊英出生于武昌。

7岁 1905年（乙巳，清光绪三十一年）

春节期间，其父带着几个儿子到县城拜谒双凤亭与甘露书院，给他们讲述二程"鲁台望道"的故事，以及九世祖蔡石麓的理学渊源。

8 岁　1906 年（丙午，清光绪三十二年）

秋，在蔡官田塾馆启蒙，师从族人蔡宽成（裴高才：《辛亥丰碑·首义精魂》，中国文联出版社 2011 年版，第 53 页）。

9 岁　1907 年（丁未，清光绪三十三年）

继续在本族塾馆就读（裴高才：《蔡以忱》《无陂不成镇·名流百年》，长江出版社 2009 年版，第 42 页）。

秋，道明小学在黄陂北乡长轩岭创办［余家菊：《余家菊（景陶）先生回忆录》，台北：慧炬出版社 1994 年版，第 96 页］。

10 岁　1908 年（戊申，清光绪三十四年）

继续在本族塾馆就读。

11 岁　1909 年（己酉，清宣统元年）

盛夏，在兄长极忱、襄忱的陪同下，考取了县望鲁高等小学堂。因家贫休学一年，由襄忱假期补算术课（蔡惠安 1977 年 12 月 19 日致武汉文物管理处的书信，原件现藏武汉革命博物馆）。

同时，又参加了位于研子岗的私立发启学校的入学考试，由知县陈某出题《不愤不启，不悱不发义》、视学陈子青监考。在 200 名考生中，他以第十二名录取，未往［《余家菊（景陶）先生回忆录》，第 98 页］。

12 岁　1910 年（庚戌，清宣统二年）

秋，进入望鲁学堂就读（裴高才：《蔡以忱》《无陂不成镇·名流百年》，长江出版社 2009 年版，第 42 页）。

年底，由襄忱陪同前往报考县立道明高等小学堂插班生，试题为《士先器识而后文艺论》。考试时，堂长雷尊吾巡视，见其作文文采飞扬，当即对监考先生说："此生在录取之列。"不日，经县监督评定，蔡以忱正式入学[《余家菊（景陶）先生回忆录》，第96页]。

13岁　1911年（辛亥，清宣统三年）

春，进入道明高等小学堂读书。

春夏之交，由姚汝婴、萧介卿两位教师率领，蔡以忱等新生们来到木兰山附近的一个小山头，兵分两路，展开了一场攻防军事演习。继而，蔡以忱随道明小学在县城南门外，参加全县军事体操的运动会，一举夺得表演赛金牌（同上）。

10月10日，老师姚汝婴、长兄极忱参加辛亥革命武昌首义，其中极忱任武昌第八、第九仓库主任（黄陂《蔡氏宗谱》卷二，2000年续修版，第837页）。

学校一度停课，首义成功后，一批学长纷纷前往武昌就读。

14岁　1912年（壬子，民国元年）

民国成立，道明高等小学堂复课。夏，在此初小毕业。

15岁　1913年（癸丑，民国二年）

辛亥首义人士相继返乡办教育，道明师资得到充实，让蔡以忱感受到新气象。

16岁　1914年（甲寅，民国三年）

以"各敛精神肩大难，书生愿作纪功篇"[余家菊：《余家菊（景陶）先生回忆录》，台北：慧炬出版社1994年版，第96页]明志。

年底，在道明高等小学堂毕业。

17岁　1915年（乙卯，民国四年）

春，考入武昌湖北省立第一师范学校，与上一届的同学吴德峰相交相识。

18 岁　1916 年（丙辰，民国五年）

6 月，长兄极忱任黎元洪大总统总统府幕僚处文牍（黄陂《蔡氏宗谱》卷二，第 837 页，民国十年续修版），直到次年 7 月黎氏下野。

19 岁　1917 年（丁巳，民国六年）

1 月 17 日（农历腊月二十四日）
与吴金梅结婚。
12 月
13 日，蔡济民抵鄂西任护法靖国军总司令，司令部设在利川县城考棚内。电邀董必武和姚汝婴为司令部秘书，蔡以忱长兄极忱任军需处主任，蔡良村为秘书长（裴高才：《辛亥丰碑·首义精魂》，中国文联出版社 2011 年版，第 84 页）。

20 岁　1918 年（戊午，民国七年）

2 月
蔡极忱赴鄂西，正式就任鄂东联军总司令部军需处主任（同上）。
4 月
7 日（农历二月二十六日）长子顺安出生，派名光元，早夭。

21 岁　1919 年（己未，民国八年）

1 月
28 日（即 1918 年农历腊月二十七日），首义元勋蔡济民在鄂西遇难。
5 月
在恽代英的领导下，作为湖北省学生联合会的主要代表之一，参与发动了武汉学生运动，声援北京五四运动（见蔡惠安回忆录）。

10 月

9 日（农历八月十六日丑时），长兄蔡极忱抑郁而终。在葬礼上，蔡以忱吟诗志哀。

12 日（农历八月十九日），次子惠安，派名光亨出生（同上）。

12 月

在"一师"第一部举行的第五次毕业典礼上，蔡以忱与同班共 44 名同学毕业（《历届毕业学生姓名》，《湖北省立第一师范学校校友会杂志》，1920 年版，第 59 页）。

22 岁 1920 年（庚申，民国九年）

1 月

蔡以忱得知，毛泽东率湖南驱逐张敬尧代表团北上，在武汉停留将近一周，曾去利群书社。

2 月

因在武昌湖北省立第一师范学校五年间，获十个第一名（蔡惠安回忆）；毕业后留校在一师附属小学（养正小学）任教，教数学（高理文：《高理文回忆录》，台湾《传记文学》总第 410—413 号，1996 年版）。

5 月

24 日，即农历四月初七，父宏熄逝世（黄陂《蔡氏宗谱》卷二，第 837 页，2000 年续修版）。

8 月

经刘凤章推荐，调往私立武昌中华大学任教（蔡以忱编纂《蔡氏宗谱清廉堂》卷一，1921 年续修）；

本月，唐继盛在黄陂三合店成立中共的外围组织"乡村改进社"。

23 岁 1921 年（辛酉，民国十年）

2 月

10 日，受族长命，开始编纂《蔡氏宗谱》。

28 日，应师长刘凤章（文卿）之邀，与国学家孟晋祺、数学家蔡存芳等人主编教育刊物《江汉评论》周刊（《中国主要报刊名录 1815—1949》），维护传统教育制度。

此间，中共武汉地方组织领导人恽代英、陈潭秋、黄负生、刘子通等，以"改进湖北教育与社会"为宗旨，创办了《武汉星期评论》周刊。与《江汉评论》的观点对立（包惠僧：《回忆陈潭秋》，华中工学院出版社 1981 年版，第 24、25 页）。

7 月

续修《蔡氏宗谱》付梓，时任中华大学教授的蔡以忱，与知名教育家蔡元培、二兄蔡襄忱等一道欣然作序（《蔡氏宗谱·清廉堂》卷一，民国十年续修版）。

三子光海（又名海波）出生。

深秋

在董必武、陈潭秋的帮助下，逐渐转变立场，投身教育革新，转而编辑《武汉星期评论》周刊，宣传马列主义。

24 岁　1922 年（壬戌，民国十一年）

3 月

与董必武、陈潭秋等发动各校支持湖北女师的罢课斗争。

经常以汉口谦和祥山货行与汉口统一街普一布店为革命据点，从事地下工作（蔡以忱兄弟回忆）。

5 月

1 日，会同党、团组织参与发动武汉人民首次纪念国际劳动节。并在《武汉星期评论》《大汉报》《武汉晚报》《江声日刊》《武汉商报》等 7 家报刊出纪念"五一"专号上，发表文章歌颂劳工神圣。

25 岁　1923 年（癸亥，民国十二年）

2 月

1—4 日，李大钊应中华大学"寒假讲习会"与武昌高等师范学校邀请，来汉发表了《进步的历史观》与《进步的历史观》演说（朱文通：《李大钊与近代中国社团》《李大钊社团活动编年》，河北师范大学，2013 年 6 月），引起强烈共鸣。1日、2日，李大钊在中华大学与武昌高师演讲《进步的历史观》，宣传马克思主义的唯物观。4日，在湖北女权同盟会演讲妇女运动问题。此间，陈时与蔡以忱还陪同李大钊乘船游江，备受教益。陈时回忆录中写道："李大钊先生，于讲学之暇和我同船游戏江中，他说：'武汉形势，是革命最重要的地方，交通方便，工业发达最容易。'"［陈时：《忠诚老实的陈述》（1951年4月14日）华中师范大学馆藏"中华大学类"，案卷号471］

"二七"惨案发生前后，与包惠僧、吴德峰等穿街走巷，四处宣传、发动群众，与陈潭秋一道慰问罢工工人等。

5月

经董必武等介绍，加入中国共产党（安源纪念馆藏档案第2341号之《董必武同志谈蔡以忱同志情况》）。

6月

受中共武汉区委特派，蔡以忱回到黄陂，在乡村改进社中发展中共党员，着手筹建黄陂县第一个党小组（《湖北省志·人物志稿》，光明日报出版社，1989年8月版）。1925年春，中共黄陂三合店支部成立，次年9月改建为中共黄陂县委员会［《黄陂县志·蔡以忱》，武汉出版社1992年版，第512页；《中共黄陂县组织史资料（1925—1987）》，武汉出版社1994年版］。

26岁 1924年（甲子，民国十三年）

1月

以个人身份加入中国国民党。

20日至30日，中国国民党第一次代表大会在广州召开，标志着国共合作正式形成。

进入董必武领导下的中国国民党湖北省党部，从事秘密工作。

10月

11日，经过中共武汉地委努力，国民党湖北省党部机关刊物《武汉评论》（周刊）正式创刊。国民党省党部宣传部主任、共产党员钱介磐为主编，蔡以忱、邓初民、罗贡华、胡秋原等为编辑（裴高才：《胡秋原全传》，中国文联出版社2008年版，第29页），主要撰稿人多为武汉地区的党、团骨干。该刊发行至第10期（1925年1月3日）因经济拮据，被迫停刊。

1925年5月9日继续发行，直到大革命失败。

年底，共产党人程鹤林在黄梅县蒋家嘴成立农民研究会，这是湖北的第一个农民协会组织。该会研究农民问题，宣传农民受苦的原因，号召农民起来抗租抗税（《黄梅县简志》，黄梅县人民政府1981年版）。

27 岁　1925 年（乙丑，民国十四年）

1月

湖北共有中共党员52人。

2月

奉中共武汉地方执行委员会指示，襄助吴德峰在武昌黄土坡（今首义路）创办崇实中学，任训育主任（费侃如：《崇实中学与吴德峰同志》，《武汉文史资料》第三辑·上，武汉出版社1981年版）。

3月

12日，孙中山逝世。湖北党组织根据中共中央指示指导全省各地举行追悼活动。此间，蔡以忱与胡秋原撰文收入《武汉评论》出版的"纪念追悼孙中山先生特刊"（裴高才：《胡秋原全传》，中国文联出版社2008年版）。

5月

五卅运动中，与董必武、吴德峰等3人根据国民党湖北省党部的决定，打入将军团发起的水陆大游行主席团（《永远的丰碑·蔡以忱》，第192页）。

31日，由蔡以忱以中国国民党湖北省党部和湖北青年团体联合会等名义，决定6月1日召开武昌各大中学校学生代表大会，每个学校选出两名代表，研究决定实行罢课问题（戴茂林、曹仲彬：《王明传》，中共党史出版社2008年版，第26页）。

6月

2日，领导武汉三镇各校学生开始罢课，并举行大规模的游行示威。

7月

11日，参加"汉案"周月纪念追悼大会，蔡以忱与董必武为武昌会场的主席，吴德峰是汉口会场主席，领导了武汉三镇20余万工人群众，分别在汉口、汉阳、武昌三镇召开声讨英兵屠杀武汉工人的罪行。

15日至20日，出席在武昌都府堤国立武昌大学附属小学举行的、国民党湖北省第一次代表大会。

21日，国民党湖北省党部正式成立，共产党员董必武、陈潭秋、李子芬、刘季良、蔡以忱、钱介磐、吴德峰、徐全直、张培鑫、胡彦彬、刘昌绪和国民党左派张国恩、张朗轩、郝绳祖当选为执行委员。其中，董必武、张国恩为国民党湖北省党部常委，蔡以忱、钱介磐、陈潭秋、邓初民、吴德峰、向忠发等委员分兼农运、宣传、组织、青年、商民、工运部长。共产党人在国民党省党部占主导地位（《中共中央文件选集》第一册，第426页；《董必武传记》，湖北人民出版社1985年版，第61页；蔡昌秦编著《风狂雨骤——湘鄂西苏区实录》，远方出版社2006年版）。

当月，返回黄陂，与校友胡业裕（默然）、唐际盛组建国民党黄陂县临时党部。翌年11月召开第一次代表会议，正式成立县党部，胡业裕当选主席（《董必武传记》，湖北人民出版社1985年版，第63页）。

9月

3日至7日，国民党湖北省党部发动民众，开展"反帝国主义运动周"的活动。负责组织《武汉评论》出"反帝国主义运动专号"上、下两期，《湖北妇女》亦出反帝运动专号。省党部印发各类传单、小册子共10万余份，向工人、农民、商人、妇女等全体国民宣传反帝国主义的意义［《中共武汉党史大事记（1925年）》，武汉大学出版社1989年版］。

7日，湖北全省国民外交大会集会游行活动在武汉三镇同时举行。董必武、蔡以忱、吴德峰等分别为武昌、汉口会场的负责人之一，国民党湖北省党部散发了40余种宣传品。会后，10余万人民群众高举各种标语旗帜，举行了抗议英国侵略者暴行、反动政府投降媚外的水陆大游行（同上）。

至本月，武汉地委在武汉地区辖支部11个（不含湖北其他地区的支部），党员增至99人。

10月

出席泛舟长江秘密召开的中共武汉地方代表大会，当选为武汉地委执行委员。曾被指定为出席共青团武汉地委会议的党代表，指导团的工作（《永远的丰碑·蔡以忱》，学习出版社2006年版，第192页）。

中共武汉地方执行委员会改组，委员为陈潭秋、蔡以忱、许之桢、许白昊、陈荫林，陈潭秋任书记，许之桢任组织部长，蔡以忱任宣传部长兼秘书，许白昊任职工运动委员会书记。同时，武汉地委与共青团武汉地委合组农民运动委员会和妇女运动委员会，分别由陈荫林、秦怡君任书记。

蔡以忱与陈荫林、李子芬、刘子谷、刘季良等5人组成湖北省第二届农民运动委员会（《湖北省农民运动实况》）。

12月

1日 吴佩孚在汉口成立军需汇兑总局，强制发行军需券2000万元。各商户"人人自危，纷纷秘密离此避往他埠"。

5日 湖北全省商会联合会、汉口总商会、武昌商务总会、汉阳商会等团体召开联席会议，一致反对在鄂发行军需券，并拟罢市。次日，全省各界代表350余人齐集省署请愿。11日，武汉28个团体向全省发出公开信，要求一致行动，萧耀南被迫宣布"该券不在汉市行使"。

10日 萧耀南发出盐斤加价通告，并严令自即日起执行。

15日 湖北全省工团联合会、湖北妇女协会、湖北青年团体联合会等100余团体7万余人在武昌阅马场召开国民大会，声讨帝国主义及军阀萧耀南在汉犯下的罪行，议决重要文件4项21条。

参与领导反对军阀吴佩孚强制发行军需券、"盐斤加价"的群众大示威运动（《永远的丰碑·蔡以忱》，学习出版社2006年版，第192页）。

下旬，蔡以忱会同陈荫林召集黄冈、黄安、黄梅等十余县农民协会代表会议，筹建湖北省农民协会。

31日，在广州参加中国国民党第二次全国代表大会预备会，24日参加谈话会［《中国国民党第二次全国代表大会预备会议记录》，1925年12月31日，《中国国民党第一、二次全国代表大会会议史料》（上），江苏古籍出版社1986年版，第140页］。

28岁 1926年（丙寅，民国十五年）

1月

3日，湖北省临时农民协会在武昌抱冰堂召开成立大会。黄冈、黄安、黄梅枣阳、汉川、应城等十余县三十多名农民协会代表与会。蔡以忱因去广州未出席，但他与陈荫林、李子芬、刘子谷、王平章、聂鸿钧、陈建民、华耀庭、刘季良等9人组成省农协临时执行委员会，陈荫林当选主席，通过了农民经济组织等十几个决议，发表了大会宣言（《湖北省成立农民协会》，《上海民国日报》1926年1月16日，3月25日）。

由于尚未召开全省农民代表大会，故9名委员组成临时执行委员会。临时执委会由常委执行会务，与国民党湖北省党部农民部合署办公；原拟由农民部刊行的《湖北农民》改为省农协机关刊物。

4日至19日，作为湖北的7名代表（董必武、钱介磐、蔡以忱、袁溥之代表湖北省党部，刘伯垂、向忠发、谭芝仙代表汉口特别市党部）之一，出席在广州召开的中国国民党第二次全国代表大会，被选为青年运动审查委员会委员，参与起草并报告了《青年运动决议案》，修改《农民运动决议案》[《董必武传记》1985年版，第73、74页；《中国国民党第二次全国代表大会预备会议记录》，《中国国民党第一、二次全国代表大会会议史料》（上），江苏古籍出版社1986年版，第336页]。

2月

1日，湖北省农民协会机关刊物《湖北农民》创刊。

25、26日，出席在武昌召开的国民党湖北省第二次代表大会，当选为省党部执行委员（《董必武传记》，湖北人民出版社1985年版，第76页）。出席大会的有15个县、市的37名代表。国民党中央候补执行委员董必武、汉口特别市临时党部代表黄立生、刘一华、秦怡君，国民党江西省党部的代表冯任，以及省党部执监委员、农民部和妇女部的特别委员共33人列席了大会。大会选举出共产党员、共青团员陈潭秋、刘季良、蔡以忱、钱介磐、吴德峰、徐全直等11人为执行委员，刘昌绪、陈荫林、刘子谷、袁溥之等7人为候补执行委员，黄镜、李子芬、王平章、陈卫东、谢远定等7人为监察委员。

3月

12日，武汉地区在武昌首义公署举行了纪念孙中山逝世一周年大会，蔡以忱在大会上公开控诉了军阀的罪行。遭到当局悬赏通缉，被迫避难于黄梅县（蔡惠安1977年12月29日致武汉文物管理处的书信，原件现藏武汉革命博物馆）。

5月

当选为中共湖北地方执行委员会执行委员，兼任武昌部委员会书记（《武汉市志人物志》，武汉大学出版社1999年版，第53页）。

此次会议为中共武汉地委召开党员代表大会，到会代表45名。会议将武汉地委改组为湖北地委，陈潭秋仍继续担任书记，蔡以忱任组织部长，宛希俨任宣传部长，董必武任军委书记（后由吴德峰代理），许白昊任工委书记，袁溥之为妇委书记。

中共武昌部委员会于1926年5月下旬成立。隶属湖北地委，驻地在武昌黄土坡崇实中学，管辖武昌地区的党支部（含武昌农村党组织）。由蔡以忱、任开国（造新）等3人组成委员会，湖北地委委员蔡以忱兼任书记（1926.5—1926.9）。时武昌部委有党员200多人，占湖北全省党员总数的1/2。武昌部委成立后，领导了武昌第一纱厂工人的罢工斗争和纪念"五卅"运动以及汉口"六一一"惨案的反帝爱国群众运动（《武汉市志·政党志》，武汉大学出版社1998年版）。

7月

13日和15日，出席在武昌召开的国民党湖北省第三次代表大会，担任大会秘书主任，并蝉联省党部执行委员（同上）。

出席大会的有20县、市的40名代表。与会者集中讨论了支援北伐的问题。一致认为北伐是完成国民革命使命的特殊工作，尤其是湖北民众出于水火的唯一救星。大会选举蔡以忱、何翼人、钱介磐、郝绳祖、邓初民、周延墉、张国恩、陈潭秋、袁溥之、罗贡华、张朗轩11人为执行委员，陈荫林、刘子谷、江子麟、石炳乾、陈卫东、吴德峰等7人为候补执行委员。武汉党组织成员及国民党左派在其中占绝对优势。

中下旬，到黄梅县发动和组织农民援助北伐军（《董必武传记》，湖北人民出版社1985年版，第81页）。

8月

当选为中共湖北区委委员。

此次职务名称变更是根据中共中央的决定，中共湖北地委改组为中共湖北区委。彭泽湘任区委书记，蔡以忱、陈潭秋、林育南、陈荫林、董必武、袁溥之等为委员〔《中共武汉党史大事记》（1926），武汉大学出版社1989年版〕。

8—9月

直系军阀在武昌踞城顽抗，北伐军围城40天。蔡与陈潭秋等留在城中，发动宣传攻势，曾多次遭军警搜捕，不是频繁搬家，就是跳窗逃跑（蔡惠安1977年12月29日致武汉文物管理处的书信，现藏武汉革命博物馆）。他曾用三四米长的白布横书"武昌群众求生不得、求死不能"，由城内丢出城墙外，传到汉口，革命志士高举此横幅游行示威。瓦解敌军，鼓舞民气，配合北伐军攻城（《永远的丰碑·蔡以忱》，学习出版社2006年版，第193页）。

10月

10日，破城后，任中共湖北区委执行委员兼武昌地方执行委员会书记

(《武汉市志人物志》，武汉大学出版社1999年版，第53页）。

同日，武汉各界群众集会庆祝"双十节"。董必武、蔡以忱、宛希俨、向忠发等共产党员被推为主席团成员（《中共武汉党史大事记》1926，武汉大学出版社1989年版）。大会根据中共湖北区委提出的基本思想，通过了8条提案，即要求政府保障人民集会、结社、言论、出版、罢工之绝对自由；取消盐斤加价，停止复验红契，废除一切苛捐杂税；颁布工会法和工会条例，实行八小时工作制，制定最低限度的工资，严禁厂主压迫工人，帮助并保护商民协会、农民协会及工会之发展；严厉惩治附逆分子，不许附逆分子加入任何机关；确定农民最高限度租额，禁止地主重利剥削及以任何暴力摧残农民；确定教育经费，提高小学教师的生活。大会号召汉口市民发展农工商学各界组织，进一步建立联合战线，保护北伐的胜利，巩固国民政府在武汉的基础；应尽快召开市民会议，促进省民会议，并准备参加市政组织，以解决自身一切问题。

中共武昌部委员会于本月改组为中共武昌地方执行委员会。因当时湖北区委驻地在武昌，地委遂由湖北区委兼任，但另设工作机构。区委执委蔡以忱兼地委书记（1926.10—1926.12），地委委员还有组织部长马峻山（俊三）、宣传部长李硕勋（李陶）与秘书任开国（造新）（《武汉市志·政党志》，武汉大学出版社1998年版）。

11月

1日，陈潭秋在武昌黄土坡主编的中共湖北区委机关刊物《群众》（周刊）创刊。蔡以忱等为主要撰稿人，发表了《"二七"纪念与国民革命》《国际反帝国主义大同盟》等文章（《武汉市志人物志》，武汉大学出版社1999年版，第53页）。

12月

兼任湖北区委宣传部主任（部长）。

根据中共中央的《三省党务决议案》，湖北区委兼汉口地委，并对原区委委员进行了调整。新的区委委员的分工情况为：张国焘任书记，汪泽楷、项英主管组织工作，蔡以忱、陈潭秋主管宣传工作，李立三主管职工运动，陆沉主管农民运动，聂荣臻继任军委书记，周慰真任秘书（《武汉大事记》1926）。

湖北区委改驻汉口，武昌地委不再由湖北区委兼。地委机关始设武昌中和里，后迁至武昌三道街。地委下辖中共山前部委员会、山后部委员会、武胜门外部委员会、徐家棚部委员会、白沙洲部委员会、小东门外特别支部、保福祠支部以及油坊岭支部。

负责将《群众》（周刊）编辑部发行处由武昌黄土坡，移至汉口后城马路长江书店（《中共武汉地方历史简编》，湖北人民出版社1989年版，第76页）。

丰俊英正式加入中国共产党。

29 岁 1927 年（丁卯，民国十六年）

1月

1—13日，参加在武昌召开的中国国民党湖北省第四次代表大会并在大会发言。为充实国民党左派，蔡以忱主动请辞不再担任省党部执行委员，专司中共湖北区委党务与农运工作。并同李汉俊、王培灵、罗贡华等参与省农民协会会议起草委员会讨论（《省党部第四次代表大会之第四日》，《汉口民国日报》1927年1月6日）。此次大会为贯彻集体领导制，不再设书记长，由董必武、钱介磐、何翼人三常委主持工作（邓初民：《沧桑九十年》《战地》，人民日报出版社1980年版）。

24日，配合董必武在武汉筹建的湖北省中小学教师党义研究所举行开学典礼。党义所由董必武任校长，开设军事、政治两大课程。蔡以忱主讲当前革命形势、工农革命运动及共产党的性质、纲领和奋斗目标（蔡惠安回忆）。

下旬，在黄埔军校武汉分校讲授世界各国革命史。

2月

7日，武汉70万民众举行"二七"四周年纪念大会暨"二七烈士纪念碑"奠基仪式。国共两党和各界人士代表邓演达、蔡以忱、章伯钧等，以及林祥谦烈士夫人发表了演说。中共重要领导人李立三还担任奠基仪式的总指挥，时任北伐军总司令的蒋介石也撰写挽联："为解放民族而奋斗，是无产阶级之先锋！"（邓中夏：《中共职工运动简史》，人民出版社1952年版，第112页）

27日，"阳新惨案"发生。

3月

2日，蔡以忱向董必武建议：派遣特派员率省警卫连前往阳新调查惨案案情、震慑反动势力。

4日，上午举行在武昌"红楼"举行湖北全省第一次农民代表大会开幕式，蔡以忱为大会拟定了《告湖北农民书》。下午，武汉各界30万人在武昌阅马场举行庆祝大会，蔡以忱作为共产党代表在会上发表演说。董必武、李汉俊分别代表国民政府和国民党讲话（《汉口民国日报》1927年3月5日）。

5—22日，大会继续举行。武昌、汉阳、夏口三县农民协会的代表分别在大会上介绍了本县农协组织建立、发展的经过和农民运动情况，并向大会提出了拨款修堤、组织农民自卫军、请政府拨田给农民耕种、惩办土豪劣绅、建农民子弟学校、办农民银行等要求。大会通过了建立乡村政权、武装农民等35个决议案，蔡以忱与陆沉、邓演达、张眉宣、陈荫林、符向一、刘子谷、聂鸿钧、王平章、王邦耀等17人当选为执行委员（《武汉市志人物志》，武汉大学出版社1999年版，第53页），丰俊英为总干事（丰俊英之弟丰龙凌书信）。

6日黄昏，董必武指派由省政务委员会特派员王慧文、省党部工人部长周延塽、省济难会代表蒋宗文组成"阳新惨案"查办小组，并率省警卫一团的一个连的武装，到达阳新查办该案。因连长与土豪劣绅勾结，造成案犯逍遥法外。

8日，上午8时，蔡以忱代表中共湖北区委、李汉俊代表国民党湖北省党部，在武昌举行的湖北省妇女协会第一次代表大会上演讲；下午一时，又在汉口举行的20万人参加的纪念三八国际妇女节大会上致辞（《中共武汉地方历史简编》，湖北人民出版社1989年版，第72、73页）。

8—19日，湖北省妇女协会第一次代表大会在武昌举行。出席代表100多人，来宾约500人。大会是在第一次国内革命战争时期湖北工农革命运动空前高涨、妇女运动蓬勃发展的情况下召开的。李哲时致开幕词，蔡以忱与恽代英、彭漪兰、黎沛华、李汉俊等在会上讲演。蔡畅作《关于中国妇女运动状况》的报告，刘清扬作《关于此次代表大会之使命》的报告，李立三作关于女工运动的报告，王亚章作湖北省妇女解放协会工作情况的报告。蔡畅还代表提案审查委员会在会上作提案审查情况的报告。恽代英在闭幕会上讲话。大会通过了《湖北妇女总要求决议案》《宣传问题决议案》《放足运动决议案》《教育问题决议案》《会务报告决议案》以及大会宣言。大会选举李文宜、赵君陶、蓝淑文、刘清扬、蔡畅等17名省妇女解放协会执行委员和9名候补执委。

14日，国民党二届三中全会通过了《关于"阳新惨案"处理决议案》（《汉口民国日报》，1927年3月16日）。

24日，湖北省农协执行委员会召开第一次会议，推选陆沉为委员长，陈荫林为副委员长，蔡以忱为组织部长，张学武为宣传部长，郭树勋为教育部长，邓演达为自卫部长，符向一为调查部长，张眉轩为建设部长，邓雅声为秘书长（同上）。

同日，以特派员身份率领运动骨干回到黄陂县，组织成立了黄陂县农会。

26日，出席中央农讲所在武汉为阳新与赣州的死难烈士举行的追悼会。

3月30日，参加湖南、湖北、江西、河南四省农民代表在武汉举行联席会议，成立全国农民协会临时执行委员会。毛泽东、谭平山、彭湃、方志敏和邓演达等13人被推为执行委员。出席者有农民国际代表卜里茨（Blitz）、约克（York）；湖北省农协代表陆沉、蔡以忱、陈荫林、郭树勋、符向一、刘子谷等；湖南省农协代表滕代远；江西省农协代表张兴万、方志敏；广东省农协代表彭湃；广西省农协代表谭寿林。当即决议筹组全国农民协会，统一组织，加强农民武装自卫，开展土地革命等议案［罗章龙：《第一次国共合作的风雨历程》，《中共党史资料（第66辑）》，中共党史出版社1998年版］。

31日，以省农协代表的身份乘船赴阳新处理"阳新惨案"，偕同叶挺部两连军队连夜前往阳新县。

4月

1日，抵达阳新后，连夜就筹组"阳新县查办二·二七惨案委员会"微服私访。

2日，蔡以忱与黄书亮等参加阳新县各界代表会议，成立追悼烈士大会筹备处（1927年4月13日《汉口民国日报》）。

6日，"查办委员会"预审凶犯，次日正式开庭公审。

8日，安葬了成子英等9名烈士，镇压了残杀工农运动干部的7名土豪劣绅和其他凶手，并召开6万人的追悼死难烈士群众大会。此后，阳新县的革命运动迅猛发展，农会会员由数万人增到30万人（裴高才：《无陂不成镇·名流百年》，长江出版社2009年版，第47页）。

13日，晚6时，参加国民党湖北省党部、武汉市党部欢宴汪精卫。会议由董必武担任主席，詹大悲致欢迎词，汪精卫答词称四一二政变"是反对工农，反对总理手定的政策，完全是反革命"（《省市两党部昨夜欢宴汪精卫同志志盛》，《汉口民国日报》1927年4月14日）。

中旬，在武昌中央农讲所讲授世界各国革命史。

22日，《汉口民国日报》载国民党中央党部惩治蒋中正令与《蒋介石屠杀上海革命工人纪实》，以及湖北松滋、南漳、监利、圻水、云梦、广济、黄梅、孝感、鄢县等地农会打击土豪劣绅情况。

会同董必武开展"反帝、反蒋"两大斗争（《董必武传记》，湖北人民出版社1985年版，第98页）。

27日，作为湖北的正式代表，出席在武汉召开的中共第五次全国代表大会（《中共武汉地方历史简编》，湖北人民出版社1989年版，第88页；《中共湖北历史大事记》第75页）。湖北地区党组织派出参加大会的代表还有：张太雷、董必武、陆沉、陈荫林、贺昌、林育南、刘昌群、向忠发、许白昊、张金保、向警予等。

29日，将"五大"会址安全转移到汉口黄陂会馆，并成功举行（裴高才：《无陂不成镇·上》，长江出版社2009年版，第38页）。

5月

4日，《汉口民国日报》载《积极武装之枣阳农民》《黄陂民众拥护第二期北伐》。

9日，当选为中共中央监察委员会委员。湖北代表中，张太雷、贺昌被选为中共中央委员，陆沉、林育南被选为候补中央委员，许白昊、蔡以忱被选为中央监察委员（《中共武汉党史大事记》1927，武汉大学出版社1989年版）。

10日，蔡以忱主持召开省农协第六次常务会议（农协委员长陆沉于当日北上河南北伐前线），议决农协增设自卫部，以谋求统一指挥、训练与组织，并聘刘争专司其职，定于14日正式办公（《省农协对各方面之整顿》，《汉口民国日报》1927年5月16日）。再请省政府设立农民银行，解决农民经济问题（《省农协注意农民经济问题》，《汉口民国日报》1927年5月10日）。

11日，中共湖北区委改组为中共湖北省委，蔡以忱当选省委委员、常委并农民部长［郑超麟：《郑超麟回忆录（上下）》，安徽人民出版社2004年版］。

根据中共五大作出的关于党的组织系列为"中央—省委—市（县）委—区委—支部"的决定，中共湖北区委改组为中共湖北省委，委员有张太雷、陈潭秋、蔡以忱、郑超麟、刘少奇、马峻山、董必武、吴德峰、蔡畅、贺昌、徐活莹等。张太雷任省委书记，陈潭秋任组织部长，蔡以忱为农民部长，郑超麟任宣传部长，董必武主管国民运动，蔡畅主管妇女运动，吴德峰主管军事工作，贺昌主管共青团工作。省委机关由武昌搬至汉口尚德里，复迁回武昌巡道岭。省委下辖的武昌市委和汉口市委亦同时成立，周慰真任武昌市委书记，吴雨铭、罗章龙先后担任汉口市委书记。

同日，《汉口民国日报》载《春笋怒发之湘省工农运动》称，湖南有组织的工人达40万人；35个县成立县农协，16个县成立农协筹备处，有组织的农民达518万人。

14日，新当选的中共中央政治局常委陈独秀、蔡和森与张国焘研究决定：由谭平山、毛泽东、周以栗、瞿秋白、蔡以忱、任旭、罗绮园、阮啸仙、陆沉9人组成中共中央农民运动委员会，谭平山为农委部长（一说为"书记"）。农委先在武昌三道街旧道尹公署办公，后迁武昌抚院街慈善会（《中共中央常委会第二次会议记录·节录》——陕西、河南、北方、山西工作，中央农委名单，太平洋会议等问题，1927年5月14日；《中共武汉地方历史简编》，湖北人民出版社1989年版，第67页）。

下午2时，蔡以忱在省农协机关接受西方记者安娜·路易斯·斯特朗采访，回答十个方面问题：各县农协组织、农协的立场与奋斗目标、新的规划、发展最快的县农协、与土豪劣绅斗争情形、没收逆产处置方法、农民自卫问题、全省会员之数目、各县发展之比较（《省农协对各方面之整顿》，《汉口民国日报》1927年5月16日）。

15日，《汉口民国日报》载《全省民众积极铲除封建势力》《鄂西农民退杀逆军》《革命空气高涨之黄梅》《民厅计划肃清土匪》。其中《罗田最近农运情形》透露：该县县政由县长、农协与党部共商，经济上开设农民银行，教育上每乡办一平民学校，用刀枪剑棍武装农民、有组织农协会员5万人、除省农协宣传册外，还以墙报。

16日，省农协就当前的工作发布第七号布告，要求基层农协一方面要注意合法的手续，一方面要更努力去打倒土豪劣绅反革命派，要做的第一件事是积极建设乡村自治政府，第二件事是武装自卫。

17日，中午与丰俊英游奥略楼，并为中共创办的湖北省第七小学校歌填词。晚间，蔡以忱主持省农协第七次常会，统一部署讨伐夏斗寅问题（《省农协第七次常会》，《汉口民国日报》1927年5月20日）。

18日，蔡以忱主持召开省农协全体职员大会，推张学武为主席，并提出当前工作与农民武装两大问题（《省农协全体职员大会》，《汉口民国日报》，

1927年5月21日）；中共中央发出《关于夏斗寅叛乱告民众书》，并召开紧急会议，决定由叶挺率部讨夏。

19日，蔡以忱在国民党省党部执委会上报告《最近湖北农民运动概况》共七个方面：农协的组织、农村的斗争、农村政权的形式、农村武装问题、农村目前经济状况、农运发展中的农村文化、农运中的党的领导问题（《最近湖北农民运动概况》，《汉口民国日报》1927年5月26、27日）。他称赞农协：在乡村"放足、剪发、寡妇嫁人、尼姑还俗、自由结婚"已为都市"望尘莫及"，"烟赌在乡村是不禁自绝"，"有许多历年在官庭不能解决的悬案，现在都在农协里解决了"。主张将农民武装起来，以对付土豪劣绅的猖狂进攻〔王宗华主编，《中国大革命史（1924—1927）》上册第三章第七节，人民出版社1990年版〕。

同日，《汉口民国日报》载湖北、湖南开展"农运宣传周"活动信息，武汉三镇声讨夏斗寅大会，省农协帮助革命军，省农协组织各县向武汉运输粮食，保障军民供应问题。并派出宣传队、民工队支援讨夏部队，武汉各界赞助讨夏等。21日，国民政府农政部长谭平山正午在汉口国民党中央党部就职（同上）。

23日，《汉口民国日报》载《农民训练班学生请缨杀敌》称，省农协农民训练班共向军校与前线输送560人。省农协援助讨夏军、黄陂民众对县政主张。

24—26日，《汉口民国日报》连载《中共"五大"宣言》。

27日，《汉口民国日报》载蔡以忱主持起草的《省农协勖勉农友》《黄陂县党部工作之猛进》等，省农协提出全体农友都要武装起来；要彼此帮助，把团体结紧；要根本肃清土豪劣绅及一切反革命派。

30日，《汉口民国日报》载《全国农协电湘省农工赞助唐主席敬电办法》及预告湖北审判土豪劣绅委员会于6月1日开庭消息。

6月

4日，《汉口民国日报》载《中央农运讲习所招生计划》计600名。

6日，作为中央农委新科委员，蔡以忱出席了陈独秀在汉主持召开中共中央常委会会议，汇报了湖北农运情况（《中共中央常委会第十八次会议记录》，1927年6月6日，中央档案馆）。

8日，《汉口民国日报》载全国农协临时执行委员会致国民政府农政部及国民党中央函：《全国农协请颁布乡自治条例》。

10日，蔡以忱在全国农民协会、湖北省农民协会举行的新闻记者招待会上，列举湖北各县土豪劣绅勾结反动军人，用惨无人道的酷刑残杀农民、农运干部3000余人的事实，指出："全省农民完全陷在白色恐怖之中"，呼吁"新闻界同志据实宣传使社会明了真相"（《湖北农运之困难及最近策略——蔡以忱同志招待新闻记者之报告·上》，《汉口民国日报》1927年6月12日）。

14日，湖北省农民协会常委会决定，由蔡以忱与陈荫林、刘子谷、郭树勋、邓雅声、张学武、万家佛等7人组成起草委员会（6月21日在全会上通过），筹备举行省农协扩大会议（《省农协开扩大会》，《汉口民国日报》1927年6月17日）。

16日，上午8时，蔡以忱在武昌县农协第一次扩大会议上，报告会务及农运新政策（《武昌县农协第一次扩大会议开幕》，《汉口民国日报》1927年6月18日）。

17日，晚8时，蔡以忱在普海春菜馆欢迎北伐凯旋将领上发表演说，报告湖北农运遭夏斗寅等反动武装镇压的惨状。他说："最近土豪劣绅烂造谣言，离间政府与人民之感情，挑拨军队与农工之好感，且自夏斗寅、杨森叛变之后，各地工农被屠杀者在四千人以上，同志达一千以上。"还有瞿秋白、恽代英、李汉俊、唐生智、彭泽民等相继致辞（《欢迎北伐凯旋将领》，《汉口民国日报》1927年6月19日）。

同日，省农协通过《汉口民国日报》发表追悼各地死难农友宣传大纲与长沙"马日事变"宣言。

19—21日，在武昌全国农协会议厅，出席湖北农民协会扩大会议。19日下午1时，湖北省农协第一次扩大执行委员会开幕，陈荫林致开幕词（《省农协开扩大会开幕纪盛》，《汉口民国日报》1927年6月22日）。20日上午8时，会议举行第一次正式会议，蔡以忱在会上报告了省农协第一次全省代表大会以来的工作报告（《省农协扩大会议之第一日》，《汉口民国日报》1927年6月22日；《董必武传记》，湖北人民出版社1985年版，第115页）。

省农协执行委员18人，各县代表41人出席了会议。蔡以忱与邓演达、谭平山、谭延闿、陈荫林、郭树勋、张眉宣、董华绥、吕华山组成主席团。陈荫林在开幕词中指出，召开这个会议的目的在于贯彻国民党中央党部、国民政府和全国农协最近发出的训令，讨论怎样免除幼稚的行动，怎样应付土豪劣绅的进攻，怎样在绝境里面找一条新的出路，使农民运动继续得到发展。国民党中央农民部代表刘德仁、全国农协代表黄大栓、共产党代表陈潭秋、国民党省党部代表李汉俊、省政府代表董必武、广东农民自卫军代表周其鉴在会上先后讲话。

21日，在省农协第九次常务会议上，议决由蔡以忱、陈荫林、符向一分别到京汉铁路沿线、鄂东、粤汉铁路沿线，视察基层农运（《省农协第九次常务会议》，《汉口民国日报》1927年6月24日）。

22日，下午，湖北省国民党第一次省县市联席会议，在武昌红楼礼堂开幕，到会代表116人。会上董必武作了政治报告，钱介磐作了党务报告，蔡以忱作了农民运动报告。会议发出了声讨蒋介石、反对帝国主义出兵华北的通电，通过了关于继续发展工农运动、巩固革命联合战线、建立乡村民主政权、坚持武装农民、整顿与扩大组织等决议。但由于右倾机会主义的影响和实际工作跟不上，这些决议未能在实际工作中贯彻执行（《董必武传记》，湖北人民出版社1985年版，第116页）。

23日晚，湖北全省总工会、湖北省农民协会在汉口普海春大酒店欢迎出席第四次全国劳动大会的代表。蔡以忱、刘少奇、向忠发等先后致辞（中共中央文献研究室编：《刘少奇年谱》上册，中央文献出版社1996年版）。

24日下午，在湖北省县市联席会第四次会上，蔡以忱报告本省农民运动状况与组织农民运动议决案起草委员会决议（《湖北省县市联席会议昨日闭幕》，《汉口民国日报》1927年6月27日）。

26日，出席湖北省县市联席会议闭幕式（同上）。

28日，蔡以忱出席妇女运动短期培训班开学典礼，并就投身妇女解放运动发表演讲。他说："农民因受封建思想束缚过久，而新的经济组织又未完全建立，故对妇女运动常有怀疑。妇女欲求真正之解放，必须打破旧的经济组织，推翻整个封建制度。"（《妇女运动短期培训班开学纪胜》，《汉口民国日报》1927年6月29日）

29日，武昌县筹备农民自卫军训练班（同上）。

30日，《汉口民国日报》公布蔡以忱主持起草的《省农协扩大会重要决议案》——《武装问题解决案》《农林青年工作决议案》。

7月

1日，《汉口民国日报》载《省农协扩大会组织问题决议案》，《省农协工作紧张》：蔡以忱与陈荫林、邓雅声、余泽涵、刘子谷等五人组成省农协检查特派员委员会，加强对特派员工作的领导，以执行农民运动的新策略和第一次扩大会议通过的各项决议。

2日，《汉口民国日报》载《省农协扩大会宣传问题决议案》《省农协注意训练童子团》。

3日，《汉口民国日报》载《最近之黄陂》《各属反动势力之横行》。

4日，《汉口民国日报》载《农民运动两日刊出版》（原为《湖北农民运动》月刊）。

7日，蔡以忱率农政调查团第二组巡视黄陂（《农政调查团抵黄陂》《汉口民国日报》1927年7月13日）。

8日，农政调查团在黄陂妇女协会召开各界代表座谈会，先由黄丕烈主席介绍调查团的任务，次由蔡以忱发表演说。他在谈到打倒土豪劣绅与革命民众的关系时要求，各革命民众应紧密团结起来，共同担负此工作。随后，黄陂举行欢迎大会，大造革命声势（同上）。

9日，《汉口民国日报》载《农政训练班开学纪胜》，此班由国民政府农民部与全国农协合办，旨在培养县区乡自治人才。

10日，《汉口民国日报》载《省农协执委联席会》，介绍8日举行的省农协与武汉三镇农协执委联席会，通过反帝、讨蒋与农村自治议决案。

13日，《汉口民国日报》载《黄陂讨蒋会努力宣传》。

14日，《汉口民国日报》载《请设农运特别委员会》《黄陂革命前途乐见》。

16日，《汉口民国日报》载15日《国民政府令》"任命叶剑英为国民革命军第四军参谋长"，《第九届全国学生代表会开幕志盛》，《邓演达辞职照准》，《农工厅长董用威再请辞职》。

毛泽东与汉口市委书记罗章龙商量，决定物色几位懂军事的同志一道去长沙工作，罗章龙选择了蔡以忱。于是，在毛泽东的请求下，中央调蔡以忱、丰俊英伉俪到湖南工作，蔡出任安源市委首任书记，丰俊英随蔡前往。罗章龙回忆说："蔡以忱是湖北省农民运动自卫军的负责人，懂得一些军事，所以要他去。他去湖南是有决心的，所以家眷都带去了。他的妻子姓丰，是党员，也同我熟悉。就这样，我同蔡以忱等在六七月间先后到了湖南。我留在长沙，蔡以忱带着家眷到安源，担任党的安源市委书记。"（《安源路矿工人运动》下册，中共党史出版社1991年版，第1062页；《湘赣边界秋收起义史》，江西人民出版社2007年版，第152页）

8月

7日，中共中央在汉口举行的八七会议决定：选派毛泽东特派员赴湖南组织秋收暴动。

下旬，蔡以忱听取了中共浏阳县委书记潘心元等3人，关于平阳、浏阳农军运动情况的汇报。并将行动方案报告湖南省委。

31日晚，毛泽东抵达安源，并采纳了蔡以忱的建议，决定于9月1日在张家湾召集安源、浏阳等地党和军事负责人会议。即中共湖南省委前敌委员会与安源行动委员会联席会议，史称"安源会议"（《湘赣边界秋收起义史》，江西人民出版社2007年版，第157页）。

9月

1日，"安源会议"举行，毛泽东、蔡以忱、宁迪卿、杨骏、潘心元、邓乾元、王新亚等出席（潘心元：《湘东各县综合性的工作报告》《安源路矿工人运动》上册，中共党史出版社1991年版，第727页）。会议确定暴动日期为9月9日（邱恒聪、吴振录：《霹雳星火》，解放军文艺出版社1997年版）。宣布成立前敌委员会，将党所掌握的部队统一编为工农革命军第一军第一师，共约5000人，毛泽东为前委书记，卢德铭为总指挥，下辖三个团，分别在赣西修水、安源、铜鼓发动起义，第二团由安源的矿工武装和王新亚的农民军组成，王新亚为团长，蔡以忱为党代表（中共中央党史研究室科研局编《毛泽东的足迹》，群众出版社1993年版，第72页）。

4日夜，以蔡以忱为首的中共安源市委决定，由杨士杰负责捕杀矿警队的8名叛徒（刘先胜：《武装起来的安源工人》，《秋收起义在江西》，文物出版社1993年版，第128页）。

9日，破坏敌军铁路。

10日，即农历中秋节，第二团于当日深夜挺进萍乡。

11日，清晨进攻萍乡未遂，改攻老关。

12日，会同王新亚率第二团攻克了秋收起义的第一座县城——醴陵县城，也是秋收起义的首次胜利。

13日，第二团向北移动，党代表蔡以忱返回安源主持工作，由浏阳县委书记潘心源接任党代表。

15日，第二团又攻克了浏阳县城。

27日，任弼时主持召开了湖南临时省委常委会，会议根据任弼时的意见，书记仍为彭公达，军事部长李子骥，农民部长向俊奇，组织部长林蔚，工人部长李运钧，宣传部长罗章龙，秘书长蔡以忱（《任弼时传》中央文献出版社、人民出版社1994年版，第115页）。

10 月

24 日，中央派罗亦农、王一飞来湖南，举行省委紧急会议，再次改组省委，王一飞当选为省委书记。会议通过了《湖南紧急会议决议案》，决定再次组织全省大暴动，并设立湘西、湘南、湘西南 3 个党的特别委员会。

中共湘西特别委员会成立，由书记彭公达、组委蔡以忱（化名张仲平，同上）、宣委刘泽远、军委舒玉林、农委陈昌厚、工委张盛荣、青委李芙组成。特委机关设在常桃交界的红坡寺与岩桥寺之间的翟光祥家（应国斌总纂《常德市志》上，湖南人民出版社 2002 年版，第 198 页；《中共常德地方史》第一卷，中共党史出版社 2005 年版，第 176 页）。

12 月

为开展石门年关暴动，湘西特委派特委委员舒玉林任石门县委书记。

30 岁　1928 年（戊辰，民国十七年）

1 月

因与书记彭公达意见相左，蔡以忱、刘泽远被撤销湘西特委委员；上旬，蔡以忱化名张仲平出任石门县委书记（1928 年 6 月 29 日《湘西特委给中央的报告》第一号）。

蔡以忱会同县委一班人研究行动方案，决定在一般地区只发动群众，恢复组织，基础好的新关、杜家岗、磨岗隘、泥沙等地则于年关前后举行暴动（《中共常德地方史》第一卷，中共党史出版社 2005 年版，第 183 页）。

20 日、21 日即 1927 年农历腊月二十八日、二十九日两天，蔡以忱、曾庆轩等 20 余人在县工农暴动队长龙家泉家开会，正式决定除夕在新关、南圻同时暴动（同上书，第 184 页）。

22 日即除夕之夜，蔡以忱、龙家泉、曾庆轩带领十余人率先行动，在南圻烧了县警察所长上官嗣西的房子（同上）。

2 月

任石门县委书记。

战友与革命伴侣、国民党石门县党部常务委员丰俊英（化名李逸如），在湖南石门县第一高小被捕，次月下旬被反动派杀害于石门县城（陈俊武：《石门文史》2010 年 3 月 5 日）。

3月

湘西特委书记彭公达被叛徒王达逼走（彭后在长沙遇害）。特委改组，舒玉林代理书记，孙家信、蔡以忱、刘云龙、刘仁光、李嘉宗、罗钧、陈协平、陈昌厚为委员。特委机关仍设在常德（《中共常德地方史》第一卷，中共党史出版社2005年版，第202页）。

6月

上旬，将常德市从常德县划分出来，单独设立中共常德县委和常德市委。市委书记由湘西特委常委罗钧兼任，市委委员由特委舒玉林与蔡以忱兼任（同上书，第206页）。

19日，湘西特委扩大会议在红坡寺举行，到会约10人。舒玉林主持会议并报告湘西工作，任钧报告政治情形及省委对湘西工作决议案。会议对特委又一次进行改组，书记舒玉林，常委蔡以忱、罗钧，委员张铨、刘泽远、苏振（又名苏春成）、陈昌厚（同上书，第203页）。

7月

常德中共湘西特委的地下联络机关之一城内东壁斋书纸刻字店被破获，39名中共党员遇难（应国斌总纂《常德市志》上，湖南人民出版社2002年版，第29页）。特委书记舒玉林、常委蔡以忱分途转移到长沙与澧县。

中旬，蔡以忱偕特委委员游才英到澧县十回港、宝塔湾一带指导武装斗争。

10月

25日，因叛徒告密，蔡以忱在澧县组织群众撤退时被捕。不日，在澧县小南门英勇就义（《中共澧县地方史（1921—1949）》，中共党史出版社2005年版，第67页；三集文献专题片《热血忠诚——中央监察委员会诞生纪实》第三集解说词第46—48页，中共中央纪委宣传教育室、中纪委监察部电教中心、中共武汉市纪委联合拍摄）。

后记　魂归故里

肖咸焱

一个偶然机会，得知高才兄的《蔡以忱》初版绣梓，且在海峡两岸举行图书首发与捐赠仪式及作品研讨会，在读者中引起共鸣。出于好奇，我特地到图书馆借阅了该书。不看不知道，一看才知蔡以忱先烈竟然是我们黄陂三中的前辈杰出校友。

黄陂三中是一所百年名校，其前身是学宗二程夫子的道明学校，由我们长轩岭的乡贤潘正道、胡康民诸公创办，从这里走出了蔡以忱、胡业裕、余家菊、任启珊、王治梁等一批享誉中外的革命家、教育家、文学家等。而且，烈士自幼聪明过人，六年小学只读了三四年就从道明学校一举考入省立一师，毕业后受聘到中华大学任教，更让我肃然起敬。

作为名校教授，传主是学生的良师益友。如今珍藏在博物馆的烈士遗物——铜剑，就是他任教中华大学期间的得意门生张云承送给恩师的礼物；而其旅台弟子高理文追忆先烈当年引导其走上革命道路的文字，则见诸海峡两岸报刊。足见先烈是一位"学为人师，行为世范"的灵魂工程师。

传主又是一位心怀天下苍生的知识分子。他将自己的人生理想同国家的前途与民族的命运紧密联系在一起，投身五四运动、大革命运动与土地革命战争，以大无畏的革命精神，勇于担当，组织发动湖北的学运与农运等，依法捍卫平民权益、惩处土豪劣绅，享有"农运领袖"之誉。尤其是反动势力疯狂屠杀革命党人与进步民众，他临危受命、仗剑行义，江城铸剑、磨剑，安源、石门亮剑，直到血洒湘西，用生命诠释什么是青春，让人高山仰止。

铭感于烈士光风，我们黎黄陂研究会、武汉黄陂商会、武汉正扬文化传播有限公司同人与烈士亲属，开展"重走烈士路，致敬不朽精魂"活动，在搜寻烈士史料的同时，也净化了自己的心灵。

我们在寻访过程中了解到，烈士血洒湘西后，不仅埋骨他乡，至今不知归葬何处？而在家乡黄陂连烈士墓、塑像均没有，让人心里很不是滋味！

早在20世纪80年代，高才兄与我既是孝感师范专科学校的校友，又分别任教于黄陂二中与黄陂三中，相通文心。有一次，我翻阅湖北省立第一师范校史，偶然发现蔡滨（蔡以忱本名）的毕业时间是1919年12月，而非《蔡以忱》初版中的毕业于1920年夏。于是，我就同高才兄谈及此事。无独有偶，一直在关注蔡以忱烈士行状的高才兄，也从省立一师的校友杂志上看到这一时间，并说届时再版时我们联手修订。

一句成真。值此纪念中国共产党百年华诞前夕，我们兄弟一拍即合，商定联袂修订、出版《"铸剑"先驱·蔡以忱》（修订本）。也得到了烈士嫡孙蔡亚生、蔡小兵，以及专家学者与出版社的支持；还列为武汉社科联2021年度课题与江汉大学"武汉研究院文库"，在此一并致谢！

新版除主要修订、补充与完善传主在省立一师与中华大学的求学、任教生涯细节外，对初版的结构与内容相应作了调整，还有初版绣梓后在海峡两岸的余响，也在正文的首尾作了些许简介。同时，对初版中的字、词、句，尤其是章节的标题，进行了润色，尽可能做到以词达意。还补充了一些新近发现文物图片，力图彰显图文并茂特色。

"不忘初心、牢记使命，赓续红色基因。"我想，此次新版的推出，既让蔡以忱烈士书魂百年归故里，又能将烈士"用生命诠释忠诚"的伟大精神发扬光大，更是一次宣传黄陂、武汉、湖北与湖南红色文化的好机会。

庚子腊月三十于黄陂